最終結論
皇都ヤマトは阿波だった

笹田孝至《ささだたかよし》

サンロータス研究所

気延《きのべ》山（212 m）と矢野平野。縄文時代から奈良時代まで続く県内最大の複合遺跡が拡がる。気延山の左に伸びる尾根の端部（119 m）が天石門別八倉《あまのいわとわけやくら》比売《ひめ》神社。その中腹（60 m）が宮谷古墳。（写真は徳島県考古資料館提供）

矢野遺跡を中心とする遺跡の分布（皇祖の地の中心）

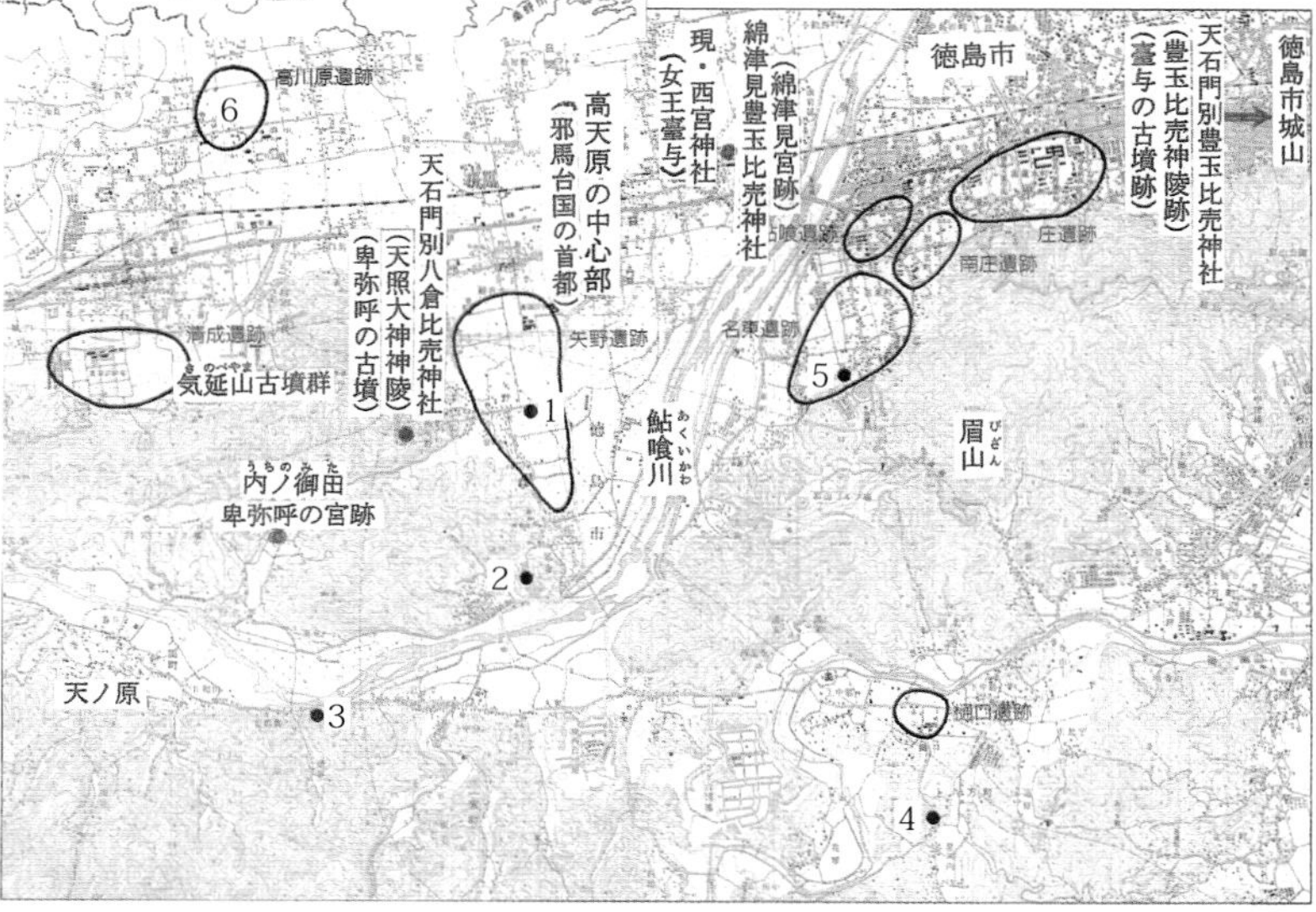

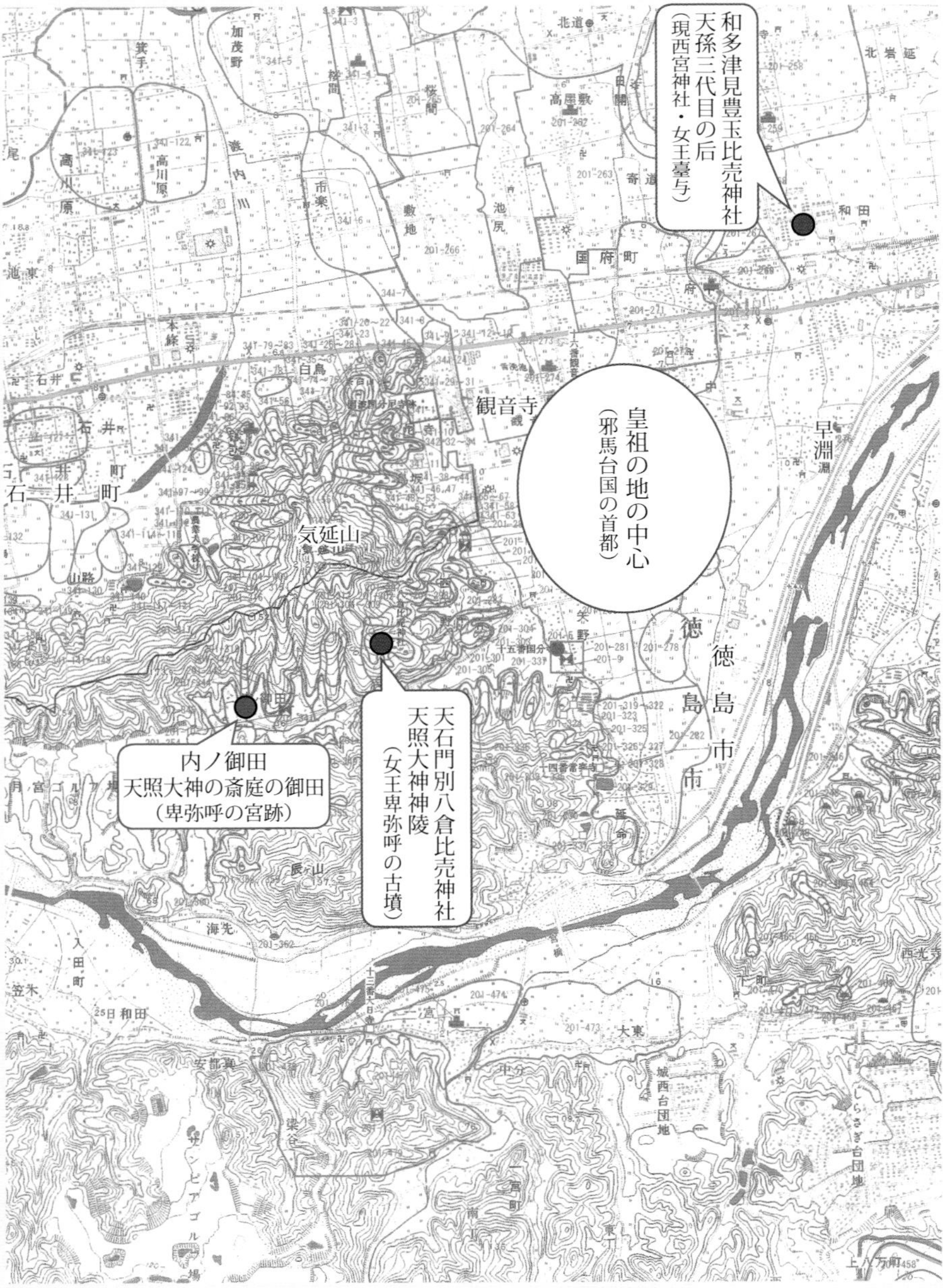

徳島市矢野遺跡を中心とする古代地図（徳島県遺跡地図に加筆）
女王卑弥呼（天照大神）・男王（大国主命）・女王臺《と》与《よ》（豊玉比売命）三代の首都

天石門別八倉比売神社（徳島市国府町）
祭神　天照大神（大日孁《おおひるめ》命）
本文 p131 ～ 133

八倉比売神社裏の天照大神神陵
（八倉比売神社 1 号墳・標高 119 m）
本文 p132

大御和《おおみわ》神社（徳島市国府町）
祭神　大国主命（奈良大神神社の元社）
本文 p203

宮谷古墳（徳島市国府町）
八倉比売神社の屋根の中腹に築かれた前方後円墳。「みやだに」は「みわ（御和）谷」だったか。　本文 p204

西宮神社（徳島市国府町）
元和多都美《わだつみ》豊玉比売《とよたまひめ》神社（和田都美宮跡か）
本文 p146 ～ 149

竜王樟（徳島市城山）
天石門別《あめのいわとわけ》豊玉比売《とよたまひめ》神社跡（豊玉比売命の葬場跡か）　本文 p149

東宮山山頂の東宮神社　ここを天《あめ》の石位《いわくら》と見立て邇邇芸《ににぎ》命は出発したか。
本文 p222

東宮山《とうぐうさん》（1090 m）
神山町《かみやまちょう》と美馬市小屋平《こやだいら》との境をなす。邇邇《にに》芸《ぎ》命の天孫降臨出発地か。

神明《しんめい》山山頂の五社三門《いわさか》（美馬市穴吹町《あなぶきちょう》）
天孫二代目の邇邇芸《ににぎ》命・三代目火遠理《ほおり》の葬場跡か。　本文 p228 ～ 230

高越《こうつ》神社（高越《こうつ》山山頂）
式内伊《い》邪《ざ》那《な》美《み》神社（社殿上の屋根が
神陵跡）　本文 p127～128

高越《こうつ》山（1122 m）
山頂に高越《こうつ》神社（元伊邪那美《いざなみ》神社と神陵が鎮《しずま》る）「高千《たかちほの》嶺《みね》」が「高越《こうつ》山」となったか。　本文 p223・p228

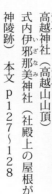

最終結論

皇都ヤマトは阿波だった

笹田孝至

最終結論　皇都ヤマトは阿波だった　目次

第四章　神武天皇の東征……………………………………………………

装幀　オキタリュウイチ
本文レイアウト・作成　吉永聖児
本文資料作成　川北茂

口絵掲載写真・地図一覧

気延山（２１２ｍ）と矢野平野
矢野遺跡を中心とする遺跡の分布
徳島市矢野遺跡を中心とする古代地図
天石門別八倉比売神社（徳島市国府町）
八倉比売神社裏の天照大神神陵
大御和神社（徳島市国府町）
宮谷古墳（徳島市国府町）
西宮神社（徳島市国府町）
竜王樟（徳島市城山）
東宮山山頂の東宮神社
東宮山（１０９０ｍ）
神明山山頂の五社三門（美馬市穴吹町）
高越神社（高越山山頂）
高越山（１１２２ｍ）

第三章 神話の本源地（舞台）を復元する

第四章 神武天皇の東征

第五章 倭（阿波）と大倭（奈良）

第六章 遷都はいつ行われたか

本文掲載資料・写真一覧

第一章 記紀神話の封印（謎）を解く

第二章 阿波国延喜式内社

はじめに

『古事記』と『日本書紀』は我が国最古の歴史書である（以下両書を合わせて「記紀」という）。『古事記』は和銅五年（七一二）、『日本書紀』はその八年後の養老四年（七二〇）に撰上され、すでに千三百年余が経過している。その間、多くの学者や研究者等によって幾多の研究が重ねられてきたものの、未だ歴史の根幹にかかわる課題や謎が解明されていない。

今日、記紀の神代巻（以下「記紀神話」という）及び人皇《じんのう》時代初期の重要課題を挙げると次のようになる。

⑴　王家の発祥地がなぜ未だ発見されていないのか。

我が国の建国主である皇室（皇家）の出身地が未だに究明されていないというのは、古代史最大の謎といってもよい。記紀神話によれば、皇家の祖神は天照大神であり、天照大神は高天原を治めた神とされているので、高天原がどこであったかを突き止めれば、皇家の出身地（王家の発祥地）は特定できる。ところが、神話の文脈はその究明を阻んでおり、今も高天原の雲に覆われたままである。そのため神話の展開から、高天原の前後の舞台、すなわち伊邪那岐《いざなぎ》・伊邪那美《いざなみ》二神の「創世の地」、天照大神《あまてらすおおみかみ》の治めた「高天原《たかまのはら》」、及び天孫《てんそん》の降臨《こうりん》に関わる「出雲国と筑紫《つくし》の日向《ひむか》」にスポットをあて、そこに解明の鍵があるとみて検討を加え、皇家の出身地（以下「王家の発祥地」）を究明していくという手続きが提起できる。
なお、我が国の古代史論考には「王権」（中世ヨーロッパの概念で国王の権力）の語が多く使われているが、本書では「王家の発祥地」と「王権の発祥地」を同一のものとして用いることとする。
⑵ 列島の国生みが、淡路と四国の阿波（鳴門海峡）から始まっているにもかかわらず、天照大神の高天原は、なぜ最初に僻遠の出雲国（島根県地方）との関わりを持ち、さらにその国を「我が御子の治める国である」として国譲《くにゆず》りをさせたのか。
⑶ 八世紀の初頭まで倭《やまと》朝廷に敵対し、従属しなかった日向《ひむか》国（南九州地方）が、なぜ天孫の降臨地であり、初代神武天皇の出生地となるのか。
⑷ 記紀は、神武の東征という不合理で非現実的といえる壮大な虚構を、なぜ神代と人皇時代の間に組み入れたのか。
⑸ 伊邪那岐命の「創世の地」は「やまと（倭）」であった。すなわち伊邪那岐命は自らが治める支配地（王都）を、「やまとは浦安《うらやす》の国、磯輪《しわがみ》上の秀真《ほつまくに》国」と称《たた》えている。ところが、神武が東征した新しい国（奈良県地方）が、なぜ同じ名の「やまと」になるのか。奈良県地方は伊邪那岐・伊邪那美二神の国生みでは「大倭《おおやまと》」である。「大倭」がなぜ「倭《やまと》」に置きかえられたのか。
⑹ 王都・倭《やまと》の国《くに》の決め手となる倭大国魂《やまとおおくにたま》神社が、奈良大倭《おおやまと》でなく、なぜ阿波国に式内社として祀《まつ》られているのか。

国魂神とは、その国の開拓神または経営神のことで、倭大国魂神社は倭の国を拓いた神を祀る神社をさし、第十代崇神《すじん》天皇が市磯長尾市《いちしのながおち》に命じて倭の地に祀らせたと日本書紀に書かれている。この神社の鎮座は、阿波国が王都「倭の国」であったことを証するものである。一方、奈良県には大和坐《おおやまとにいます》大国魂神社が鎮座するが、諸学者は「大和《おおやまと》」を「倭」に読み替え、それをもって奈良が倭である第一の根拠としている。しかし大和坐大国魂神社は、速吸之門《はやすいなと》（鳴門海峡）の大人・宇豆比《うずひ》古《こ》が「大倭直《おおやまとのあたい》」の姓《かばね》を賜り、奈良県地方の地方官に派遣され、後に宇豆比古が大倭地方の経営神として、大和坐大国魂神社に祀られたことが諸史料から明らかである。したがって諸学者が、大和《おおやまと》坐大国魂神社を、倭大国魂神社に読み替えるという解釈は、成立が困難とみられる。

なお、「やまと」とは王都の呼び名で、記紀には「倭」「夜摩登」「野摩騰」などと表記される。「倭」はやまととは読めないが、古代中国の王朝が日本及び日本人のことを「倭」で表したので、やまと朝廷がこれを採用し、日本の首都「やまと」及び日本全体を「倭」「日本」で表すようになった。律令時代になって現在の奈良県は「大倭国《おおやまとこく》」と定められたが、その後表記を「大養徳国」「大倭国」と改め、天平宝字元年（七五七）頃「大和国」とし、表記が確定した。右の大和坐大国魂神社の表記も、大倭坐から大和坐に改められたものである。

右に掲げた課題については、本書で解明していくが、すべてが連接しており、⑴～⑶は「王権の発祥地（皇祖の地高天原）はどこか」、(4)〜(6)は「王都やまとは何処《どこ》であったのか」という二つの主題に集約される記紀の根幹にかかわる命題である。

以下で二つの主題の要点を述べておきたい。

王権の発祥地はどこか

王権の発祥地が未だ発見されていないというのは、記紀の神代巻が、千三百年余り経った今も封印されているに等しい。また百二十数年間続いている邪馬台国（邪馬臺国、すなわち「やまと国」）所在地論の混迷の原因も、ここにあるといっても過言ではない。

さて王権の発祥地の本命となるのは、天照大神が伊邪那岐命から統治を委《ゆだ》ねられた「高天原」である。天照大神は皇祖神《こうそしん》（天孫・天皇の祖神）として、神代で最も尊い神として登場する。ところが、天照大神の高天原は、神話の冒頭に現れる天地初発の高天原（天上の高天原）と同じ表記となっているため、二つの問題が発生することとなった。

その一つは、天上の高天原と天照大神の高天原との区別が判然とせず、ために高天原は天上か地上かで解釈が分かれることとなった。今日では、天照大神の治める高天原は、神話上の天空にあり、その孫にあたる邇邇芸命《ににぎのみこと》の天孫降臨も、天空の高天原から天降りしたとの解釈が通行するに至っている。

しかし、左に『古事記』神代巻（上巻）の冒頭部分のあらすじを掲げるが、高天原は「天上の高天原」と「地上の高天原」の二つの世界が観念され、認識されていたことが読み取れるのである。

①天地初発《あめつちのはじめ》のとき、天上に高天原があり、そこに天御中主神《あめのみなかぬし》を中心として五柱の特別の神が現われ、次いで神世の代が始まり、七代目の神が伊邪那岐《いざなぎ》・伊邪那美命《いざなみのみこと》である（以下イザナギの命・イザナミの命と表記する）。

②イザナギ・イザナミの命は、天《あま》つ神《かみ》（高天原の神々）から、天《あめ》の沼矛《ぬぼこ》を賜わり、漂っている国土を整え固めるよう命ぜられた。そこで二神は天の沼矛を下界に降ろし、海水をかき鳴らし引き上げた。そのときしたたり落ちる塩が積り重なって淤能碁呂《おのごろ》島となった。

③イザナギ・イザナミの命は、初めて地上に降り、オノゴロ島で結婚して国土を生み、次いで海の神・風の神・山の神・水の神など国の営みの基《もと》となる多くの神々を生んだ。

④その後イザナミの命の死、イザナギの命の黄泉《よみ》の国訪問・禊祓《みそぎはらい》へと物語は展開する。

⑤イザナギの命は、橘の小門《おど》の阿波木原《あわきはら》で禊祓《みそぎはらい》をして身を浄めたあと、地上の統治神として三貴子（天照大神《あまてらすおおみかみ》・月読命《つくよみのみこと》・須佐之男命《すさのおのみこと》）を生んだ。

⑥イザナギの命は、御頸珠《みくびたま》の緒《お》を天照大神に授け、「汝命《いましみこと》は高天原を知《し》らせ」と宣って高天原の統治を委任され、次いで月読命には「夜の食国《おすくに》」を、須佐之男命には「汝命は海原《うなばら》を知らせ」といってそれぞれ治めるよう委任された。

⑦　ここから天照大神が治める高天原を舞台として、須佐之男命との誓《うけい》の御子誕生や二神の争い、五穀の種の採集、天石屋戸《あまのいわやど》の隠《こもり》などの物語が展開されるのである。
以上のとおり、列島の物語は、神世七代のイザナギ・イザナミ二神が初めて地上に天降りするところから始まる。そしてその後の出来事は、ほぼ列島内における地上の物語であり、天照大神の「高天原」の物語も、地上の一地方が舞台であったといえるのである。

ここで、先覚の高天原の解釈を挙げておく。
○神とは人である。尊ぶべき人を加美とよんだのである。神話に語られているのは「天上」においたことでも、外国においたことでもなく、日本の土地で起きたことである。（新井白石『古史通』・一七一六年。高天原常陸《ひたち》説）
○高天原は、すなはち天なり。然るを、天皇の京《みやこ》を云うなど云う説は、いみじく古伝に反《そむ》ける私説なり。（本居宣長『古事記伝』・一七九八年。高天原天上説）
○もし高天の原を、天孫民族の祖国と解すべきであるならば、地上のどこかにこれを擬すべきである。（黒板勝美『国史の研究』各説・一九三一年。高天原北九州説）
○記紀の高天原の記事は、高天原を天上としなければならないところがある反面、また、地上としなければならないところも、すくなくない。（三品彰英『神話と考古学の間』・一九七三年）
因みに高天原とは、我が国の王家（皇家）が語り伝えてきた祖先伝承（神話）といえるもので、天上に世界があり、そこには至上神が天上の神々の世界を支配しており、その子孫が天降りして地上の王になったとする天上降臨思想（神話）である。この類の神話は、我が国だけではなく、古代文明のエジプト、ギリシャ、インド、メキシコ、ペルーなどにみられるほか、それが太陽神と結び付いて王が「日《ひ》の御子《みこ》」を名乗るのが、日本やバビロン、インド、インカ、アメリカ・インディアンのクロウ族やユチ族であるといわれる。（吉田敦彦「世界と日本の神話」『世界の神話がわかる』・日本文芸社、松前健「日本古代の太陽信仰と大和国家」『古代日本人の信仰と祭祀』・大和書房）

したがって、天照大神やその孫にあたる天孫らは、高天原の天つ神の子孫として「降臨伝承」を背負っているため、たとえば、天忍穂耳命《あめのおしほみみ》（天照大神の第一御子）、天津日高日子番能邇邇芸命《あまつひこひこほのににぎ》（天忍穂耳命の御子）、天の安河《やすかわ》、天の石位《いわくら》、天降《あまくだ》り、及び天の波々矢《ははや》のごとく、その名や言動に「天《あめ》」や「天《あま》つ」を冠し、それがやがて支配地や従属する神等にも「天」が付されていったものと推察される。これらはすべて地上が舞台であり、西日本の一地方が発源地であったといえる。

第二の問題は、天上の「高天原」と同じ名義の「高天原」が地上に複生されたため、天照大神が治めた地方名が、「高天原」の名によって覆い隠されてしまったことである。その結果、皇祖の地（高天原）が列島の何処なのかを特定することが困難となっている。

その一方で、高天原以外の物語には、それが列島のどの地方の伝承であったかを知らせるかのように、たとえば、須佐之男命は「出雲国の肥《ひ》の河上《かわかみ》、名は鳥髪《とりかみ》といふ地《ところ》に降《くだ》りましき…」、建御雷神《たけみかづち》は「科野国《しなののくに》の州羽《すわ》の海《うみ》に迫《せ》め到《いた》りて…」など、八世紀の律令制の国名を神代に遡《さかのぼ》らせ、注釈と思える地名（国名）の加筆が行われている。これは、肝心の高天原には地名の注釈は行わないという書き分けであり、皇祖の地の意図的な隠蔽である。

神武東征説

記紀の伝える神武の東征は、日向（宮崎県）を出発して筑紫（福岡県）まで北上し、そこから瀬戸内海航路で安芸・吉備を経て大阪湾に入り、河内で戦に敗れて和泉・紀伊に後退し、南に紀伊半島を一周して熊野まで進み、熊野から紀伊山地を北上し、吉野の山中で右に左に山岳の小部族を討ち、次いで奈良盆地の敵を討伐して畝火の橿原で即位するというものである。説話の核となるのは、神倭伊波礼比古命《かむやまといわれひこ》（のちの神武天皇）と、天孫饒速日命《にぎはやひ》の皇位争いの物語である。

筆者は、東征説話には多くの虚構が組み込まれているとみているが、神武の活躍時期については、安本美典氏の年代論の研究等から三世紀末頃（古墳時代初頭）と推定される。この時代、どのような理由や動機から奈良盆地への東征となるのか。当時は筑紫国（奴国《なこく》）が大陸からの文物の流入口・交易拠点として最も繁栄していたであろう。よって、日向から筑紫への征伐なら動機はあったかも知れない。ところが神武軍一行は、文物の流入口から離れ、はるか東方に向かうのである。

次いで王家の移動の軌跡である。律令制の国を単位として辿《たど》ってみると、高天原（瓊瓊芸命《ににぎ》）↓出雲国→石見国→長門国→豊前国→豊後国→日向国（高千穂）→大隅国→薩摩国（降臨地）→大隅国→日向国（神武出発地）→豊後国（宇佐）→豊前国→筑前国（岡田宮）→周防国→安芸国（多祁理宮《たけりのみや》）→備後国→備中国→備前国（高嶋宮）→播磨国→摂津国→河内国（白肩津《しらかたのつ》）→紀伊国→紀伊半島一周→熊野→紀伊山地北上→大倭国（神武即位）となる。実に二十三か国である。これほどの移動は無意味であり、この軌跡をもって説話を不審としなければならない。

　次に、どれほどの規模で移動したのか。神武軍は白肩津、熊野、紀伊吉野及び奈良盆地での戦いを重ねているので、兵は千騎では足りない。また神武の兄弟全員が参加しているので国を挙げて東征したことになるが、日向の民《たみ》はどうしたのか。棄民《きみん》では済まされないだろう。民は東征が成功した後、移動させるなどは不可能の極みである。三世紀、『魏志』倭人伝に、奴国（北九州市を中心とした国）は戸数二万戸と記されている。これを誇張とみて二万人に置き替えたとしても、神武軍一行の移動規模は民を含め一万人とみて整合を欠くことはないであろう。

　仮に一万人として、他国に進入した場合、受入国はどうするのか、たちまち一万人の食糧は確保できないだろう。双方に、ほどなく餓死者が続出する。神武軍は阿岐国に七年、吉備の国に八年滞在したと記している。友好国といえども当時、他国人一万人の受入れは不可能である。また、それ以前に大勢の他国人を入国させる国は存在しないであろう。

　神武の南九州出発地を不審とみる和辻哲郎氏は、『日本古代文化』（一九二〇年）の中で、「神武東征の物語に筑紫の勢力がほとんど問題とせられていないのは、筑紫（現在の福岡県を中心とする地域…筆者注）の状況を知る我々にとっては力強い暗示である。もし筑紫以外の九州勢力が国家を統一したとすれば、筑紫の勢力との争闘は何らかの伝説を残さずにはいまい。しかし、『曾《かつ》て盛大であった邪馬台』の征服を思はせる伝説は何処にも存しない。」と指摘している。邪馬台国北九州説を唱える和辻氏は、当時盛大であった北九州の勢力が南九州の勢力の征討（武力による侵攻）を許す筈はなく、その戦いの伝承が何も伝えられていないのは、神武東征がなかったからであるとの論旨である。

東征説話の矛盾は、これだけではない。地理行程上の矛盾のほか、説話で活躍した神々の崇拝の痕跡や、南九州↓奈良の間における考古学的史料の先後・系統関係なども、ことごとく東征説話を否定する。

阿波国風土記の逸文

筆者は、古事記の冒頭に語られた列島の創世（国生み）説話を素直に解釈している。地上の始源の地が鳴門海峡付近であるというのは、阿波が王家の発祥地であることを示唆しているのではないかと。また、国生みで、最初に独立した一国として国分けされた島は四国であり、九州は四番目、奈良大倭は八番目である。この順序は、四国の阿波が本命であることを示すもので、天体の星座図における北極星や、宮中朝堂院正殿の高御座《たかみくら》（玉座）の位置に喩《たと》えられる、記紀の根幹（皇家の発祥地）を表したものと理解されるのである。

筆者は、これまでの研究から、王家の発祥地及び人皇時代の王都やまとは阿波であったと結論付けている。今日見る記紀の神代は、令制地名である「出雲」と「日向」が、ある意図をもって組み込まれ、両地名を当て馬《ダミー》にすることで王都の地、高天原（阿波）は隠蔽され、さらに虚構の神武東征説話によって、人皇時代の王都やまと（阿波）が奈良大倭に置き替えられたと把《とら》えている。したがって神武は奈良に渡っていない。

おそらく奈良大倭への遷都時期は、七世紀後半から八世紀の初頭で、律令制の中央集権政治を施くためには、四国から本州島の大阪平野か奈良盆地に遷す必要があると王族や重臣らは痛感していたものと思われる。

阿波国風土記の逸文の「アマノモト山」に、「ソラヨリフリクダリタル山ノオホキナルハ、阿波国ニフリクダリタルヲ、アマノモト山ト云《いひ》、ソノ山ノクダケテ、大和国ニフリツキタルヲ、アマノカグ山トイフトナン申《もうす》。」（仙覚『万葉集註釈』、一二六九年成立）とみえる。阿波国風土記は、平城遷都（七一〇年）の十年～二十年後に朝廷に提出されたものとみられるが、この逸文は、高天原伝承の原形を語るとともに、阿波から奈良への遷都を伝えた当時の言挙《あ》げでもある。香具山は神代から天つ神らの神事には欠かせない神聖な山で、人皇時代には、山頂の埴土《はに》は天皇の魂とみなされ、王都の象徴として天皇の治める都の代名詞ともなっていく。逸文の主旨は、現在の奈良大倭の都は、阿波の元《もと》つ国から天皇とともに遷《うつ》されたものだよ、という阿波人の一昔《ひとむかし》前の記憶を語ったもので、筆者は阿波から遷った決定打の一史料と捉えている。

なお、本章では、右の見解を可能な限り前提とせず、記紀を根本史料として主題を究明していきたい。

第一章　記紀神話の封印（謎）を解く

1　天地初発の時

本書の主題は次の二点である。

①王権の発祥地（皇祖の地）はどこか。

②王都やまとは何処《どこ》であったのか。

そこで本題に入る前に、古事記本文の冒頭部分（読み下し文）を掲げる。古代の日本人が、歴史の始まりをどのように語り伝えてきたのかを知るために（読み下しは、小学館版日本古典文学全集『古事記上代歌謡』による。以下同じ）。

天地《あめつち》初めて発《ひら》けし時、高天原《たかまのはら》に成れる神の名は、天之御中主神《あめのみなかぬしのかみ》、次に高御産巣日神《たかみむすひのかみ》、次に神産巣日神《かむむすひのかみ》。此の三柱《みはしら》の神は並独神《みなひとりがみ》と成り坐《ま》して、身を隠したまひき。

次に国稚《わか》く浮べる脂《あぶら》の如くして、くらげなすただよへる時、葦牙《あしかび》の如く萌《も》え騰《あが》る物に因《よ》りて成れる神の名は、宇摩志阿斯訶備比古遅神《うましあしかびひこぢのかみ》、次に天之常立神《あめのとこたちのかみ》。此の二柱の神も亦並《またみな》独神と成り坐して、身を隠したまひき。上《かみ》の件《くだり》の五柱の神は別天《ことあま》つ神《かみ》。

太安万侶《おおのやすまろ》（撰述者）の格調高い構文と、古代日本人の美意識が感じられる簡潔さである。神話とは、元来簡潔で文法的にも完全でなく、それらが口承され、記録されていく過程で潤色《じゅんしょく》され、さらに解釈が加わり、整えられていったものと思われる。

さて高天原は我が国の建国主たる王家の祖先伝承（神話）とみられるもので、そこには「天《あま》つ神《かみ》」の世界があり、五柱の神が現れるところから始まる。各々の神のはたらきを先学の知見に学んで要約すると、最初に現れた天之御中主神は天の真中を領する神（西郷信綱）（注1）。高御産巣日・神産巣日神二神は、万物の生産・生成を掌る神（次田真幸）（注2）で、男子（ムスコ）、女子（ムスメ）、苔《こけ》ムスのムスなど、物の成出《なりいづ》るをいう（本居宣長）（注3）。宇摩志阿斯訶備比古遅神《うましあしかびひこぢのかみ》は、葦《あし》の芽《め》に象徴される万物の生命力・生長力を神格化した男性神（次田）、天之常立《あめのとこたち》神は、恒久に存立する神の意で、常《トコ》はトコ夏、トコ世、トコ宮などの用例があるという（西郷）。中心の神一柱、生成・生長の神三柱、恒久神一柱という構成で五柱は「別天《ことあま》つ神《かみ》」という特別の神に位置付けられている。

神の名義及びその現れる順序から、敢えて五柱を並べてみると、中心に天之御中主神が立ち、左右に一段下がって高御産巣日神・神産巣日神が側に立ち、さらに左右に一段下がって宇摩志阿斯訶備比古遅神・天之常立神が側に立ち並ぶというイメージである。

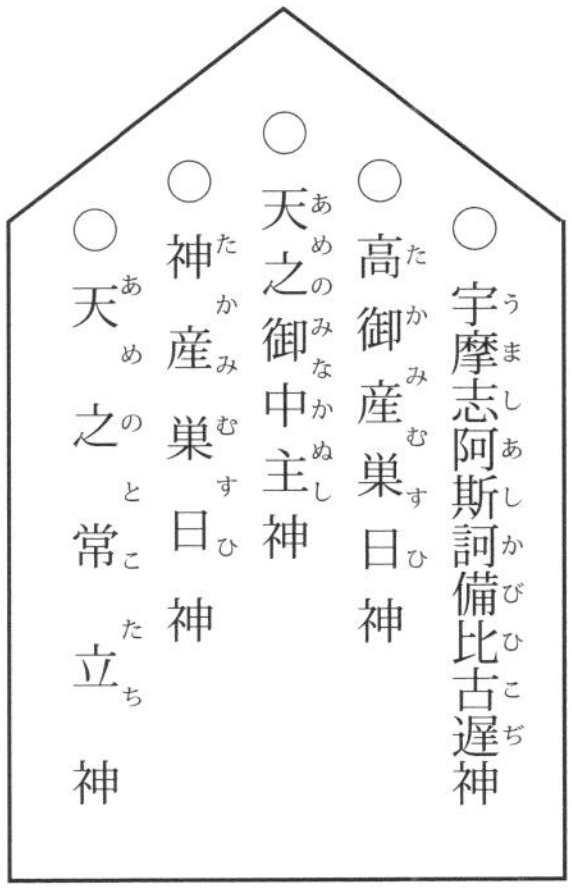

資料Ⅰ　高天原に成れる別天つ神（古事記）

五神はすべて象徴神であるが、ムスビの神二神は他の三神とは異なり、時空を超えて実在神のごとく地上の物語に登場する。高御産巣日神は高木神《たかぎのかみ》とも呼ばれ、自らの娘を天照大神の第一御子天之忍穂耳命《あめのおしほみみのみこと》に嫁がせて外戚《がいせき》となり、天石屋戸《あまのいわやど》の段以降は天照大神の詔《みことのり》をほぼ代行するなど第二の権力者として描かれる。また、天石屋戸の段では、思金神《おもいがねのかみ》が高御産巣日神の子として登場し、天照大神を天石屋から誘い出すための対策を思案して神事の指揮を執り、その後思金神は、邇邇芸命《ににぎのみこと》の天孫降臨《てんそんこうりん》に際しても登場し、天照大神（霊代《たましろ》としての鏡）の祭事を取り持つ初めての神となるのである。

また、神産巣日神も神産巣日御祖命《かみむすびのみおやのみこと》（母神）として現われ、天照大神の求めに応じて大宜都比売《おおげつひめ》の死体から稲種や粟など五穀の種を採集するほか、大穴牟遅神《おおなむちのかみ》（のちの大国主神《おおくにぬしのかみ》）が八十神《やそがみ》に迫害され、焼石に焼きつかれて死んだ時、請《こ》われて二人の姫（𧏛貝比売《きさがいひめ》・蛤貝比売《うむぎひめ》）を遣《つか》わして生き返らせるなど、時空を超えたはたらきをする。また、大国主神の国づくりを佐《たす》ける神として現れた少名比古那《すくなひこな》の神《かみ》は、神産巣日神の御子として語られている。

これら二神の功積《はたらき》は単独神のものではない。筆者は、王家を支《ささ》える主家筋（二家）として、何代にもわたる業績を一神で表わしたムスビの神（成就神）と解釈している。前段で神産巣日神が御祖命（母神）として現れるのは、この神のはたらきの一面に過ぎず、女神に限定されるものではない。また、高御産巣日神が天照大神の外戚として伝えられていることから、一方の神産巣日神は、天照大神の当家筋の神という解釈も可能である。なお、高御産巣日神を高天原系、神産巣日神を出雲系の神とする分類（次田他）は的を射ていない。

次に神世の時代が始まり、七代目の神が伊邪那岐・伊邪那美神である。一代目は国之常立神《くにのとこたち》で、先

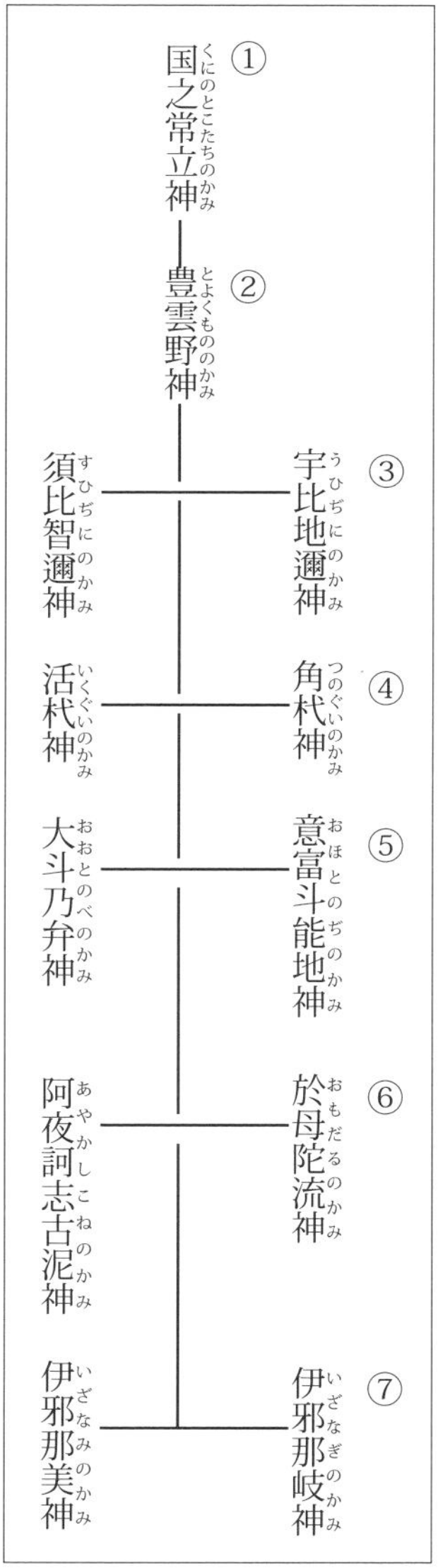

資料2　神世七代

の天之常立神と対をなす国家の永遠性を表す神（西郷）。二代目豊雲野《とよくもの》神は原野の形成される様を神格化したもの（次田）、三代目からは対偶神（夫婦神）となり、宇比地邇《うひじに》・須比智邇《すひじに》神は土砂の神格化（次田）、四代目角杙《つのぐい》・活杙《いくぐい》神は混沌のなかにきざす生命力の胎動を象徴し、角《つの》は葦《あし》などの芽《め》立《た》ちを、活《いく》は生日《いく》、生《いく》島など生成発展を呪する語（西郷）、五代目意富斗能地《おおとのじ》・大斗乃弁《おおとのべ》神は、国処の成れる由（本居宣長）でオホトは「大所《おおと》」の意、六代目於母陀流《おもだる》・阿夜訶志古泥《あやかしこね》神は「面足」「あやに畏《かしこ》し」の意で地面の完成を表す神（次田）とされる。以上六代までの形成過程を辿《たど》ると、永遠を表す神が坐《いま》す処に、先ず原野が形成され、次に砂土・泥土が生まれ、生命の胎動を表す芽立ちが見られ、その内に国処《くにどころ》が形成され（五代目）、国土が満ち足り完成する（六代目）となる。次の七代目の伊邪那岐・伊邪那美神は身体の整った男女神（小学館版　古事記頭注）（注4）。として完結するのである。

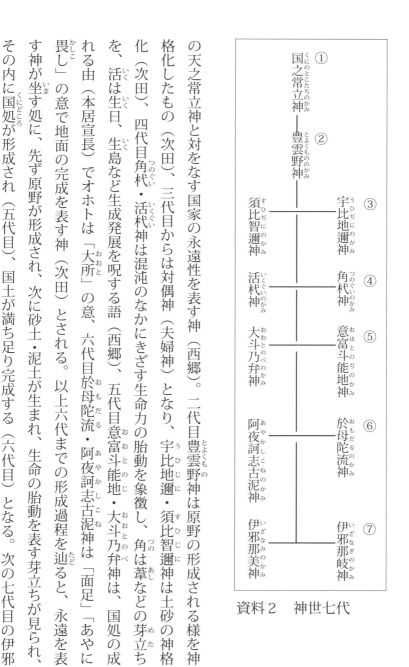

イザナギ・イザナミの名義については、①イザは「誘《いざな》ふ」で「誘い合う男女の君」、②「磯凪《いそなぎ》・磯波」、③宗教的な神聖を表す「イザ」ないし「イサ」に蛇体の水霊を表す「ナギ」「ナミ」が付いたもの、④海の霊物を表す「イサナ（勇魚・鯨）」にそれぞれ男女を表す「ギ」「ミ」が付いたもの、などの説がある。イザナギ・イザナミの神は、天上と地上の世界を繋ぐ列島の創造神であり、古代日本人の父母神である。その表わす御名については、やはり出自を外すことはない。したがって①②は論外で③または④を表したものと考えられる。

2　イザナギ・イザナミ二神の国生み

国生みの順序

伊邪那岐・伊邪那美二神（以下表記をイザナギ・イザナミとする）の最初の神功《はたらき》は国生みであった。二神はオノゴロ島で結婚し、十四島八か国を生むが、生み出されたのは日本列島全体ではなく、西日本の一部である。これは王権（倭王権）が西日本から生まれたことを示すもので、十四島八か国の中に王家の本貫地《ほんかんち》（皇家の出身地・王権の発祥地）が含まれていることになる。

また、選ばれた十四島八か国は、王家（倭王権）と周辺国、開拓拠点、重要な航路上の島などを俯瞰《ふかん》した景色とみられ、国の名義や国生みの順序などは、王家の建国に至る太古の記憶と思われる。

資料3　古事記の国生みの順序＋14島20か国

淤能碁呂島に降り立ち、伊邪那岐《いざなぎ》・伊邪那《いざな》美《み》二神が結婚

○水蛭子《ひるこ》、次いで淡島《あわしま》を生むが子の例《たぐい》に入らず

①淡道《あわじ》の穂《ほ》の狭別《さわけ》島

②伊豫《いよ》の二名《ふたな》島……面《おも》四つあり面毎《おもごと》に名あり

伊豫国は愛比売《えひめ》

讃岐国は飯依比古《いいよりひこ》

粟国は大宜都比売《おおげつひめ》

土左国は建依別《たけよりわけ》

③隠伎《おき》の三子《みつご》島亦《また》の名天之忍許呂別《あめのおしころわけ》

④筑紫島……面四つあり面毎に名あり

筑紫国は白日別《しらひわけ》

豊国は豊日別《とよひわけ》

肥国は建日向日豊久士比泥別《たけひむかひとよくじひねわけ》

熊曽《くまそ》国は建日別

⑤伊伎《いき》島亦の名天比登都柱《あめひとつばしら》

⑥津島亦の名天之狭手依比売《あめのさでよりひめ》

⑦佐渡島

⑧大倭豊秋津島《おおやまととよあきつしま》亦の名天御虚空豊秋津根別《とよあきつねわけ》

（以上を先に生めるによりて大八島国《おおやしまぐに》という）

⑨吉備児島亦の名建日方別《たけひかたわけ》

⑩小豆《あずき》島亦の名大野手比売《おおのでひめ》

⑪大島亦の名大多麻流別《おおたまるわけ》

（山口県柳井の東の大島）

⑫女《ひめ》島亦の名天一根《あめひとつね》

（大分県国東半島東北の姫島）

⑬知訶《ちかの》島亦の名天之忍男《あめのおしを》

（五島列島）

⑭両児《ふたご》島亦の名天両屋《あめふたや》

（長崎県男女群島）

島名比定（カッコ内）は岩波版『古事記』倉野憲司校注による。

我が国歴史学界の泰斗坂本太郎博士は、国生み条を論じた中で、「八つの島の取上げ方は、それを考えた時代の客観的な事実にもとづくものであり、朝廷の支配がどのあたりまで及んでいたか、地理的な知識がどんなものであったか、という事実を暗示することは認めねばならぬ。」とされる。

また、金子武雄東京大学教授は、『古事記神話の構成』の中で、「島生みは淡路島に始まり、四国・隠岐・九州・壱岐とつづくこと。また四国と九州との二つについては、特別に地勢が詳しく語られ、国分けも行われているのに対し、大和の朝廷にとって最も大切な島であるはずの本州については、ただ名だけが、しかも最後にあげられている。」とのべている（安本美典「邪馬台国東遷説（五）」『邪馬台国』八号所収、一九八一年・梓書院）。（注5）

金子氏は、邪馬台国九州説の立場から、奈良大倭に対する九州の優位性を挙げているが、九州はことごとく四国に及ばない。

なぜなら国分けは、四国・九州ともに四か国であるが、四国は律令時代も四か国で、すでに神代から開拓が進んでいたことになる。また、国名も単なる地名でなく、四か国がそれぞれ男女の神としてはるかに古いおもかげを残している。

一方の九州は律令時代九か国に分国される。この違いは、列島諸国に対する王家の認識を示したもので、四国は海岸を面（おもて）としてすでに独立した四か国が成立し、国土の開拓状況や地勢が、九州島や他の島々より詳しく把握されており、王家の本貫地（立ち位置）が何処であったかを暗示するものである。

次に国生みの順序も、四国は淡路島に次いで二番目で、九州（四番目）、奈良大倭（八番目）に対し優位に置かれ、国分けされた島としては最初となる。

イザナギ・イザナミ二神の国生みで、水蛭子《ひるこ》と淡島《あわのしま》を生み、次いで淡道之穂之狭別島《あわじのほのさわけ》（淡路島）・伊予之二名島《いよのふたな》（四国）―阿波の島・淡路島・四国―と続くことから、我が国の歴史の始源の地は、淡路島と四国の阿波に挟まれた鳴門海峡付近であった可能性が高い。さらにその前段で、二神が高天原の天つ神から天《あめ》の沼矛《ぬぼこ》を賜り、国造《くにづく》りを命ぜられたとき、

鳴門の渦潮　（鳴門市観光課提供）

二柱の神、天《あめ》の浮橋《うきはし》に立たして、其《そ》の沼矛を指し下《お》ろして画《か》きたまへば、塩こをろこをろに画き鳴《な》して、引き上げたまふ時、其の矛の末《さき》より垂《したた》り落つる塩累《かさ》なり積《つも》りて島と成りき。是れ淤能碁呂島《おのごろしま》なり。

とあるように、二神が初めて海中に沼矛を指《さ》し下《お》ろし、海水をクルリクルリとかき回した時が、地上の物語の始まりとなる。その仕草は、海水がゴウゴウと音を立てて渦を巻き起こす二柱《ふたはしら》の神の威力を連想させるものがあるが、それはまさに、鳴門海峡で発生する渦潮に結び付く。

狭い海峡における海流の満ち引きと、海底地形によって引き起こされる鳴門の渦潮は、原理を知らされた現代人といえども神秘を感じさせるものがあり、太古我々の祖先が、鳴門の渦潮に神の存在を感じ取り、渦巻く潮を、すべての物事が始まる神の顕《しる》しと見立てたとしても不思議ではない。海水をかき鳴らしてオノゴロ島を造り、阿波の島・淡路・四国を生み出す冒頭の物語は、神代の結構（星座図）を表したものであり、地上における始源の地が、鳴門海峡（阿波と淡路）であったことを暗に示したものといえる。

なお、淡島・オノゴロ島の比定については第八節で行う。

淡道《あわじ》の穂《ほ》の狭《さ》別島《わけしま》

神代の論考で盛んに取り上げられるのが淡路島である。国生みの最初であることや、式内伊邪那岐神社が鎮座することなどが主な理由のようであるが、向かい合う阿波に関しては、多くの学者が申し合わせたかのように直前で折り返し、あるいは素っ気無い扱いである。これはおそらく、阿波の神社を一旦取上げれば、パンドラの箱を開けることになるからだと推測する。

国生みでは、海上に孤立した島が、小豆島や吉備児島など十一島あるが、これらの島が主格であることはなく、本国の付属島であったり、前進基地、航路上の要地などである。それは阿波国と淡路島との関係についても同じである。淡路島を「淡道《あわじ》の穂《ほ》の狭《さ》別島《わけのしま》」という。『大日本地名辞書』

には「淡路は又淡道に作る、蓋《けだし》阿波に至る途上の島なれば此名《このな》あり、和名抄《わみょうしょう》阿波知と注す」とある。
また、本居宣長は『古事記伝』で、「和名抄に阿波知《あわじ》、…名義は、阿波国へ渡る海道にある嶋なる由なり。京路山跡路《みやこじやまとじ》など云うは常なる中にも、万葉に筑紫路土佐道《つくしじとさじ》ともよみ、又山跡道之嶋《やまとじのしま》ともよめれば、阿波道之嶋《あわじのしま》うたがひなし」とするとおり、「阿波に渡るための島」である。（注6）

国生みの十四島八か国を各々一国と数えた場合、二十か国（十二島八か国）となるが、「他国に渡るため」という冠詞が付くのは淡路島だけである。これは、阿波国に付属するという意味とともに、「京《みやこ》に上《のぼ》る」という用法と同じ中枢に向かうための島という意味を持っている。諸国の長らが淡路島を通って阿波に上るという、律令時代とは異なるそれ以前の統治の秩序が、国の名義として遺《のこ》ったとみられ、阿波国の中枢性（王権の地）がうかがえるのである。

「穂《ほ》の狭別《さわけ》」について、「穂」は稲の穂で「狭別」は「早別《さわけ》」で早く分かれる（早く芽を出す）とする解釈もあるが（注7）、筆者の解釈は異なる。右に阿波と淡路について述べてきたが、「穂の狭別」とは、粟（阿波）の穂先を千切《ちぎ》って（国土の一部を分けて）造った島の義とする。因みに阿波国は、古事記が「粟国」、日本書紀は「粟国」及び「阿波国」で表記されている。

他の島々についての定説はないが、⑤壱岐島⑥対馬は、大陸の王朝への遣使の航路上の島で、⑨吉備児島⑩小豆島⑪大島⑫姫島は瀬戸内航路上の要所となる島、③隠岐島は日本海航路上の、⑭両児島（男女群島）は東シナ海への、それぞれ先端基地とみることができる。⑦佐渡島《さどのしま》⑬知訶島《ちかのしま》については手掛りがある。延喜式巻十六「儺祭《ついなのまつり》」の祭文に四至《しし》が示されており、「東方陸奥、西方遠値嘉、南方土佐、北方佐渡」とある。ついな（追儺）とは、大晦日《おおみそか》に宮中で行われる疫病を祓《はら》う儀式（現在の節分の豆まきにあたる）で、古くは、西端が値嘉島《ちかのしま》（「遠つ値嘉」・五島列島）、北方の端が佐渡島と認識されていたことを示すもので、国生みが、版図《はんと》の限りを示す意図も含まれていたかと思える。

大倭豊秋津島《おおやまととよあきつしま》

八番目に生まれた大倭豊秋津島を、本州島とする説が多数派を占めているが、筆者は首肯《しゅこう》できない。本州島を「大倭《おおやまと》」というなら、それは日本全体を表す総名となるが、記紀成立後までの日本の総名は「やまと」（万葉仮名による「夜麻登」などのほか「倭」「日本」）であり、大倭《おおやまと》と呼ばれた例はない。また、本州島の一部となる伊勢国や紀伊国、播磨国、出雲国等が「大倭」と呼ばれたこともない。したがって、倉野憲司氏がいわれる（大倭豊秋津島は）「大和を中心とした畿内の地域の名。本州の呼び名ではない。」とする解釈が正しい。『和名抄《わみょうしょう》』にも大和国《おおやまとこく》城下郡に「大倭（於保夜末止《おほやまと》）」郷がみえ、国名も「於保夜萬止」国とあるので、国生みの「大倭」は、奈良県地方の古名といえる。

次に名義について検討する。国生みでは「大倭豊秋津島《おおやまととよあきつしま》」またの名は「天御虚空豊秋津根別《あまつみそらとよあきつねわけ》」と表記されている。豊は美称で、「秋津島」「秋津」は「やまと」の称《たた》え詞《ことば》である。「やまと」の称え詞は、書紀の神武の段に列挙されているので古い順に掲げてみる。

①伊邪那岐命は、「やまと」を浦安《うらやす》の国、細戈《くわしほこ》の千足《ちだ》る国、磯輪上《しわがみ》の秀真国《ほつまくに》と称えた。
②「やまと」の国造《くにづく》りを進めた大己貴命《おおなむち》（のちの大国主命）は玉牆《たまがき》の内《うち》つ国《くに》といわれた。
③饒速日《にぎはやひ》命（天孫で神武天皇と皇位を争った神）が天磐船《あまのいわふね》に乗り、大空を飛び回り、やまとを眺めて「虚空見《そらみ》つやまとの国」といわれた。
④神武天皇は即位後、やまとの国の状《かたち》を眺め、内《うち》つ木綿《ゆう》の真迮《まさ》き国といえども蜻蛉《あきづ》の臀呫《となめ》の如《ごと》くにあるかなといわれた。これによって秋津洲《あきづしま》の名が生まれた（なお蜻蛉《あきづ》はトンボの古名）。

序文（はじめに）でも述べたように「やまと」はイザナギ命の時代からの呼び名であった。その後大国主命が「やまと」の国造りに尽力し、饒速日《にぎはやひ》命も「やまと」を称《たた》えた。すなわち「やまと」は、イザナギ命が拓《ひら》いた最初の王都であった。ところが神武天皇は、東征して、新たな国・大倭《おおやまと》を「やまと」と称えたので、新旧二つの「やまと」が生まれたことになる。そこで「大倭豊秋津島」を解読すると、「大倭（奈良地方）の秋津島《やまと》」となる。直訳では「大倭の倭」で地名が重なることになるが、「やまと」は、もとより王都を指すので、「大倭（奈良地方）の王都」が本来の意味になる。次いで「天御虚空豊秋津根別《あまつみそらとよあきつねわけ》」であるが、「天御虚空《あまつみそら》」は饒速日命が大空（天）から称えた「虚空見《そらみ》つ」を表し、「豊秋津」も神武《じんむ》天皇が称えた「秋津洲」で、いずれも「やまと」の誉《ほ》め詞《ことば》である。下句の「根別《ねわけ》」は本体から分かれる意味（株分け）となるので、奈良地方は「王都やまとから分かれた国」となる。二つの名義を合わせると、「王都やまとから分かれた大倭《おおやまと》の王都」となる。

国生みで、大倭が八番目となるのも、右のとおり新しく分かれた国であったからで、そのことは、大倭地方が記紀の神代の物語とは、全く関係のない地域であることとも符合する。

なお記紀で神武天皇が大倭に進出し、やまとを建国したとする神武東征説話を筆者は虚構とするが（後章）、この説話が皇位争いであることと、王都が奈良大倭に遷されたとする物語の骨格については、史実伝承の核として否定できないとみている。またそれが海（内海）を越えての遷都となれば、その理由は、「中央集権による律令政治の実効を図る」とする以外には発動されない大事業と思料されるため、奈良盆地への遷都の時期は、神武よりはるか後代の律令制定前後と思われる（後章）。

したがって、神武天皇が「秋津洲やまと」と称えた「やまと」は、奈良盆地ではなく、イザナギ命以来の元の「やまと」である。奈良盆地が、蜻蛉《あきづ》の臀呫《となめ》め（交尾）のような地形でないこともその理由の一つである。

国生みで元つ国「やまと」は出てこない

大倭豊秋津島が、新しい王都の名義とすれば、元の王都である「やまと」はどうしたのか。王家の本貫地であり王権の発祥地である「やまと」の所在地は、王家の正統性の証《あかし》として、国生み十四島八か国中の冒頭に宣示されなければならないであろう。ところが、この国生み条をはじめとして、神代の物語中に、王権の発祥地「やまと」は現われてこない。

では元つ国「やまと」は何処であったのか。国生み条の表層（表記や表現）から特定することは困難であるが、国生みが鳴門海峡付近から始まり、四国が国分けされた島として最初に生み出された島であることなど、右に挙げた理由から、阿波国が元つ国「やまと」の本命となる。その論証は、後節の神々の生成以降となるが、ここでは阿波国の名義である大宜都比売《おおげつひめ》について論じておきたい。

大宜都比売は、イザナギ・イザナミ二神の子で、五穀（食物）の神である。国生み十四島八か国の中でイザナギ・イザナミ二神の子が充てられているのは阿波国だけであり、暗示的である。食物の神としては、古事記の神生みの後段で、和久産巣日《わくむすび》神とその子豊宇気比売《とようけひめ》神が、また日本書紀には、倉稲魂《うかのみたま》命や保食神《うけもち》が現れる（なお、オホゲツヒメの「ケ」は「ウケ」で食物の義、ウカノミタマの「ウカ」、ウケモチの「ウケ」も「食（ウケ）」であると解釈されている）。（注8）これらの神はすべて象徴神であるが、大宜都比売は擬人化され二度物語に現われる。その一つが五穀の種の起源譚《たん》で、その舞台は天照大神が治める高天原である。須佐之男命が高天原を訪ね、大宜都比売に食物を乞うたところ比売《ひめ》が鼻や口や尻から種々の味物《ためつもの》を取り出したため、須佐之男命は食物を汚して自分に差し出すと疑って大宜都比売を殺してしまう。すると殺された大宜都比売の頭から蚕、目から稲種、耳から粟、鼻に小豆、陰に麦、尻に大豆が生れたので、天照大神は神魂御祖《かみむのびのみおや》命に託して五穀の種としたという食用植物起源神話である。（注9）

この物語は、阿波の国土（大宜都比売）から五穀の種を採集したことを意味するとともに、その国土は、天照大神が治めた高天原ということになり、「皇祖の地・阿波」が浮かび上がってくる。粟国の粟も大宜都比売も、阿波国の属性を表したもので、県内の畑作地帯の中心である吉野川中流域北岸中央部の「阿波（粟）郡」は、粟に由来し、大宜都比売信仰が盛んな地帯であったと思われる。列島における粟の栽培は縄文晩期頃といわれるが、二〇〇七年には徳島市庄《しょう》・蔵本《くらもと》遺跡の弥生前期（紀元前五〇〇～三〇〇年）の畑跡から、イネ・アワ・キビ・エゴマなどの種子が検出され、徳島県が古くから粟の栽培が行われていたことが明らかにされた。（注10）

庄・蔵本遺跡

『延喜式』民部下の交易雑物にも「丹波国、粟十石。阿波国、粟二十石。」がみえ、明治期には、徳島県は西日本第一位の粟の生産高であった。（注11）

古代は稲米が重視された社会であったが、粟もそれ以前から食物として、また神事にも重要であったことが池邊彌氏によって論じられている。同氏は「古代粟攷」の中で、特に「供御《くご》」としての粟の存在に注目している。「供御」とは主として天皇の召し上る飲食物をいうが、上皇や皇后にも用いられる用語で、『延喜式』はじめ官符や日記などから、天皇の御食事に粟が用いられていたことを明らかにしている。

大宜都比売の名義も、宮廷や天皇の祭儀に関係する名といわれている。松前健氏は「大嘗祭と記紀神話」の中で、「私はオホゲツヒメの『大《おほ》』という語自体、『宮廷《おほやけ》』『大宮《おほみや》』『大歌《おほうた》』などのように、宮廷、朝廷を表わす尊称であるから、これも多分宮廷の新嘗、即ち大嘗の祭の神饌の神であろうと思っている。多分民間の新嘗の神ではなかろう。」としている。（注12）このように阿波国は、大嘗祭をはじめ天皇の祭祀が行われる国（王都）として、大宜都比売が充てられたものかも知れない。

さて筆者は、国生み条の地《じ》の文（原伝承を書記化した文）は、「粟の国を倭《やまと》（夜麻登）と謂《い》ひ。」であったと推理しているが、次節以降で王権の発祥地「やまと」を論証したい。また、書紀の国生みの段とその一書については後章で論じる予定である。

3　神代にみえる律令制の国名

『古事記』上つ巻（神代巻）のあらすじを本章の後段に掲げる。（資料4）

神話は王家の祖先伝承を軸とし、高天原の世界から天孫五代目の孫豊御毛沼命《とよみけぬのみこと》（のちの神武天皇）の誕生までの系譜と説話が収められているが、古事記の編纂が八世紀の初頭であった関係から、当時の説や事実が、神代に少なからず組み込まれている。たとえば、

①天照大神と須佐之男命が誓約《うけい》によって生まれた三女神が「多紀理比売命《たきりひめ》は胸形《むなかた》の奥津宮《おくつみや》・市寸島《いちきしま》

比売命《ひめ》は胸形の中津宮《なかつみや》・田寸津比売命《たきつひめ》は胸形の辺津宮《へつみや》に坐す。」とみえているのは、八世紀初頭の事実を記したもので、三女神がこの地で生まれたものではないこと。

②大国主命が葦原中つ国を天孫に譲る交換条件として、出雲国の多芸志《たぎし》の小浜《おばま》に天《あめ》の御舎《みあらか》（立派な宮殿）を造営するよう求めた記事も、神代の出来事ではないといえる。

③天孫邇邇芸命の天降りに際し、天照大神が三種の神器を授けたあと、後世に造営された伊勢神宮の祭祀（鏡と思金神はいすずの宮に、豊宇気神《とようけ》は外宮に坐す）が付け加えられていること。

など、十数か所で認められるが、こうした遡及《そきゅう》記事は神話を解読するうえで紛《まぎ》らわしい攪乱《かくらん》因子となる。

さらにそれ以上に解読を困難にしているのが律令制の国名である。七世紀末から八世紀の初頭に成立した令制の九か国が、説話の舞台の地として書き加えられている。その舞台の範囲は、西日本をはみ出し、中部・北陸地方にまで拡がっている。

これら令制国については後章で検討を加えるが、はたして王家の建国前夜の歴史とは、列島を東西に広域移動しながら成立したというのであろうか。（資料5）

そのうち最も不自然に思えるのが「出雲（国）」と「竺《つく》（筑）紫《し》の日向《ひむか》」である。左に二例を挙げる。

神代の物語の舞台となった律令制の国（九か国）

①出雲国
②伯伎《ははき》国
③竺紫《つくし》の日向
④淡海《あふみ》の多賀
⑤稲羽《いなば》
⑥木国《きのくに》
⑦高志国
⑧美濃国
⑨科野《しなの》国の州羽《すわ》

資料５　神話の展開と律令制の国

その一　伊邪那岐・伊邪那美二神の神生み条

○イザナミの命が火の神を生んだときに火傷し、それが原因で亡くなり出雲国と伯伎国との堺の比婆《ひば》の山に葬られた。

○イザナギの命は、妻のイザナミの命を連れ戻そうと黄泉《よみ》の国（死者の国）を訪ねるも失敗。黄泉の国から出雲の伊賦夜坂《ゆうやさか》まで戻って結界を張り妻神と別れたあと、穢《けが》れを祓《はら》うため竺紫《つくし》の日向《ひむか》の橘の小門《おど》の阿波岐原《あわきはら》で禊祓《みそぎはらい》を行った。

○イザナギの命は神としての功績《はたらき》を終え、淡《あ》海《ふみ》（淡路）の多賀を幽宮《かくれのみや》（葬場）とした。

イザナギ・イザナミ二神は、創世神として鳴門海峡付近で国を生み、神々を生むが、その妻神の葬場は出雲（島根県地方）にまで飛んでいる。また、その禊祓《みそぎはらい》をするため、夫のイザナギ

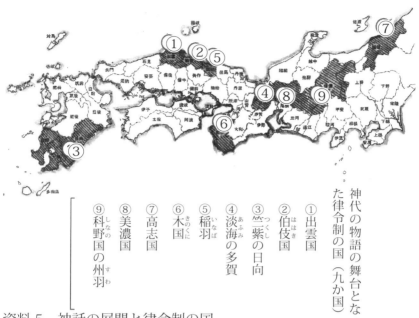

の命は、出雲からはるか南九州の日向まで、海を越えて渡っていったというのである。水野祐氏は、「黄泉の穢《けがれ》を清めるのにその出雲で身体を清めずにわざわざ穢れた身のまま出雲国を通り抜けて日向国に赴く。」と指摘しているが、（注13）これではイザナギ命の行動は、古代人の穢れの観念を逆撫《さかな》ですることになってしまう。

また、出雲も日向も二神の崇拝の痕跡はない。拠り処となるのは記紀の令制地名だけである。松前健氏は「その神の崇拝の痕跡がないところに、その神話が生まれるとは考えられない。」（注14）と述べておられるが、イザナギ命の葬場（幽宮）は淡路の多

資料6　イザナミの命とイザナギの命 関連地図

Ⓐイザナミの命の葬場……出雲国と伯伎国の堺
Ⓑイザナギの命の禊祓の地……竺紫の日向
Ⓒイザナギの命の葬場……淡路の多賀
Ⓓイザナミの命を単独神で祀る式内社……阿波国美馬郡

高越神社（イザナミの命鎮座地）

賀と記され、式内社の伊邪那岐神社が鎮座し、また阿波国美馬郡《みまぐん》には式内伊邪那美《いざなみ》神社が単独神として全国で唯一座祀られている。これは鳴門海峡を挟んで阿波と淡路が二神の崇拝圏の中心にあり、二神の物語の本源地を示唆する神社配祀である。因みに通説は、記紀の令制地名をほぼ正しいものとして肯定し、出雲や日向を重視しているが、筆者は、地名も他の記事と同様に文献批判が必要と考えており、出雲も日向も不審な地名として検証し、二神の本貫地を究明していくこととする。

その二　国譲りと天孫の降臨条

○天照大神が豊葦原水穂国《とよあしはらみずほのくに》（葦原中つ国《あしはらのなかつくに》）は我が御子　が治めるべき国であるとの詔《みことのり》を発し、これを承《う》けて国譲り交渉が開始される。

なお、葦原中つ国（以下「中つ国」）とは、高天原に対置される国の総称で、天つ神の子孫の統治が及んでいない地域を指す。中つ国の首都は文脈から出雲国で、須佐之男命、次いで大国主命が支配者となる。また「中つ国」とは国の中心（首都）を意味するが、首都の呼称がやがて支配地全体を表す名となったものといえる。その中つ国の首都に向かって、

○高天原から次々に使者が遣《つか》わされ、第三の使者である建御雷《たけみかづち》神が大国主命の御子である建御名方《たけみなかた》神を敗り、ついに大国主命・事代主命らは天孫に国を譲ることを承諾する。

○天孫邇邇芸命《ににぎのみこと》は、諸神らとともに中つ国（出雲国）に向けて天降《あまくだ》りを開始する。

○その時、猿田比古神《さるたひこ》が高天原と中つ国との堺の天の《あめ》八衢《やちまた》で出迎え、天孫の道案内をする。
○そして邇邇芸命が天降ったところが竺紫の日向の高千穂であった。

邇邇芸命は出雲国を目ざしていながら、なぜに降臨地が竺紫の日向となるのか。明らかにこの説話は文脈が乱れ、令制地名によって物語は破綻してしまう。

令制の「出雲」と「竺紫の日向」は、「その一」の場合と同じ組み合せで、矛盾するところも一致する。共に不可解な行程路となり、共に神の崇拝の痕跡も無く、共に列島の縁辺部の国である。常に列島を俯瞰していたであろう王家が、何故北の僻遠の出雲を最初に王都にしようとし、次いで南の僻遠の日向に降臨したのか全く理解できない。筆者はその一、その二の両説話とも、ある意図をもって地の文（原伝承）を改竄《かいざん》し、「出雲（国）」と「竺紫の日向」を書き入れ、王家の発祥地を隠蔽《いんぺい》したとの疑いを抱くのである。

そこで、王家の発祥地にかかわる出雲国と竺紫の日向の国について検証する。

4　出雲国は記紀神話の原郷か

出雲国風土記

記紀神話に収められた出雲の物語（「出雲神話」とする）の原郷は、出雲地方（現在の島根県）であったのか。

そのことを検証するうえで願ってもない史料が存在する。それは『出雲国風土記《いずもこくふとき》』である。風土記《ふとき》は『古事記』が成立した翌年にあたる元明《げんめい》朝の和銅六年（七一三）、官命によって諸国に対し報告を求めたもので、郡郷名は好字を選んで著すことや、郡内の産物、土地の肥沃状態、山川原野の名称の由来、古老の相伝する旧聞異事を史籍に記載し報告させた。今日伝わる風土記は五か国程度で、他は散逸して伝わらず、他の文献等に引用されたものが逸文《いつぶん》として遺《のこ》るのみである。

成立時期の早いものは、播磨国《はりまこく》風土記（七一五年頃）、常陸国《ひたちこく》風土記（七二三年頃までに完成）が知られ、出雲国風土記は天平五年（七三三）に完成し、しかも唯一完本に近いものが伝えられている。

また、今日に遺《のこ》る他の四か国の風土記は、中央から派遣された官僚の手によって編纂されたことが明らかにされているが、出雲国風土記は、出雲国土着の豪族で、意宇《おう》郡の大領《かみ》として出雲国造《いずものくにのみやつこ》職を兼ねた出雲臣広嶋《いずものおみひろしま》と、出雲人神宅臣全太理《みやけのおみまたたり》を筆録責任者として完成させている。（注15）

そのため、地方色を濃く遺《のこ》し、『日本書紀』等中央の影響をあまりうけていないとみられていることから、記紀の出雲神話とその内容が一致するか、または類似するものであれば、島根県が記紀神話（出雲神話）の原郷として裏付けられることになる。ところが両者を比較してみると、その内容は全く異なるのである。

記紀神話では、須佐之男命が出雲国の開拓者（支配者）で、その後嫡男《ちゃくなん》である大穴牟遅《おおなむち》命が、大国主命の称号を与えられて出雲国（中つ国）の支配者となり、また国譲り交渉では、大国主命の御子である事代主《ことしろぬし》命・建御名方《たけみなかた》命・阿遅鉏高日子根《あじすきたかひこね》命らが活躍し、高天原の使者との間で攻防を繰り広げる物語が展開される。

これに対し、出雲国風土記では、冒頭に八束水臣津野《やつかみづおみつの》命が登場し、沖合の大陸や島嶼《とうしょ》から陸地（現在の島根半島）を引き寄せ、国土を拡げ固める物語が展開される。左にその一部を挙げる（読み下し文は荻原千鶴『全訳注　出雲国風土記』〈講談社〉による）。

意宇《おう》と号《なづ》くる所以《ゆゑ》は、国引き坐《ま》しし八束水臣津野命《やつかみづおみづののみこと》、詔《の》りたまひしく、「八雲立《やくもた》つ出雲《いずも》の国は、狭布《さぬの》の稚国在《わかくにな》る哉《かも》。初国小《はつくにちひ》さく所作《つく》れり。故《かれ》、作り縫《ぬ》はむ」と詔《の》りたまひて、「栲衾《たくぶすま》志羅紀《しらき》の三埼《みさき》を、国の余《あま》り有《あ》りやと見れば、国の余り有り」と詔《の》りたまひて、童女《をとめ》の胸鉏所《むなすきと》取らして、大魚《おふを》のきだ衝《つ》き別《わ》けて、はたすすき穂振《ほふ》り別《わ》けて、三身《みつみ》の綱《つな》打ち掛《か》けて、霜黒葛《しもづづら》くるやくるやに、河《かは》船《ふね》のもそろもそろに、国来々《くにこくにこ》と引き来縫《きぬ》へる国は、去豆《こづ》の折絶《をりたえ》より、八穂尓支豆支《やほにきづき》の御埼《みさき》なり。此《ここ》を以《も》ちて、堅《かた》め立つる加志《かし》は、石見《いはみ》の国と出雲の国との堺有《さかひな》る、名は佐比売山《さひめやま》、是也《これなり》。亦持《またも》ち引ける綱《つな》は、薗《その》の長浜、是也《これなり》。

（これに続いて「北門《きたと》の佐伎《さき》の国」「北門の良波の国」「高志《こし》の都都《つつ》の三埼」を引き寄せ、国引きを了《お》える。）

この国引き詞章こそ、出雲国の開拓者であり、支配者を宣示するもので、その主人公は八束水臣津野命であって、須佐之男命ではない。つまり出雲国（島根県）は、土着の豪族の筆になる出雲独自の国造り伝承を持った国であり、国引き詞章は、この国が記紀神話（出雲神話）の舞台でないことを鮮明に示したものである。

　また風土記の各論においても、須佐之男命の八俣《やまた》の大蛇《おろち》退治の物語や大国主命の国造りなどの物語は、その片鱗すら伝えられていない。ただし、中央（記紀）の影響を受けたとみられる字句も各所でみられ、大国主命（大穴牟遅命）を「天《あめ》の下所造《したつく》らしし大神」などと表した所が三十八か所、須佐之男命は十三か所で確認できる。左に二、三抄出する。

○杵築《きづき》の郷《さと》。郡家の西北二十八里六十歩。八束水臣津野命《やつかみづおみづののみこと》の国引《くにひ》き給《たま》ひし後《のち》に、天《あめ》の下所造《したつく》らしし大神《おほかみ》の宮奉《つかへまつ》らむとして、諸《もろもろ》の皇神《すめかみ》等、宮処《みやどころ》に参集《まゐつど》ひて杵築《きづ》きき。故《かれ》、寸付《きづき》と云《い》ふ。神亀《じんき》三年、字《じ》を杵築と改《あらた》む。

○美談《みたみ》の郷《さと》。郡家の正北九里《さと》二百四十歩《あし》。天《あめ》の下所造《したつく》らしし大神《おほかみ》の御子《みこ》、和加布都努志命《わかふつぬしのみこと》、天地初《あめつちはじ》めて判《わか》れし後《のち》、天《あめ》の御領田《みた》の長《をさ》、供《つか》へ奉《まつ》りしき。即ち彼《そ》の神、郷《さと》の中《うち》に坐《いま》す。故《かれ》、三太三《みたみ》と云《い》ふ。神亀《じんき》三年、字を美談と改む。即ち正倉有《みやけあ》り。

○意宇《おう》郡安来《やすき》の郷《さと》。郡家の東北…。神須佐乃袁《すさのお》命、天の壁立廻《かきたちめぐ》り坐しき。尓《そ》の時、此処に来坐《きま》して詔《の》りたまひしく、「吾《あ》が御心は、安平《やす》けく成りぬ」と詔りたまひき。故、安来と云ふ。

○大原郡佐世《させ》の郷。郡家の正東…。古老《ふるおきな》の伝へて云はく、須佐能袁命、佐世の木の葉を頭刺《かざ》して、踊躍《おど》らしし時に、所刺《さ》せる佐世の木の葉、地《つち》に堕《お》ちき。故、佐世と云ふ。

右のように、その殆どは地名説話であり、他国の風土記と比べても物語性に欠け、記紀の出雲神話とも繋がらず系譜も合わない（読み下し文は同右）。須佐之男命の伝承も弱々しい限りである。これらは出雲国で種々伝えられてきた土着の伝承の上に、「天の下所造らしし大神」や「須佐乃袁命」の名を付け加えたようでもある。

高藤昇氏は「出雲国風土記に見える所造天下大神」の中で、

天の下造らしし大神の出雲国風土記における像と、その系譜について考察してみると、記紀に現われている大国主神に比べて、神話上にも又系譜の上からも量的にも又質的にも乏しいと言うことができよう。出雲神話体系もこの中から窺うことは不可能であり、断片的な大神の記事や系譜が存在しているに過ぎない。（注16）

と述べておられる。つまり記紀の出雲神話と出雲国風土記との関係性が見通せないということである。

筆者は、今日の島根県は、記紀の出雲神話とは全く異なる独自の文化を育んだ地域とみており、それは官社の配祀からも結論付けることができる。

出雲国の官社

出雲国風土記には、当時祀られていたすべての神社三九九社が記され、そのうち、のちの延喜式内社《えんぎしきだいしゃ》の元となる神社一八四社が官社として列記されている。ところがこれらの神社のほとんどは、記紀神話とは関係のない土着の神々を祀るもので、出雲固有の祭祀圏を呈している。また、風土記成立から約二百年後の出雲国の延喜式内社（官社）をみると、三社が加増されて一八七社となっている。そのうち既存の神社に新たな神霊を勧請《かんじょう》し神社名を変更したのが十六社と、新設した三社がみとめられ、合わせて十九柱の神が新たに祀

資料７　風土記成立後に配祀された記紀神話の神社

	〈出雲国風土記〉	〈延喜式〉
意宇《おう》郡	野城《のぎ》社	野城社坐大穴持《おおあなもち》神社
	布自奈《ふじな》社	布自奈大穴持神社
	野城社	野城社坐大穴持御子神社
出雲郡	御魂社	大穴持神社
	布世《ふせ》社の阿受枳《あづき》社	布世社阿須伎社天若日子《あめのわかひこ》神社
	来坂《くさか》社	久佐加社大穴持海代日古神社
	来坂社	久佐加社大穴持海代日女神社
	企豆伎社	杵築大社神大穴持御子神社
	企豆伎社	杵築大社大穴持御子玉江神社
	阿受枳《あずき》社	阿須伎社須佐袁《すさのお》神社
	阿受枳社	阿須伎社神伊佐那伎《いさなぎ》神社
	阿受枳社	阿須伎社阿遅須伎《あじすき》神社
	阿受枳社	阿須伎社天若日子神社
神門《かむと》郡	多吉《たき》社	多伎社大穴持神社
	見えず	鹽冶《やむや》日子命御子焼大刀天穂日子命神社
能義《のぎ》郡	見えず	天穂日《あめのほひ》命神社

られている。内訳をみると、記紀の出雲神話に登場し活躍した神が十社（十座）、その神の御子神らが六社（六座）である。二、三挙げると、意宇《おう》郡野城《のぎ》社は野城社坐大穴持《のぎにいますおおあなもち》神社に、出雲郡阿受枳《あずき》社は阿須伎社《あずきのやしろ》須佐袁《すさのお》神社に、神門《かむと》郡多吉《たき》社は多伎《たき》社大穴持神社にそれぞれ変更されており、これらの延喜式内社を見る限り、出雲国が記紀の出雲神話の原郷であるかのようにも見受けられるが、すべて外来の神となる。（資料7）

因みに大穴持神とは大国主神の亦《また》の名、天若日子《あめのわかひこ》神は、国譲り交渉のため高天原から中つ国（出雲国）に遣《つか》わされた第二の使者、阿遅須伎神とは、大国主神の御子・阿遅鉏高日子根《あじすきたかひこね》神、天穂日《あめのほひ》命とは、天照大神の第二の御子で国譲り交渉の第一の使者として中つ国に遣わされた神である。また「社」とは神を祀る社殿、「坐」は神（柱）を表し、延喜式内社の殆どは一社一座である。

右のとおり、記紀の出雲神話の神々が出雲の地に祀られたのは記紀成立後で、さらに出雲国風土記の成立（七三三）以降のことであった。これは、その後に着任した国司らが朝廷に働きかけ、出雲国を記紀神話の原郷とみて勧請したものかも知れないが、仮にそのような意図をもって植付けたとしても、一八七の官社中の十社に過ぎず、原郷には程遠いといえる。しかも、これら十社のその後の祭祀については、『式内社調査報告』によると十社中六社は現存せず不明で、他の一社も合祀されたものかという。（注17）もとよりこれらの神々は、出雲国に由縁のないものであったため、信仰が根付かなかったものかと推測される。

以上述べてきたように、記紀の出雲神話の舞台（本源地）は、島根県ではなかったのである。

5　八世紀まで倭朝廷と敵対した日向地方

南九州地方

日向国は、八世紀の初めまでは宮崎県と、鹿児島県の大隅・薩摩両地方を含めた南九州の総称であった。『続日本紀《しょくにほんぎ》』によると、大宝二年（七〇二）四月条に筑紫七国とあり、同年十月には日向国から薩摩国が分離した分注がみえ、さらに和銅六年（七一三）四月には、日向国の肝坏《きもつき》・贈於《そお》・大隅《おおすみ》・姶羅《あいら》の四郡を割いて大隅国を置くとあるので、このとき筑紫九国が成立し、日向国（現在の宮崎県）の境界が確定している。

この時期は、倭朝廷が南九州及び南西諸島を統治下に組み入れていく過程にあり、熊襲《くまそ》と呼ばれ隼人《はやと》の住む南九州の部族は倭朝廷と敵対し抵抗を続けていた。（注18）朝廷は、文武二年（六九八）四月に、官吏ら八人を覓国使《べっこくし》（支配領域画定のための調査団）として南嶋（奄美・沖縄諸島を主とした南西諸島）に調査団を派遣したが、文武四年（七〇〇）、薩摩・頴娃《あいら》・肝属《きもつき》の勢力によって覓国使たちは脅迫され、筑紫の惣領《そうりょう》（大宰）によって処罰されたとあり、その後においても対立は続くのである。

○大宝二年（七〇二）八月一日、薩摩と多褹《たね》（種子島）は王化に服さず、政令に逆っていたので、兵を遣わして征討し、戸口を調査して常駐の官人を置いた。出雲狛《いずものこま》に従五位下を授けた。（現代語訳は宇治谷孟『続日本紀（上）全現代語訳』〈講談社〉による。以下同じ。）

○和銅七年（七一四）三月十五日、隼人《はやと》（大隅・薩摩国の住人）は道理に暗く荒々しく、法令にも従わない。よって豊前《ぶぜん》国の民二百戸を移住させて、統治に服するよう勤め導かせるようにした。

○養老四年（七二〇）二月二十九日、太宰府が奏言した。隼人《はやと》が叛乱を起こして、大隅国守《おおすみのくにのかみ》の陽《や》侯《こ》史麻呂《まろ》を殺害しました。このあと隼人等は、一年数か月にわたって朝廷軍と戦うのである。

このように律令の施行後においても、隼人の住む熊襲地方は抵抗を続け、容易に従わなかった。独立心が強く、また畿内とは気候風土も異なり、僻遠の地でもある南九州地方が、天孫の降臨地であり、初代神武天皇の出生地であったというのであろうか。

景行天皇の熊襲征伐

では時代を遡ればどうか。第十二代景行天皇の時代、書紀によるとその十二年、天皇は熊襲討伐のため西征に向かわれ、七年がかりで九州のほぼ全域（碩田《おおきた》国―日向《ひむか》国―襲《そ》国―子湯《こゆ》県―熊《くま》県―火《ひ》国―阿蘇《あそ》国―筑紫後《みちのしり》国―八女《やめ》国）を討伐され、景行十九年に帰京されたとみえる。熊襲とは、南九州（日向・大隅・薩摩）と肥後国（熊本県）の南部を総称し、隼人《はやと》の住む国であった。

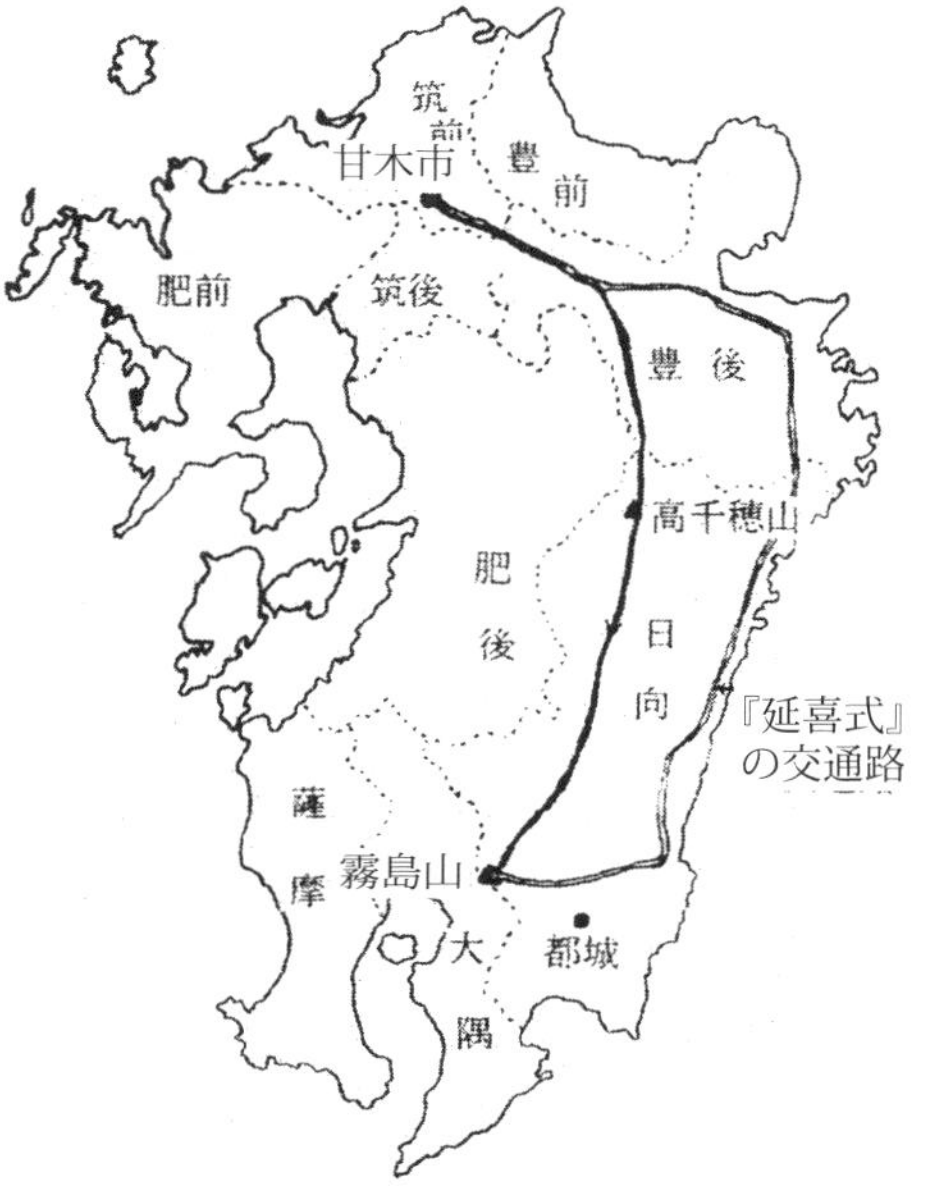

甘木市→臼杵郡高千穂→霧島山

資料８　安本美典氏の天孫降臨図

安本美典「高千穂論争(3)」『邪馬台国』25号（梓書院　1985年）106ページ

古事記でも御子の倭建命《やまとたける》（日本武尊）が熊曽征伐に出かけた記事がみえるが、その後においても、

○景行二十七年、熊襲が再び叛《そむ》いたので日本武尊《やまとたける》を遣《つか》わして征討した。

○仲哀二年、熊襲が叛いて朝貢しないのでこれを討とうとされた。

等、八世紀と同様に敵対する記事が続いていくが、その地がはたして天孫の降臨地といえるのか。

左に降臨条と、南九州を降臨地とする著名な二説の要点を挙げる。（読み下し文は、古事記が小学館版日本古典文学全集、日本書紀は岩波版日本古典文学大系による。カッコ内は原文。）

○古事記（天孫降臨条）

天《あめ》の石位《いはくら》を離れ、天の八重《やへ》たな雲《ぐも》を押し分けて、いつのちわきちわきて（伊都能知和岐知和岐弓）、天の浮橋《うきはし》にうきじまりそりたたして（宇岐士摩理蘇理多々斯弓）、竺紫《つくし》の日向《ひむか》の高千穂《たかちほ》のくじふるたけ（久士布流多気）に天降り坐しき。故、爾に天忍日命《あめのおしひのみこと》・天津久米命《あまつくめのみこと》の二人《ふたり》、天の石勒《いはゆき》を取り負ひ、頭椎《くぶつち》の太刀《たち》を取り佩《は》き、天のはじ弓を取り持ち、天の真鹿児矢《まかこや》を手挟《たばさ》み、御前《みさき》に立ちて仕へ奉りき。

是に詔りたまはく、「此地《ここ》は韓国《からくに》に向ひ、笠紗《かささ》の御前《みさき》に真来通《まきとほ》りて、朝日の直刺《たださ》す国、夕日の日照る国なり。故、此地は甚吉《いとよ》き地《ところ》」と詔りたまひて、底《そこ》つ石根《いはね》に宮柱《みやばしら》ふとしり、高天原《たかまのはら》に氷椽《ひぎ》たかしりて坐しき。

○日本書紀（神代下九段）本文

皇孫、乃《すなは》ち天盤座《あまのいはくら》を離《おしはな》ち、且《また》天《あめの》八《や》重《へ》雲《たなぐも》を排分《おしわ》けて、稜威《いつ》の道別《ちわき》に道別《ちわ》きて、日向《ひむか》の襲《そ》の高千穂峯《たかちほのたけ》に天降《あまくだ》ります。既《すで》にして皇孫の遊行《いでま》す状《かたち》は、槵日《くしひ》の二上《ふたがみ》の天浮橋《あまのうきはし》より、浮渚在平處《うきじまりたひら》に立《た》たして、膂宍《そしし》の空國《むなくに》を、頓丘《ひたを》から國覓《くにま》ぎ行去《とほ》りて、吾田《あた》の長屋《ながや》の笠狭碕《かささのみさき》に到《いた》ります。

（一書に曰はくの四伝はここでは略す）

降臨地の二説は⑴日向国臼杵郡の高千穂山、⑵日向国贈於郡の高千穂だが、有力説は「⑵日向国贈於郡の高千穂」の方といわれる。

なお荻原浅男博士は表に記した論稿の中で、「両者は江戸時代から国学者等によって、その当否が

(1)　日向国臼杵郡の高千穂山（宮崎県臼杵《うすき》郡の五ヶ瀬川《ごかせがわ》上流部、高千穂町西方の国見ヶ丘。標高五一三メートル）

天孫降臨条の地名	荻原浅男「天孫ニニギノ命神話の旧跡を訪ねて」（『邪馬台国』十四号・梓書院）より　※は筆者。
高千穂	○臼杵郡知鋪《ちほ》郷（高千穂を改め知鋪と名付けたと） ・知鋪の郷《さと》は、ニニギの命が日向の高千穂の二上峰に天降りした地で、命が天降りした時は世界は闇黒であったが、二人の土着人の進言で千穂の籾《もみ》を投げ散らすと、天地は光明になったのでその峰を高千穂の二上の峯といい、後に改めて智鋪と名付けたという（『釈日本紀』所載の「日向風土記」逸文）。 ※歴史地名となる「高千穂」をなぜ改める必要があるのか。
高千穂山	○国見ケ丘（五一三メートル）とする。 ・高千穂の地名は宮崎県西臼杵郡の旧地名で江戸時代には広域地名として用いられ「たかちゅう」とも発音された。 ・高千穂村は明治二十二年に名付けられ、高千穂町は大正九年、高千穂村を継承し町名となった。（角川日本地名大辞典） ※他に高千穂峡・高天原・天岩戸神社・国見ヶ丘・天安河原など観光施設として宣伝されている。 ○高千穂神社　　西臼杵郡高千穂町三田井に鎮座 ・もと十社大明神であった。祭神は三毛入野命とその妃神及び八柱の御子と伝えられる。ニニギの命は祀られていない。 ・承和十年（八四三）十月十九日従五位下に叙せられた高智保皇神（国史見在社）ではないかとされている。 ○槵触《くしふる》神社　高千穂町西方の三田井に鎮座 ・承和十年（八四三）に従五位下に叙された国史見在社。由来は明らかでない。

(2) 日向国贈於郡の高千穂（宮崎県と鹿児島県とにまたがる霧島山）

天孫降臨条の地名（記紀）	安本美典「高千穂論争(1)」（『邪馬台国』二十三号・梓書院）より　※は筆者。
高千穂峯《たかちほのたけ》	○日向の国贈於《そう》郡の霧島山《きりしまやま》。現在の宮崎県と鹿児島県とにまたがる霧島山（一五七四㍍）とする。 ※ただし「高千穂」の地名はない。
襲《そ》（の高千穂）	○現在の鹿児島県の東部。和銅六年（七一三）、それまでの日向国囎唹《そう》郡が大隅国贈於郡に編入される。つまり大隅国は七一三年に日向国から分かれた。 ○「贈於」は「襲」が二字表記されたものだとする。和銅三年「曽の君細麻呂」、天平十三年「曽の君多理志佐」などが『続日本紀』にみえる。
ここは韓国に向い……	○霧島山の北西の峰の「韓国丘《からくにだけ》」（標高一七〇〇㍍）とする。 ○韓国宇豆峯《からくにうつみね》神社（式内）　国分市敷根《しきね》 吉田東伍は『大日本地名辞書』（冨山房）の中で、この韓国岳の霊を、この山のふもとで、望み祭ったのがこの神社であろうかとする。
吾田《あた》の長屋の笠狭《かささ》の碕《みさき》に到り……	○「吾田」……鹿児島県西部の薩摩半島（薩摩国阿多郡）の地名である。 天武十一年（六八四）、隼人《はやと》、多《さわ》に来て、方物《くにつもの》を貢れり。是の日に大隅の隼人と阿多の隼人と、朝庭に相撲《すまひ》る。 ○「笠狭の碕」……薩摩半島からさらに突出する野間半島の野間岬である。鹿児島県川辺　郡に「笠沙町」がある。ただ「笠沙町」は、大正十二年（一九二三）に、この地が『古事記』などのいう「笠沙」の地であるという説にもとづき、「笠沙村」としたのが始まりである。 ○「長屋」……加世田村の西に長屋山があって海に臨む（阿多海岸の南側）。今は長永山《ながえい》という。

論議され、明治に入ると、鹿児島県出身の政府高官らの肩入れもあって、霧島高千穂の方が臼杵側を圧迫する情勢であった。昭和に入ると、両者ともに歴史や考古学の調査団を招いて、この神話の証拠となるような調査をしたが、どの程度の成果があったか疑問である。」と評されている。なお、「高千穂」の地名については『角川日本地名大辞典』による。※は筆者が加えた。

両説とも豊富な裏付史料を揃え、精致で説得力のある考証が行われている。ただしかし南九州高千穂説は致命的な欠陥があるのではないかと思えるのである。そこで有力とされる右の「⑵日向国贈於郡の高千穂」について考えてみる。

①なぜ日向地方の高峰の活火山（霧島山）に降臨したのか。

高千穂に降り立つまでの行程路である「天の石位《いわくら》を離れ、天の八重たな雲を押し分けて、稜威《いつ》の道別《ちわき》道別て、天の浮橋《うきはし》にうきじまりそり立たして」はどうなっているのか。

これを提示されているのは安本美典氏で、邪馬台国北九州（甘木《あまぎ》）説を唱える同氏は、「高天原」は邪馬台国のことを伝承的に伝えた名であろうとし、瓊瓊芸《ににぎ》命の降臨は、福岡県甘木市付近から宮崎県西臼杵郡《にしうすきぐん》の高千穂の付近を通って南九州の霧島山付近に至ったコースを想定されている。（資料8）しかし、記紀の行程路は先に示したとおり、雲のかかる高山から出発している。それは脚色された表現だとしても、甘木市付近の低地（最高峰が麻氏良山の二九五メートル）から西臼杵郡の高千穂山（国見ヶ丘五一三メートル）を通過し、標高一五七四メートルの高峰・霧島山に向かって登るコースの伝承とは思え

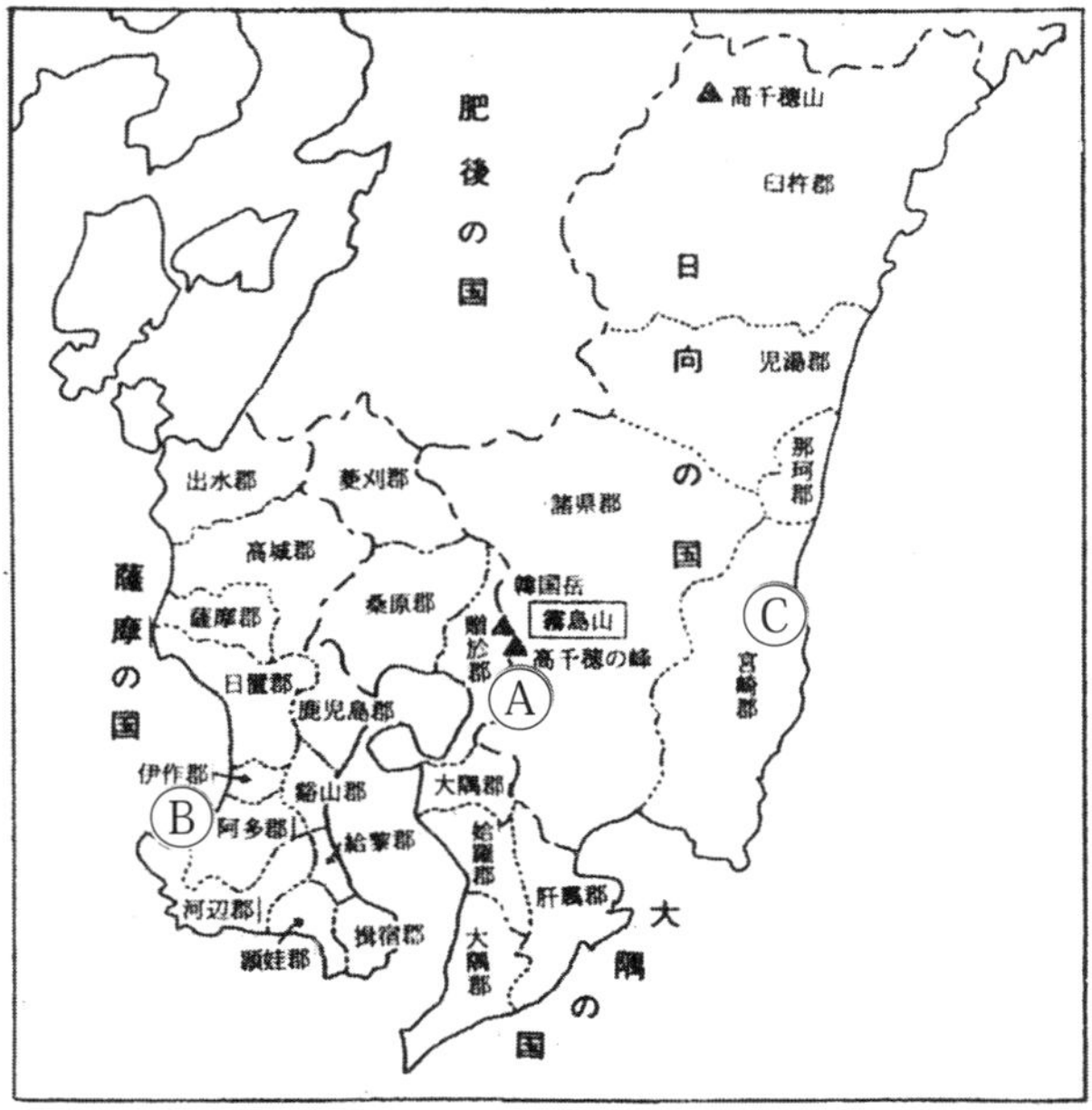

Ⓐ天孫降臨地↓Ⓑ邇邇芸命の宮↓Ⓒ神武の東征出発地

資料９　記紀の行程路／律令時代の南九州

安本美典「高千穂論争（1）」『邪馬台国』23号（梓書院　1985年）81ページに加筆

ないのである。また活火山の霧島山が、天照大神から与えられた豊葦原の水穂国（の付近）であったとも思えない。

②霧島山から、何故野間半島まで移動したのか。

邇邇芸命は霧島山からさらに西に向かい、九州西南部の薩摩半島の西端、野間半島（笠狹《かささ》の碕《みさき》）に降ったとするが、その地を古事記では「ここは韓国に向ひ、笠狹の御前《みさき》に真来通《まきとお》りて（笠沙の岬にまっすぐ通じて）」とあり、通説はこれを朝鮮半島の国と解釈している。しかし地図を広げてみれば明らかなように野間半島は朝鮮半島には面しておらず、野間から遠望すら出来ない国を「ここは韓国《からくに》に向ひ」と表現することはしないであろう。

また、野間半島は、南シナ海に突出した地勢にあり、古代においては漁業と交易の邑《むら》であったと想定されるが、邇邇芸命は列島に背を向け、海に望むその邑を、豊葦原の水穂の「いと吉《よ》き地」とし、大八島国経営の足掛りとしたのかどうか。

何よりこの説は、霧島山からはるか列島西南端の岬まで移動（降臨）したとする解釈であり、記紀の記述と南九州の地理がかみ合わないことを露呈している。

③神倭伊波礼毘古命《かむやまといわれひこのみこと》（神武天皇）の東征出発地。（資料9）

神武東征の出発地は「高千穂宮に坐し」とあり、また「日向より発《た》たして」とみえるように、現在の宮崎県宮崎市あたりとされる。天孫二代目邇邇芸命は、九州西端の野間半島で国を拓き、その後天孫は三代にわたって国を治めるが、五代目の伊波礼毘古命は、すでに東に移動していたことになっている。それは阿多から薩摩半島を東進し、さらに大隅半島を越えて宮崎県まで移動することになる。四人の兄弟全員が東征に加わり、出発して奈良盆地で神武が即位するまでの間、幾度となく在地の勢力と戦っていることからすれば、兵員も相当数となる。また阿多の民を棄民したのでないとすれば、総勢は数千人を下らないであろう。当時、その規模の大移動が九州西端から東端まで可能であったとは思えないし、その理由も見当たらない。東征するのであれば、野間半島から直接船団を進発させれば済むことである。

以上のとおり、天孫降臨説話は、南九州地方の伝承としては地理的に説明が付かず、支離滅裂の物語となってしまう。こうした矛盾は、通説諸氏が、神代に書き加えられた「竺（筑）紫」や「出雲」の令制地名を正しいものとして過信し、考証した結果顕れた現象といえる。

天孫降臨地南九州説の矛盾は他にもある。「日向」の地名説話である。

景行天皇は西征中、子湯県《こゆのあがた》（宮崎県児湯郡）で東方を望まれ、この国は直《じか》に日の出《いづ》る方向に向いているとして「日向」と名付けられたとみえる（日本書紀・景行十七年）。この日向の地が天孫の降臨地であり、また、神武天皇の東征の出発地なら、景行天皇は、先王の遺《のこ》した聖地や功績に対し、「この地は天孫の降臨された地」とか「神倭伊波礼毘古《かむやまといわれひこ》天皇が東征に発たれた聖地」といった王家の日向に対する敬意、すなわち国誉めが語られなければならないであろう。ところが記紀ともにそのような字句も文脈も全く汲み取ることができない。

また先王（祖先である天孫二代～四代）が治めた王地に対し、新たな地名を名付け与えるという行為は、先王に対する非礼であり、起こり得ない発意である。したがって、「日向」の地名説話は、王家にとって景行天皇が初めて南九州に行幸した可能性を示すもので、それ以前に天孫が拓《ひら》いたとすることはできない。

さらに矛盾となるのは、先に示した熊襲征伐の記事である。クマソについては地域名・族名とも定説はなく、「肥後の球磨《くま》、大隅の贈於《そお》の地名をつづけたものがクマソである、との考え方」が通説になっているが、（注19）景行紀十二年には日向国の熊襲梟師《くまそたける》を討ったとみえる。その日向国は、神代に邇邇芸命が降臨し、その後も天孫が治めた王家の故地である。その故地を、裔孫にあたる景行天皇や御子が征伐するというのは、やはり矛盾する。したがってこの説話も、右の地名説話と同根で、景行天皇以前の王家の足跡は、なかったのである。

南九州地方の古墳

白石太一郎氏は「日向南部と大隅の各地には、前方後円墳が代々営まれた古墳群がいくつも認められ、有力な政治集団が各地に存在したことが知られる。」とし、それらの中で最大規模の女狭穂塚《めさぼ》（五世紀初頭・墳丘長一八〇メートル）・男狭穂塚《おさぼ》（四世紀末・墳丘長約一二〇メートル）両古墳を擁し、また前期から後期にかけて存続した南九州最大の古墳群である西都原《さいとばる》古墳群や、宮崎平野南部の大淀川流域の生目《いくめ》古墳群（うち生目三号墳は四世紀中葉頃の築造で墳丘長一四三メートル）などが知られているが、邇邇芸命ら天孫（三代）の時代に遡るものはなく、いずれも畿内の影響を受けたものであるとする。（注20）現在のところ、北九州には見られないこれら大型前方後円墳がなぜ日向地方に築かれたかについては、現在の調査段階では充分な説明が行われていないが、西から東へ、という神武東征説話の流れとは逆方向であることは確かである。

また、南九州には、古墳時代に他の地域とは異なる固有の地下式板石積《いたいしづみ》石室墓や地下式横穴墓が分布していることも、（注21）古代王家との関係性が見出せない理由の一つである。（資料10）

資料 10　南九州における地下式墓壙の分布

中村明蔵「南九州における高塚古墳・地下式石積石室墓・地下式横穴墓・土壙墓の分布」（『鹿児島県の歴史』山川出版社を参考にして、改作）による。
中村明蔵『隼人の古代史』（平凡社）23 ページ

南九州地方の延喜式内社

南九州三国の式内社は資料11のとおりである。

由来が明らかなのは大隅国の大穴持《おおあなもち》神社で、『続日本紀』によると天平宝字八年（七六四）十二月に海底火山の爆発で三つの島が生まれ、その二年後、島が震動して止まず多くの人民が住居を失ったとあり、その後光仁帝の宝亀九年（七七八）十二月に「去る天平神護年中に、大隅国の海中に神が島を造った。その名を大穴持神という（現在国分市広瀬に鎮座）。ここに至って官社とした。」（宇治谷孟『続日本紀（下）全現代語訳』〈講談社〉による）とみえる。火山噴火によって生まれた島を国造りの神（大穴持神＝大国主神）の仕業《しわざ》として祀ったことが理解される。

その他の神社については、諸説あるが、天孫降臨地に関係する神は皆無なのではないか。『式内社調査報告』第二十四巻（皇學館大学出版部）によると、日向国児湯郡都農《つの》神社は八束水臣津《やつかみづおみつ》命というが、この神は出雲国風土記に登場する出雲国の建国神であり、他国に勧請される神ではなく、後世に引き寄せられた説とみられる。また同郡の都萬《つま》神社は、都農《つの》神社と一対をなすものとして式内社に定められたとみられるが、両社ともその神社名から、郡内で選ばれた土着の男女神各一座のようである。その他の神社については、伊邪那岐・伊射奈美命・五十猛《いたける》神・住吉三神（江田神社）、瓊瓊芸命・

資料11　南九州三国の式内社

○日向国（四座）
児湯《こゆ》郡　都農《つの》神社　都萬《つま》神社
宮崎郡　江田神社
諸縣《もろかた》郡　霧島神社

○大隅国（五座）
桑原郡　鹿児嶋神社
曽於《そお》郡　大穴持《おおなもち》神社　宮浦神社　韓国宇豆峯《からくにうずみね》神社
馭謨《ごむ》郡　益救《ますくい》神社

○薩摩国（二座）
頴娃《えい》郡　枚聞《ひらきき》神社
出水《いずみ》郡　加紫久利《かしくり》神社

木花之夜姫《このはなのやひめ》命・日高穂々手見《ひこほほでみ》命・豊玉比売命他（霧島神社）のように一社に数柱の神が唱えられているが、南九州三国の式内社全十一社は、すべて一社一神（座）であり、右の多くの祭神が後世の付加物であることは否めない。

　また、天孫降臨説話における活躍神を挙げると、瓊瓊芸《ににぎ》命・猿田比古命・大山津見命・鹿屋野比売《かやのひめ》命・木花之咲夜比売《このはなのさくやひめ》命・日高穂々手見《ひこほほでみ》命・豊玉比売命・神倭伊波礼比古《かむやまといわれひこ》命（神武天皇）等であるが、これらの神々が祭られる神社名は、その神の名か尊称で表わされる場合が殆どである。一例を挙げれば、イザナギ・イザナミ二神を祀る式内社は全国で九社あるが、神社名はすべて伊射奈岐神社又は伊射奈美神社である。そのような慣習から、南九州三国の江田・霧島・鹿児嶋・宮浦神社のように、鎮座地の地名や地形が神の名を押し除《の》けて神社名となることはまず起こらない。おそらくはそれぞれが土着の古い神で、その神名もいつしか忘れられ、やがて鎮座地の地名や地形をもって呼ばれるようになった神社ではないか。南九州三国で、式内社が十一社と少ないのもどうかと思う。これは八世紀初頭まで朝廷に敵対したことが影響したのかも知れないが、王家としては、自らの出自や王権の正統性にかかわる天孫時代の主要な神々については、それを漏らすことなく官社（のちの延喜式内社）に認定し祭祀を続けてきたであろう。南九州三国は、こうした王家の故地・聖地としての祭祀の様相が当てはまらない国々である。

6　神話と史実との関係

神とは

日本には八十万《やそよろず》の神が坐《お》られるという。古代の日本人は海・山・河・風等天地諸物《あらゆるもの》に威霊を感じ取り、それらに神が宿ると観《み》て畏《おそ》れ、また国を治め蒼生《たみくさ》を導く首長や王、諸般に功を成した人などを神として崇め、敬《うやま》うといった感性を備えていたようだ。

神の定義を最も的確に行ったのは本居宣長《もとおりのりなが》（一七三〇〜一八〇一）で、「すべて迦微《かみ》（神）とは、古典等にみえる天地の諸《もろもろ》の神たちをはじめ、それを祀《まつ》る社《やしろ》に坐《ま》す御霊《みたま》をも申し、また人は云《い》うまでもなく、鳥獣木草《とりけもの》の類《たぐい》海山など、そのほか何《いず》れにも希《まれ》にして尋常《よのつね》でないすぐれた徳《こと》のありて、可畏《かしこ》き物をカミと云うなり。また、〝すぐれたる〟とは、尊きこと善きこと、功《いさお》しきことなどの、優れたるのみを云《い》うに非《あ》らず、悪《あ》しきもの奇《あや》しきものなども、世にすぐれて可畏《かしこ》きをば、神と云うなり。」（『古事記伝』）と説いている。（注22） 西郷信綱は、「この定義はほぼ完璧といってよい。」とし、「カシコシという語は、恐ろしいと、恐れ多いとの、つまり畏と敬との二様の意をもつ。」（『古事記注釈』第一巻）と解析する。（注23）

また同氏は、神社や記紀の解説で多く見かける、山の神とは山の神格化、ワタツミとは海を神格化したものだ、とする定義に対し、「ワタツミは、自然としての海の神格化ではなく、その語法―「ワタ」ツ「ミ」―の示すとおり海の神、すなわち海のなかに棲《す》む、そしてそれについて古代人が経験した不可思議な霊的な力のいいであったのだ。」とし、山そのもの、海そのものが神ではないと指摘している。（注24）

わが国最古の歴史書である『古事記』の神代巻（上つ巻）には、高天原の神世から天照大神の五代目の孫（若御毛沼《わかみけぬ》命・のちの神武天皇）の代に至るまでに、象徴神や実在神など都合一八六柱の神が現われる。そのうち実在神も「神」として表わされているが、新井白石（一六五七〜一七二五）

は「神とは人なり、我国の俗《ならい》凡《およ》そ其の尊ぶ所の人を称して加美《かみ》と云ふ。」と見通している。（注25）

また、菱沼勇氏は人が神として神格化されるに至った社会的背景について、

（弥生時代）彼等の宗教は、縄文時代と同じように、身近い自然の事物を対象とする自然神の信仰が中心であったが（中略）弥生時代に入ってから、各地の部落の集団化がすすみ、それらの集団の首長の地位が一段と高められてくると、それらの首長の先祖、または先祖に擬せられる者が神格化され、従来の崇拝・信仰の対象であった自然神と習合し、あるいはこれと交代し、いつしかその集団の主祭神となる場合も少なくなかった。（注26）

と説かれている。この首長の神格化は、弥生の墳丘墓の発生と関連があると思われる。

では象徴神と実在神（人）の線引きはといえば明確に出来るものではない。自然神・象徴神とみられる海・河・山・野・風の神であっても、たとえば山の神大山津見神《おおやまつみ》と野の神鹿屋野比売神《かやのひめ》は夫婦神として登場し、娘の木花之佐久夜比売《このはなのさくやひめ》を儲《もう》け天孫邇邇芸命《ににぎ》の妃として差し出し、また、須佐之男命の大蛇退治の物語でも、須佐之男命が娶《めと》った櫛名田比売《くしなだひめ》の父母神が大山津見神の子として語られるなど、実在神とみなければ説明が付かない。したがってこの夫婦神の山の神・野の神の意味とは、広大な山・野（国土）を領有し、天孫（高天原の勢力）と互角に渡り合える土着の王《かしら》（実在神）とみなければならないだろう。

史的神話

田中卓氏は、神話の史実性を論究されるなかで、

…古代人は、もとより人間として行動したが、それは常に神を奉じ、神意を仰いでの行動であったから、これが物語られる時、神の名で、つまり神の行動として、伝承せられることも生じたであろう。それを、私は〝史的神話〟に他ならないと考える。（注27）

と述べておられる。筆者の判断は、記紀にその神の活躍記事があるかどうか、王家との関わりはどうか、また子孫を儲け、その子孫が人の代にも登場し、氏姓《うじかばね》を有するかどうか等を目安としているが、何より記紀の神代は、天照大神とその子孫ら（高天原の勢力）と、須佐之男命とその子孫ら（葦原中つ国の勢力）という二大勢力によって歴史が展開されることから、天照大神も須佐之男命も実在神ととらえる。また実在神としての論証は阿波において可能である。

では、天照大神と須佐之男命の一代前の創世神であるイザナギ・イザナミ神はどうか。二神は、初めて地上に天降りし、①国を生み②神々を生み、最後に③統治神（天照大神・月読《つくよみ》命・須佐之男命）を生み、イザナギ命が天照大神に対し、天つ神の子孫であり、かつ正統な統治者であることを証す御頸珠《みくびたま》の緒《お》を手渡し、地上の「高天原」の統治を委ねるという神功《かみのしごと》を担い、そして神退《かむさ》出《り》している。

天降り・国生み・神生み・イザナギ命の目や鼻から統治神を生むといった神話の語り口は、奇怪に感じられることは確かである。しかしこれらは世界に分布する神話に共通してみられ、またモチー

フや話素にも類似するものが多いことを一旦受け入れれば、その奇怪な語り口の中から、我が国の建国にまつわる史実または史的伝承を掬《すく》い取ることは可能であろう。

田中卓氏は日本神話（記紀神話）をどのように理解するかについて、津田左右吉の論文（左の四区分）を引き、（注28）①～③は「史実肯定史観」④は「史実否定史観」に分類している。

①いかに奇異に感ぜられることであっても其のままに事実と信ずる。

…現在あり得ないことであるからといって、古代にもあり得なかったと考えるのは、あて推量である（本居宣長『古事記伝』）

②奇異なことは事実でないと見る。

③奇異な物語の裏面に歴史的事件があるものと見て、それを求める（二種ある。㋐は略）。

㋑皇室の御祖先の御事蹟があると見る（新井白石などの見解）。

…神とは人である。神話に語られているのは「天上」におきたことでも、外国におきたことでもなく、日本の土地でおきたことである…。（新井白石『古史通』）

④歴史的事件を語ったものでなく（つまり歴史ではなく、机上でつくられた虚構であり）、上代人の政治上、宗教上、道徳上の思想…が説話の形によって表現せられたもの…。（注29）

同氏は、こうしたこれまでの神話の解釈を概観し、今日④の考え方（津田史観）が学界の主流をなしているとしたうえで、自らは「日本神話もまた、史的神話である。」とする。

資料12　記紀神話の類似譚

記紀神話	類似譚・話素
国生み	ポリネシア（マルケサス諸島、ハワイ、ニュージーランド 他）
イザナギの黄泉の国訪問	ギリシャ神話
天の石屋戸	南アジア（カンボジア、ラオス、タイ）他
五穀の起源	インドネシア、メラネシア、ポリネシア、アメリカ大陸 他
八俣の大蛇退治	スカンジナビア、西アフリカ
天孫降臨	ギリシャ神話、スキタイ人
海幸・山幸	ミクロネシア（パラオ諸島）、インドネシア（ケイ島）、セレベス島
海宮訪問、海神の娘との結婚	ベトナム、ビルマ北方

吉田敦彦『日本神話の源流』（講談社）、同『日本神話のなりたち』（青土社）、大林太良『神話の系譜』（講談社）、井上光貞『日本の歴史１』（中央公論社）より

イザナギ・イザナミの尊の条にいたって、神代史は俄かに精彩をおびきたる。即ち、これより神話は具体化し、テーマも日本国家へと限定されてくるのである。従って、〝神話と史実との関係〟は、この段によりはじめて問題の俎上にのせられることとなるのであろう。（注30）

筆者もまた先学に習い、イザナギ・イザナミの尊の条以降を史実伝承とみて解明を試みるが、こ

れまでの通説の論考を踏まえ、次節で諸点を加える。

7 神話の本源地の究明

(1)式内社を基本史料とし、神話の本源地を究明

その地が神話の本源地かどうかを検証するうえで、延喜式内社（以下「式内社」）は有効な史料となる。本源地とは、神々の物語（神話）が生まれた源泉地で、その神の生誕地や葬場、活躍した場所などが聖地として語り継がれ、やがてその神が神社として祀られることになる。これが神話の本源地の神社であり、その神の元社となる。その後「元社」は後裔氏族らによってその神の御魂が分霊され、赴任地や他国に神社として勧請《かんじょう》され、また霊験ある神などの理由から分霊分祀が繰り返され、同一神を祀る神社の崇拝圏が形成される。西日本における式内社の殆どはこうした分祀神社であるが、そのため式内社からその神の崇拝圏を把握し、その中から元社（神話の本源地）を突き止めるという手続きが必要となる。

松前健博士は「霊格自身の崇拝の母胎地・源泉地の探究、および崇拝の拡布の状態の検証を行うには、『延喜式』神名帳における、その神を名とする神社の分布を見るのが、一番確実である。」（注31）とされる。

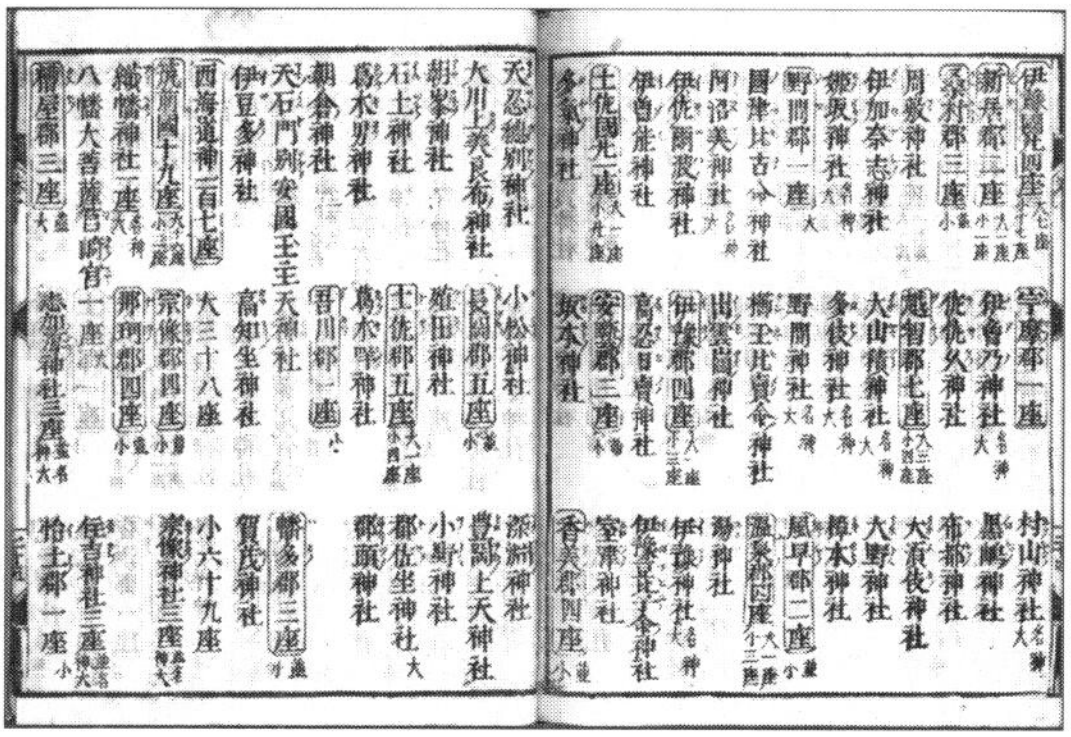

『延喜式神名帳』
河内屋喜兵衛版　寛政７年（1795）愛媛県歴史文化博物館蔵　文化遺産オンラインより

しかるに通説は、「出雲」や「日向」等、神代の令制地名を肯定し、それを依り処にしているため、式内社の史料としての活用は二の次となり、あるいは意図的に避けてきたかに思えるのである。松前健氏は同書の中で「その神の崇拝の痕跡がないところに、その神話が生まれるとは考えられない。」といわれるように、先に挙げた「出雲」や「日向」にはその神の崇拝の痕跡はなく、いずれも神話の本源地としての裏付けを欠く。

延喜式神名帳とは、延喜二十七年（九二七）に律令の施行細目としてまとめられた『延喜式』の中に、国家祭祀の対象となる神社を列記したもので、官社ともいわれ、全国で三一三二座（二八六一社）が登載されている。

官社の創始については、天武天皇（在位六七三〜六八六）の時代に遡るといわれる。天皇は律令に基づく中央集権体制を敷《し》くため、浄御原令《きよみはらりょう》の編纂《へんさん》、国史の撰修（のちに完成する『古事記』）、複都制への着手、諸国の境界の確定と七道制の施行、駅《えき》路《ろ》の整備等とあわせ、官社制度を創設。これは当時約三万社あったといわれる全国の神社の中から、王家にとって特に重要な神社や、豪族等が奉祀する神社、諸国における主要な神社等を特別に選び、五穀豊穣、天皇の治世の長久、及び国家安泰のための祭祀を行わせようとしたもので、神社はその後加増されながら弘仁式《こうにんしき》（八二〇）・貞観式《じょうがんしき》（八七一）を経て延喜式に引き継がれてきたものである。

したがって、式内社を主たる史料として神話の本源地を探求し、イザナギ・イザナミ二神の神生みの地（創世の地）や、天照大神の高天原、天孫が治めようとした豊葦原水穂国《とよあしはらのみずほのくに》（葦原中つ国）、天孫の降臨地及び天孫四代にわたる支配地（王都）を特定し、王家の発祥地や神代の王都を明らかにしようとするものである。

⑵地理場景の復元による本源地の特定

記紀の物語の中には、神代・人皇を問わず地理や地形が語られている場合がある（先に挙げた天孫降臨条など）。また、物語中に歌謡を伴うものや、飛鳥時代を中心に物語の主人公等の歌が万葉集に収められているものが少なくない。

そこで地理的記述を伴う説話（神話や物語）に着目し、これに古代歌謡等を重ね、それぞれの地理場景に適《かな》い、かつ崇拝の痕跡が遺《のこ》る地域との重ね合わせによって、本源地の特定を行う。つまり、崇拝の痕跡（式内社等）と地理場景の整合は必要条件である。

なお、これまで通説は、地理場景の検証を多くの説話において避けてきたように思える。

⑶令制地名に対する文献批判

古事記の神代巻には、「出雲国」「伯伎国」「竺紫の日向」等律令制の国名が九か国確認され、それぞれの国の地域には、古事記の神話に出てくる地名や神社が揃っている場合が多い。たとえば天孫降臨条の「高千穂のくしふる嶺《たけ》」に対しては、高千穂神社や楼触《くしふる》神社（大分県西臼杵郡高千穂町）、「襲の高千穂」の「襲《そ》」は日向国囎唹《そう》郡（現鹿児島県東部の旧郡名）、「吾田《あた》の長屋」は薩摩国阿多《あた》郡（現鹿児島県薩摩半島の旧郡名）など数多く伝えられている。ところがこれらの神社の殆どは、記紀成立後に新しく創建され、また地名も記紀から移植されたとみられるもので、その神の崇拝の痕跡とはいえない。先に指摘したとおり、南九州では記紀の天孫降臨条と現実の地理地形が全く合わないのである。筆者は、こうした令制地名の付く地域の地名や神社は「記紀由来」の疑いが濃厚で、記紀の記述をもとに、後世になって創作されたものと捉えている。

したがって令制地名に対しては他の記事同様に文献批判を行い、本源地が「出雲国」であったのか、また「日向国」の出来事であったのかを、①崇拝の痕跡と②地理場景の両面から検討を加え、神話の本源地の当否を見極めていくこととする。

⑷蓋然性《がいぜんせい》

実在の人物の物語として、また一族や集団の行動として起こり得るものかどうかを斟酌《しんしゃく》し、その物語が事実か否か、創作された部分があるか等を判別していく。たとえばイザナギの命の禊祓《みそぎはい》では、出雲―安芸―周防―長門―筑前―豊前―豊後―日向へと律令制の六か国を通過して行うなどは神話であるとはいえ、不自然で蓋然性はなく、起点や目的地が創作された疑いを持つ。また神武東征は奈良盆地への遷都を伝えたものとみられるが、神武の時代、南九州から奈良盆地への大移動は全く蓋然性がないとの判別を行うものである。

(5)地名その他の史料

本源地であれば、その物語を裏付ける地名や、変化した地名の残影、及び伝承等が揃うものと仮定できる。また通説の論考も参考とするが、筆者の方法論は、通説が避けているのではないかと思える「崇拝の痕跡」と「地理場景」についての検証を行い、次いで通説との討覈《とうかく》によって古代史の霧を晴らしていきたいと考えるものである。

8 オノゴロ島

仁徳天皇　淡島・オノゴロ島を歌う

オノゴロ島は、イザナギ・イザナミ二神が、はじめて地上に降り立ち国生みをした島である。いわば我が国の歴史の始まりの地であり、王家が列島における自らの歴史の起点と考えた島である。そのため国生みの嚆矢《こうし》となり、選ばれ、見立てられた島であるが、それは必然的に「王権の発

祥地に付属する島」であり、この島の特定によって皇祖の地が定まるといってもよい。（注32）
通説は神話上の創《つく》り譚《ばなし》とするのが主流であるが、第十六代仁徳天皇が淡路島からよんだ歌四島の中に、国生み神話の淡島・オノゴロ島が歌われていることから、この歌を無視し、または見落とした創り譚説は失格である。

仁徳天皇は、難波《なにわ》の高津宮《たかつのみや》で天下《あめのした》を治められた。父の応神天皇が倭の軽島《かるしま》の明宮《あきらのみや》から初めて難波に進出し、難波の大隅宮《おおすみのみや》を営まれたが、仁徳天皇はこの難波を王城の地として継承されたものである。

歌は、皇后の嫉妬にいたたまれず、皇居を出て淡路島に渡りうたったものである。

仁徳天皇、淡道島に坐して遙《はろばろ》に望《みさ》けて歌曰《うた》ひたまはく、

おしてるや　難波の崎よ　出《い》で立ちて　我《わ》が国見れば　淡島　淤能碁呂《おのごろ》島
檳榔《あじまさ》の　島も見ゆ　佐気都島《さけつしま》見ゆ

（古事記。訳は小学館版日本古典文学全集）

イザナギ・イザナミ二神の国生みは、はじめに水蛭子《ひるこ》、次いで淡島を生み、淡路島・四国と続くが、仁徳天皇のこの歌は、明らかに国生み神話の「淡島」と「オノゴロ島」を眺めたものであり、神話が主流派の言う後世の創《つく》り話でなく、王家にとって始源の聖地伝承であったことを物語るものである。

では仁徳天皇は、淡路島の何処から、どの方向を眺めて歌ったのか。それはオノゴロ島の位置によって自ずと決まってくるが、先ず先学の比定（諸説）を挙げる。

オノゴロ島の比定（諸説）

①絵島《えしま》（小島）説

淡路島北東端（津名郡。現淡路市）の岩屋港内（岩屋浦）の小島。神戸淡路鳴門自動車道の淡路SAの北にあたる。「枕草子」や「平家物語」にもみえる月の名所としても有名。なお岩屋港内の小島（大和島）説もある。

②友ケ島《ともがしま》群島の沖ノ島《おきのしま》説

和歌山県加太と淡路島の東端由良との間の友ヶ島水道の東に浮かぶ島。淡路寄りの島が沖ノ島、その東が地ノ島で、他に小島の虎島と神島からなる。和歌山市に属する。

③沼島《ぬしま》説

淡路島の南の海上4・5キロ《メートル》に浮かぶ島（三原郡。現南あわじ市）

④家島《いえしま》説

淡路島の西北、兵庫県飾磨郡《しかまぐん》の家島諸島の家島。

⑤淡路島の西南角の小島説（鳴門海峡の小島）

因みに小学館版日本古典文学全集『古事記上代歌謡』の頭注は、①②③④を挙げたうえで、オノゴロ島を「実在の島と解する説もある。」（傍点筆者）と表現し、オノゴロ島を仮空とするのが正論で、

資料13　オノゴロ島の主要説

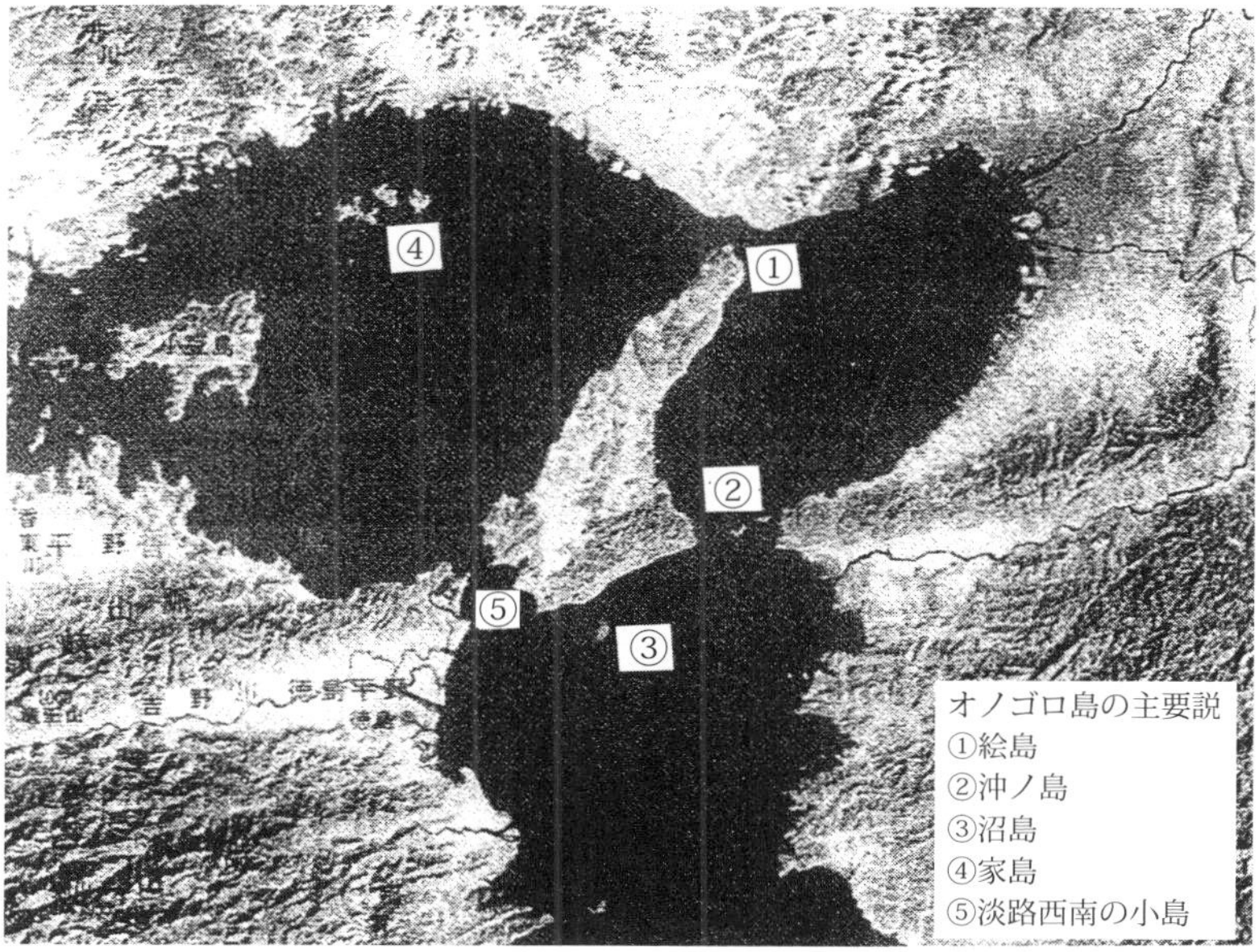

島を特定するのはあまり意味がない、と言っているような響きである。また、なぜか⑤（鳴門海峡説）については削られている。

また、上田正昭氏は、

> 「おのごろ島」とはいったいどこか。淡路島東北端の岩屋町の東方 ― 絵島近くの島とする説もあるが、たしかなことはわからない。しかしそれが大阪湾上の島とされていたことは、『古事記』にみえるつぎの国見歌によっても知ることができる。
>
> おしてるや　難波の崎よ　出で立ちて
> わが国見れば　淡島　おのごろ島　あぢま
> さの島も見ゆ　さけつ島見ゆ

とする。（注33）上田氏は、四島が大阪湾上に浮かぶ島と決め付け、それは歌によって知ることができるとするが、大阪湾には淡路島から望める島などは存在せず、上田説が空論であることを知ることができる。

淡路島の西南角の小島

さてオノゴロ島の比定（説）については、すでに日本書紀の注釈書である『釈日本紀《しゃくにほんぎ》』の「私記」に見ることができる。『釈日本紀』は、一二七四年頃卜部《うらべ》兼方によってまとめられたが、そこに収められた「私記」は、養老五年（七二一）から康保二年（九六五）までの間に七回にわたって行われた日本書紀の講義の内容をまとめたものである。

それによると、講師の説として、島名の解説をしたあと、「（オノゴロ島は）今、淡路島の西南のすみに見える小島がそれである。当地では、今もその名を伝えている。」とある。これが主文（本命）である。当時は説が乱れるのではなく、淡路島の西南の角にあることが知られていたのだ。次に「或《あ》

資料14　釋日本紀巻第五（『神道体系』古典註釈編五より）

・磤《ヲノ》-馭《コ》-慮《ロ》-嶋《シマ》

私記曰。問。此嶋有二何意一名レ之哉。答。是自凝之嶋也。猶如レ言二自凝一也。今見二-在淡路嶋西南角一小嶋、是也云。俗猶存二其名一也。或説、今在二淡路國東、由良驛下一。

或説云、淡路紀伊両國之境、由理驛之西方小嶋云々。然而彼淡路坤方小嶋、于レ今得二此號一也。

る説」として二説を掲げたあと、「或る説は以上のとおりであるが、淡路の坤《ひつじさる》（西南）の方角の小島は、今もオノゴロ島の名を遺《のこ》している。」と再び西南の角説を掲げ、ダメ押ししている。つまり鳴門海峡である。これは、日本書紀の成立（七二〇年）当時、淡路島西南角の小島は、オノゴロ島と呼ばれ、国生みの島と伝承されていたことを示すものである。また、他の説（由良駅の下説・由良駅西方の小島説）は俗説として否定的に扱われ、先に挙げた①の絵島説や③の沼島説、④の家島説は、その当時未だ唱えられていなかったことが確かめられる。

淡路島の西南角の小島といえば、鳴門海峡に浮かぶ島を指すことになるが、同海峡には、数箇の小島が浮かんでいる。また、阿波の海岸、讃岐の海岸とも、多くの島が点在し、歌の情景とも矛盾しない。そこで「淡路西南角の小島」という最古の説について掘り下げたい。

オノゴロ島の成立要件

筆者は、オノゴロ島に付与される条件として次の４点を考えている。

⑴　淡路島から見える四島の中の一島（条件１）

歌にうたわれたとおり、淡路島から眺めて四島が景色の中に収まるものでなければならない。したがって①絵島説、②友ヶ島群島の沖ノ島説は条件を満たさない。

⑵　聖地としての無人島（条件２）

何度も指摘したとおり、その島は聖地と観念された。

すなわちオノゴロ島は天つ神から授かった神聖な天の沼矛《ぬぼこ》によって造られた。重なり積った塩も汚《けが》れを清める意味があったのだろう。そしてその島に、何物の介在も許さず初めて二神が降り立ち、聖婚によって国生みを始めたのである。聖地として徹底している。仁徳天皇の国見の歌からも、聖なる島として伝承されていたことをうかがわせる。したがって、その島は、人跡未踏の無人島であったといえる。②の友ヶ島群島は、全島にわたって縄文・弥生時代の遺物や製塩遺跡が発見され、かつては集落があったとみられている。③の沼島には古墳が築造され、海人族が生活していたとみられる棒状石製品（阿波の吉野川南岸から産出される緑色の結晶片岩製）などが出土している。④の家島群島の主要五島には旧石器時代以降の遺物や遺跡、弥生時代中期後半の土器棺や古墳時代後期の古墳が確認されている（『日本の古代遺跡3』『角川日本地名大辞典・和歌山県』）。

遺跡（人跡）の有無によって成否を断定し切れない部分もあろうが、人々が入植し、生活や生産活動が営める島は、すでに他の神が介在しているとみて選ばれなかったであろう。

したがって②・③・④説は外れることとなり、残る候補は⑤の淡路島西南角の小島説（鳴門海峡）のみとなる。

⑶　小さな島（条件3）

オノゴロ島は聖なる無人島であるとともに、極めて小さな島であったと思われる。それは古事記の表現からイメージされるものである。塩が重なり積って出来たというのは、ごく小さな島であったとみることができる。また、塩によって清められた島という意味も込められているのだろうが、岩肌がゴツゴツとして露出している島を表しているようでもある。さらに二神が結婚し国生みするにあたり、天の御柱《あめのみはしら》を「見立《みた》て」、八尋殿《やひろどの》を「見立《みた》てて」とある。それは聖なる柱と立派な聖婚のための御殿を設ける必要があるが、その材料（立派な樹木）も、平坦で広い敷地も確保できなかったため、それに替わる樹木と限られた平坦地を利用した（見立てた）というものである。こうしたことから、オノゴロ島は極めて小さく、自生する樹木もわずかで、平坦地も少なかったということができる。したがって②・③・④説は外れることになる。

以上の1～3の条件に照らすと①～④説は不成立となり、⑤説が残ることになる。

(4)　王家の本貫地に近接する島（条件4）

歌にある「わが国見れば」から導かれる条件でもある。

「わが国」の意味については、㈠視界に入る漠然とした国々（統治する国）㈡皇居のある難波高津宮の方向を中心とした国々　㈢自らの本貫地である皇祖の地の方向を中心とした国々、に区分することができる。

筆者はこの場合、国見歌《くにみのうた》であり、しかも国生みの島（オノゴロ島）と国土より先に生み出された島（淡島）を並べてうたわれていることを重視し、(3)の国生みの島々の背後に照り輝く（おしてるや……）

皇祖発祥の国（王家の本貫地）を中心に歌ったものと解釈するものである。

四島を比定する

鳴門海峡に浮かぶ小島を拾《ひら》うと、淡路側では西淡町の伊毘《いび》漁港の百メートル沖合いの沖ノ島と、南淡町の福良港の西外房沖、刈藻の海岸から三百メートル沖の大園島《おおそのじま》が挙げられる。一方徳島側では、大鳴門橋の橋脚の基礎となっている裸島《はだかじま》と、その東南七百メートル海上の飛島《とびしま》がある。都合四島であるが、うち沖ノ島は「墓の島」ともいわれ、これまでの調査で十八基の古墳が確認されるなど、多くの遺跡がみられることからこの島を除外すると、オノゴロ島の候補は三島となる。いずれも大鳴門橋のラインから南に位置する。これらをいかにしぼり込むかについては、仁徳天皇はどの方角を望んだか、讃岐側か阿波側かなどの要素が加わるため、先にオノゴロ島を除く他の三島の比定を行う。

(1)檳榔《あじまさ》の島

あじまさは、檳榔（びんろう）の古名で、しゅろ科またはヤシ科の常緑高木で高さは十〜十七メートル。マレーシア原産の熱帯植物といわれる（『大辞泉』ほか）。歌は、「ヤシのような熱帯植物の茂る島が見える」ということになるから、その海域は限定されてくる。先に挙げた①〜④説や讃岐側は外れることになる。はたして該当する島といえば、徳島県阿南市橘湾内に浮かぶ島か、その東端の蒲生田《がもうだ》岬《みさき》の東約六キロメートルの海上に浮かぶ伊島とその周辺の島しかない。橘湾は、沈降式リアス式海岸で、湾内には十を越す島が散在し、うち弁天島には熱帯植物のアコウが自生し、国の天然記念物に指定され、他にも熱帯植物が数種確認されている。また、この伊島―橘ラインは、年間平均気温が十六度を超える亜熱帯植物が生育する北限ともいわれ、伊島を境に北が紀伊水道、南が太平洋となる黒潮の影響を強くうける海域である。

したがって、歌の檳榔の島とは、この海域の島に限定されるが、鳴門海峡の淡路島西端の門崎《とさき》から眺めるとすれば、伊島の西に浮かぶ「棚子島」が最有力となる。棚子島《たなごしま》は東西一キロ《メートル》で、伊島に近接する無人島である。淡路の門崎から四十五キロ《メートル》南の海上に浮かぶ。遥《はろばろ》に望むことは可能である。現在、檳榔樹などは見られないが、島の名である「棚子島《たなごじま》」は、「椰子島《やしのしま》」を書き誤って現在に至った可能性もあり、筆者はこの島を檳榔島に比定する。

⑵佐気都《さけつ》島

さけつ島には「裂《さ》けて二つに割れた島」「遠くに離れている島（放《さけ》つ島）」の二つの解釈がある。筆者は迷わず「放つ島《さけつしま》」説を採る。檳榔の島を棚子島に比定すると、その並びに伊島がある。伊島は橘湾東端の蒲生田岬の東六キロ《メートル》沖に浮かぶ徳島県最東端の島である。四国島からははるかに放れており、まさに放つ島《さけつしま》でもある。また面積一・七六平方キロ《メートル》、周囲十六キロ《メートル》、海抜最高点一二六《メートル》の、存在感のある島であり、淡路の門崎から眺めてもその島影ははっきり映る。眺めれば、四国本土からも放《さけ》つ島であり、淡路からも遠く離れた「放つ島《さけつしま》」である。歌は、阿波の沖合の檳榔島（棚子島）と並んで浮かぶ「放つ島《さけつしま》」（伊島）をうたったものと推定する。

⑶淡島

国生み条では「淡島」、仁徳天皇の歌では「阿波志麻」と表記されている。同一の島なのかどうか一概に断定できない。

国生みでは子の類《たぐい》に入れずとあり、無人島と解釈される。筆者はここで二説をあげる。

㈠天皇は国生みの島である淡島をうたったとする。

鳴門海峡周辺の無人島という仮定もできるが、並び生まれた蛭子《ひるこ》が葦船に乗せて流されたとあることから、南の海岸に存在するとも考えられる。粟島は全国各地に存在しているが、阿波で粟島として知られているのは、那賀川河口に近い阿南市の海上に浮かぶ青島《あおしま》である。島の長さは約七百メートル、海抜五十三メートルである。島名は「青島《あおしま》」となっているがもとは

資料15　⑴檳榔の島と⑵佐気都島

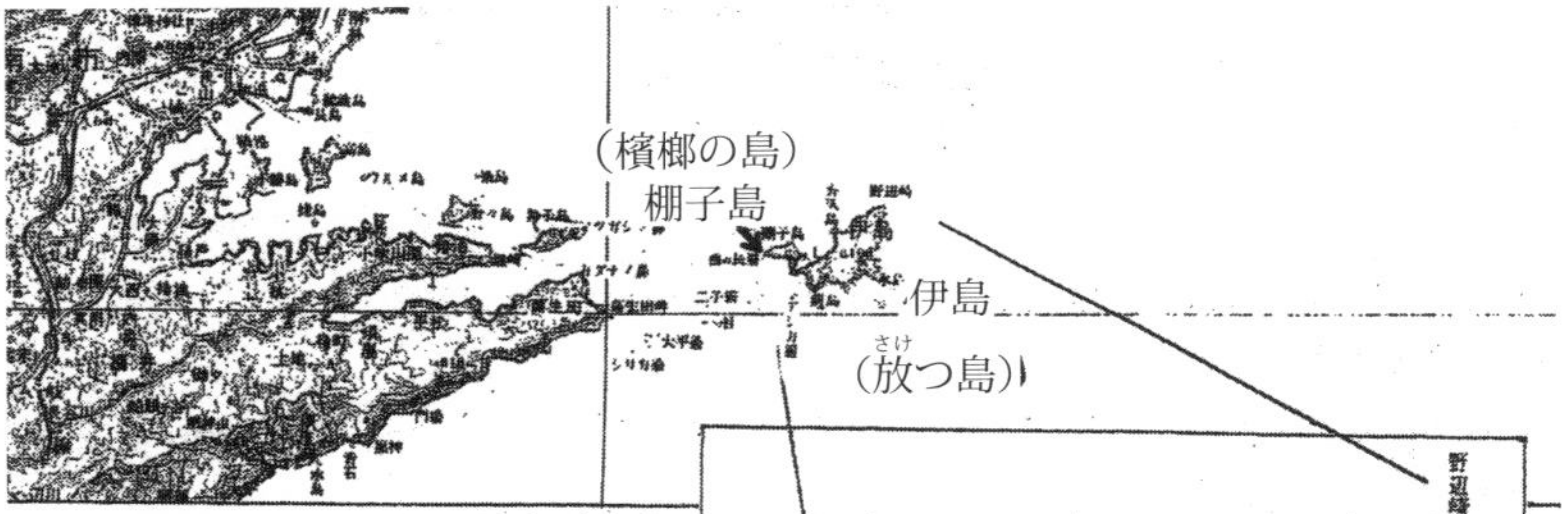
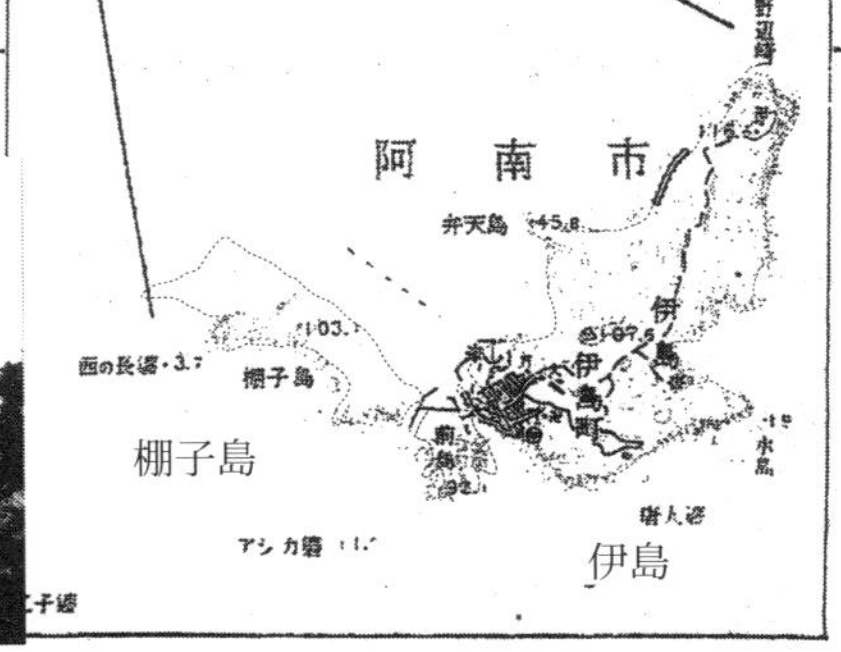

(1) 檳榔の島と (2) 佐気都島

橘湾（徳島県阿南市）から望む島々

資料16　淡島の2説

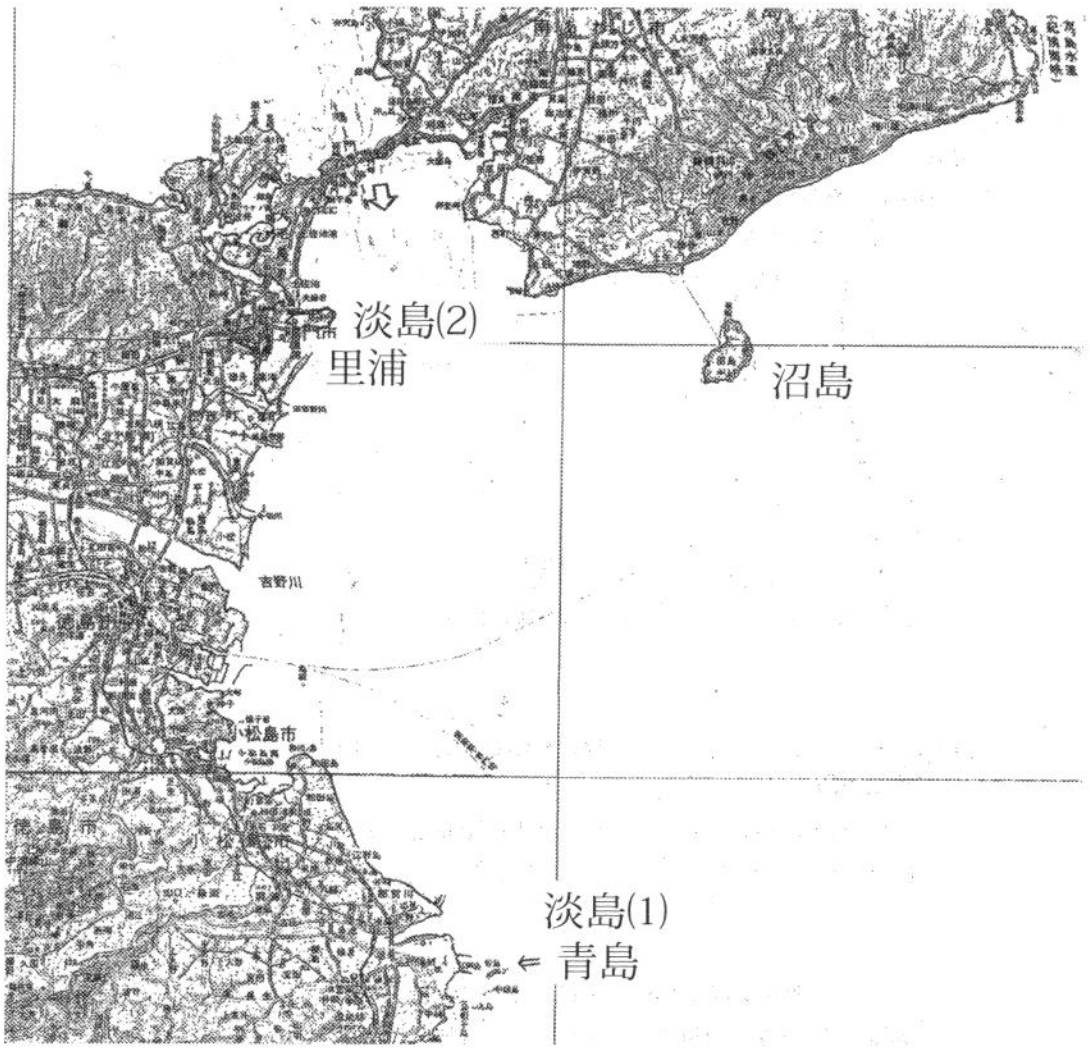

「粟島《あわしま》」であった。徳島藩の地誌『阿波志』（一八一五年撰）には、中林村の条の中に「海中に島三つあり。…圓島…次を中島…その北に島あり周《まわり》二百歩許《ばか》り。形、蜂腰に似たり、血柏生ず粟島といふ。粟島祠を安ず。…」また「粟島祠は、中林《なかばやし》海中の粟島にあり」とみえる。島の名は当時「粟島」で、粟島神社が祀られていたことが知られる。

　ところが明治四十一年撰の『阿波名勝案内』には、富岡町豊益（阿南市）の海岸に粟島神社が祀られ、正面の海中の青島に、沖の粟島様と呼んで神社信仰されている、とあるように、このときすでに島の名前は「青島」に変化している。民俗学者の研究では、音便《おんびん》変化によって、「あはしま・あわしま」↓「あおしま」↓「おおしま」に変化するという。この青島（もと淡島）は、淡路の門崎から眺められる島であり、国生みの淡島の候補となる。

㈡天皇がうたったのは、国生みの淡島とは別の「阿波の島」であったとする。

筆者はこの説を採る。国見の歌でオノゴロ島を詠んでいるがそれは始源の島であり、背後の本土

（四国徳島の山並み）は皇祖の本貫地である。このとき、視界に広がる景色全体の讃歌《くにぼめ》が優先されたと考える。したがって始源の島はオノゴロ島一島をうたうことで充分である。それよりも全体の眺めの中から、王土の美しい景色を詠みたい、というのが歌心である。檳榔《あじまさ》の島と放つ島《さけつしま》は、はるか海原に浮かぶ王土の東限としての島々を歌い、阿波島は景色の中できわ立って美しい阿波の島を選んだのではないかと考える。その島とは、近景の中から、鳴門市の里浦（当時は島）が美しい島影として歌われたと推測する。里浦《さとうら》は門崎から約七キロメートルの距離にあり、山島部分は東西約二・三キロメートルで、突端のいわし山の海抜が八十六メートル、陸側（西側）妙見山は六十二メートルである。オノゴロ島と並ぶ近景として選ばれたと考える。柿本人麻呂の粟の小島（一七一二）もこの島であったろう。

オノゴロ島

筆者は徳島側の裸島《はだかじま》か飛島《とびしま》がオノゴロ島であったと推測する。淡路側の大園島は大鳴門橋の淡路側橋脚のある門崎からは約二・八キロメートル東に浮かんでいる。海抜は三十七メートルである。これに対し裸島と飛島は、海峡最狭部の渦潮が発生する海域に浮かんでいる。鳴門海峡に佇《たたず》んだとき、誰もがその潮流に圧倒される。しかも潮の満ち干きによって大きな渦が次々に生まれ、消えてはまた生まれる。現代人以上に、古代人は不思議を目《ま》のあたりにし、神の存在を確信したと思う。イザナギ・イザナミ二神の国生みは、この自然の不思議とは切り離せない。イザナギの神が天の沼矛を海に下し、コオロコオロとかき回したという仕草は、渦の中から生命が生まれるとの観想から、紡《つむ》ぎ出された可能性もある。

筆者は、王家の始源の地は、この鳴門海峡の渦潮の海域が選ばれたと考えている。そして渦潮を、すべてのものを清め、すべての生命を生み出す源泉と見立て、二神がこの地に天降りした。その島が、渦潮から引き上げた天の沼矛の先のしたたり落ちる塩によって生まれたのである。したがってオノゴロ島は、渦潮の発生する海域に浮かぶ海抜十八メートル《メートル》の裸島か、海抜二十五メートル《メートル》の飛島に限られると考えるのである。

では、二島のうちどちらがオノゴロ島であり、仁徳天皇の歌にうたわれたのか。決め手はないが、決めろと言われれば裸島を選ぶ。それは千三百四十メートル《メートル》という鳴門海峡最狭部の線上にあること。あとは、偶然の神の仕業《しわざ》として、裸島《はだかじま》の名は、二神の結婚の島に矛盾しない。露出した岩肌から名が付いたのかも知れないが。また、聖婚にあたっての神聖な天《あめ》の御柱《みはしら》も、現在裸島を基礎土台としている大鳴門橋の橋脚に見立てることができる。これも偶然といえようか。

以上、四島の比定から、仁徳天皇が歌った場所は、淡路島の西南端、大鳴門橋の橋脚付近の門崎《とざき》に推定。そしてオノゴロ島（裸島）は王家の発祥地（阿波）に付属する島であった。

なお、通説の高津宮は、大阪城の南、大阪市中央区法円坂とされる。筆者は香川県高松市高松町を高津宮跡と推定する。現在のさぬき市の津田町・大川町あたりが古代の「難波郷《なにわ》」であり、津田町の御座田《ござでん》及び神野《こうの》付近が応神天皇の難波の大隅宮跡と推定される。また、高松市中心部は古代の「高松郷」にあたる。これを『和名抄』の東急本では、「たかつ(多賀津)」と訓じているので、今日の「高松」は仁徳天皇の「高津宮」に通じる遺称地名といえる。

資料17　昭和初期と現在の鳴門海峡地図

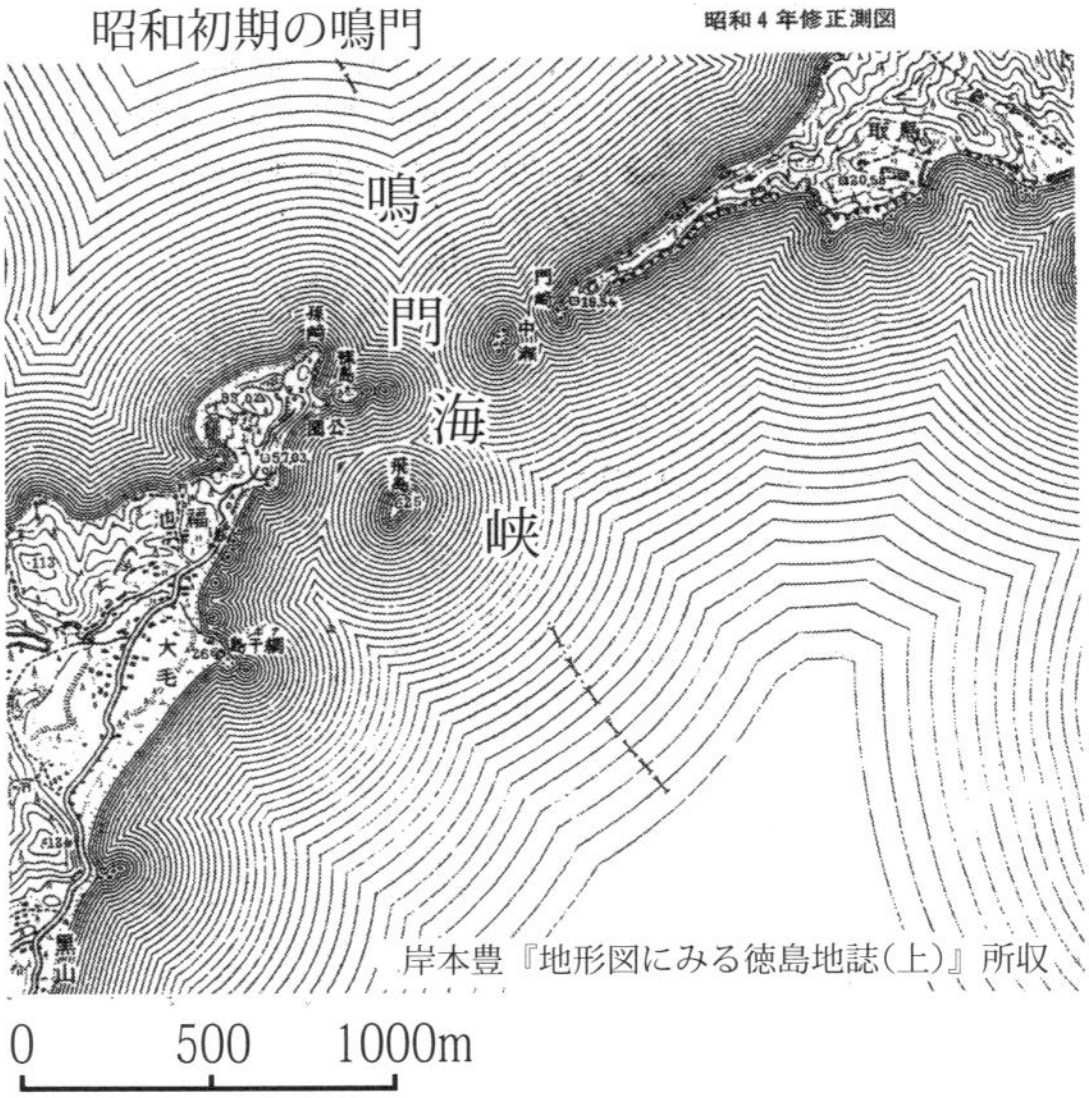

岸本豊『地形図にみる徳島地誌(上)』所収

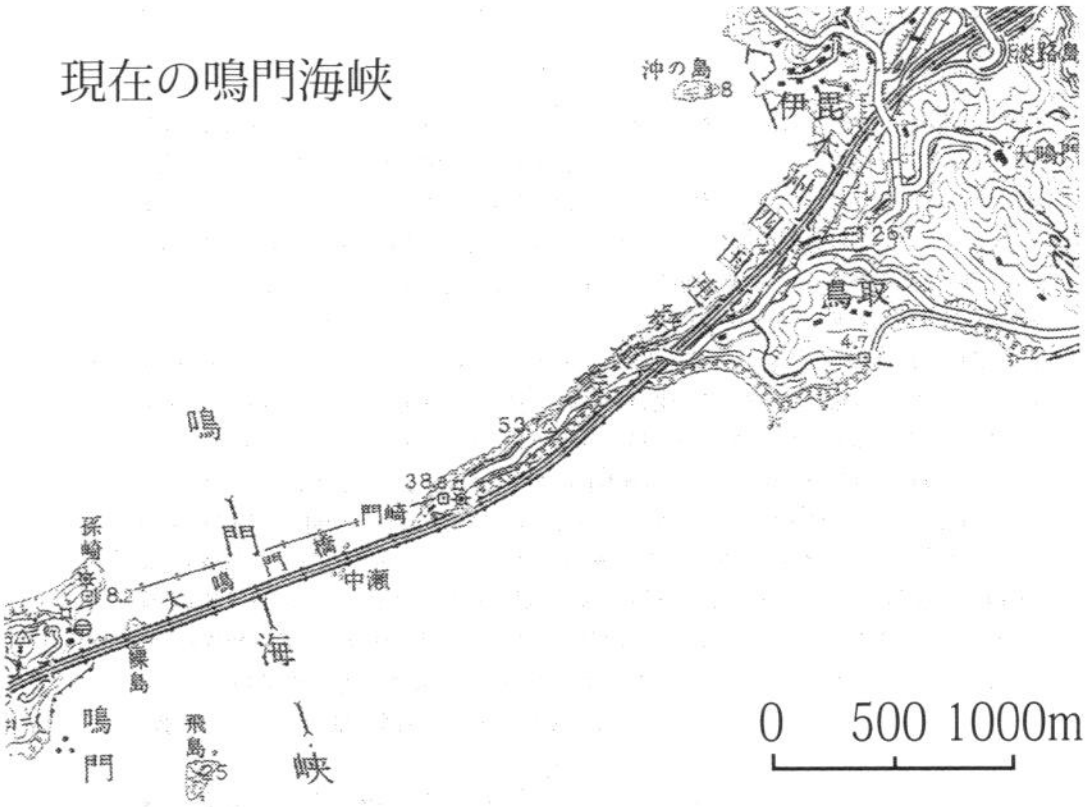

オノゴロ島舞中島説

徳島県内のローカル説として舞中島《まいなかじま》説がある。美馬市穴吹三島の舞中島で、吉野川中流域流路内に形成された洲島である。

この説は穴吹町の十二所神社の伝記などから広まったらしく、イザナギ・イザナミ二神がオノゴロ島に降りてきたのは、美馬市穴吹の舞中島であるというものである。

オノゴロ島の候補２島が描かれている江戸時代の浮世絵。
歌川広重『阿波鳴門之風景』安政４年（1857）山種美術館蔵　文化遺産オンラインより

大鳴門橋とオノゴロ島
本四公団パンフレットより　←は、オノゴロ島に比定される裸島（著者）

しかし、オノゴロ島は以上見てきたように、海の塩が固まって出来たことは記紀共に記《しる》すところであり、それが淡水の吉野川中流域の洲島（吉野川河口部の徳島市の城山から約三十八キロメートル上流）というのでは何とも解釈の仕様がない。また、前段で述べてきたように、オノゴロ島は仁徳天皇が淡路島から望める島であった。地図を開けてみれば自ずと当否が判明する。

資料 18　応神天皇の大隅宮２説（大阪と香川）

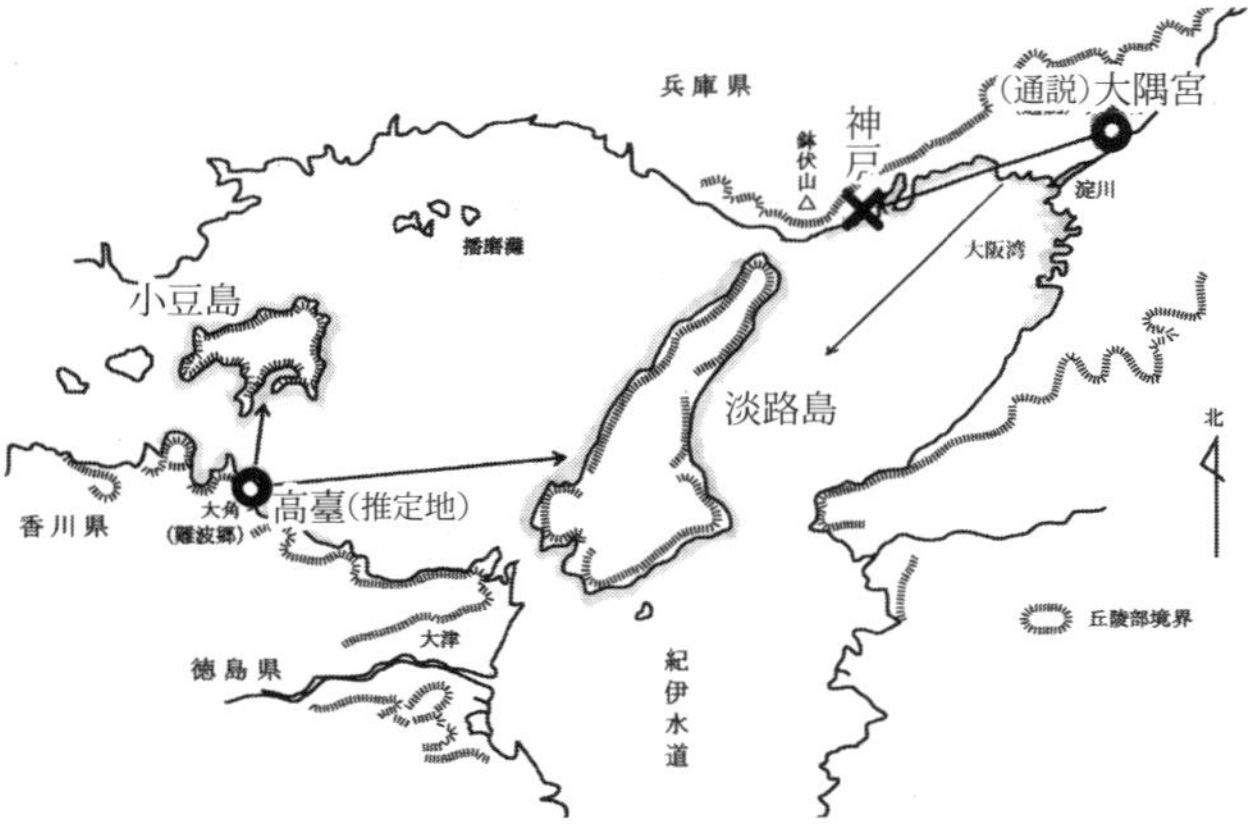

オノゴロ島の歌を詠んだ仁徳天皇の高津宮と、その父応神天皇の大隅宮は「難波」にあったとされる。

その「難波」とはどこか。『応神紀』に手がかりとなる応神天皇の歌がある。

それは、即位二十二年の春のこと、天皇が難波の大隅宮に坐して、高台に登り、妃の兄媛《えひめ》が船で吉備に里帰りするのを見送って詠んだもの。

淡路嶋《あはぢしま》　いや二並《ふたなら》び　小豆嶋《あづきしま》　いや二並び
寄《よ》ろしき嶋嶋《しましま》　誰《だ》かた去《さ》れ放《あら》ちし
吉備《きび》なる妹《いも》を　相見《あひみ》つるもの

＊歌の表記は岩波版日本古典文学大系『日本書紀　上』より

地図で見る通り、通説の大阪からは、歌のように淡路島と小豆島は「二並び」で望むことはできず、「二並び」に望める香川県中北部のさぬき市津田（旧難波郷）に大隅宮があったと推定する。

第一章の（注）

（注1）西郷信綱『古事記注釈』第一巻（筑摩書房）一〇〇ページ。以下同書より「西郷」として引用する。
（注2）次田真幸『古事記（上）全訳注』（講談社）三八ページ。以下同書より「次田」として引用する。
（注3）本居宣長『古事記伝』・本居宣長全集第九巻（筑摩書房）一二九ページ。以下同書より「宣長」として引用する。なお、古事記の神名はじめ辞句の解義の殆どは『古事記伝』に著わされている。
（注4）小学館版日本古典文学全集『古事記　上代歌謡』五一ページの頭注より抽出。
（注5）金子武雄『古事記神話の構成』（南雲堂桜楓社）（安本美典『高天原の謎』〈講談社〉五二ページに引用）
（注6）本居宣長全集第九巻（筑摩書房）一八六ページ。
（注7）大津栄一郎『古事記　上つ巻』（きんのくわがた社）四二ページ。
（注8）梅田義彦『大日本神名辞書』（堀書店）
（注9）吉田敦彦『日本神話の源流』（講談社）
（注10）中村豊「吉野川下流域における弥生時代の農耕の実態―徳島市庄・蔵本遺跡２００６年調査から―（弥生シンポジウム２００８年9月14日徳島県立埋蔵文化財総合センター）」及び平成十九年三月九日付徳島新聞。
（注11）池邊彌「古代粟攷」『古代神社史論攷』（吉川弘文館）より。この中で明治十二年当時の粟の生産高が掲出されており、五畿内・山陰道・山陽道・南海道都合二十七国中、第一位阿波国が二万四九二五石、第二位が備後国で一万九六七八石、第三位石見国一万二三八一石、第四位安芸国一万一五二九石、第五位伊予国九万八九六石となっている。なお粟の生産高に続く「供御」についても同氏の同著による。
（注12）松前健「大嘗祭と記紀神話」『大嘗祭と新嘗』（岡田精司編・学生社）一四四ページ。
（注13）水野祐『日本神話を見直す』（学生社）一七〇ページ。
（注14）松前健『日本の神々』（中央公論社）四〇ページ。
（注15）上田正昭『日本神話』（岩波書店）八〇ページ～。
（注16）高藤昇「出雲国風土記に見える所造天下大神」（昭和三十六年一月『国学院雑誌』第六二巻第一号）及び同氏「出

雲国風土記の神々」（昭和三十七年四月同誌六三巻第四号）
（注17）『式内社調査報告』二十一巻（皇學館大学出版部）による。
（注18）中村明蔵『隼人の古代史』（平凡社）一〇七ページ～。同氏はこの中で律令成立前後における朝廷と南九州との関係を詳述されている。
（注19）（注18）に同じ。同書五三ページ。
（注20）白石太一郎「古墳からみた南九州とヤマト王権」『南九州とヤマト王権』（平成二十四年・大阪府立近つ飛鳥博物館）より。
（注21）（注18）に同じ。同書三十二ページ～。
（注22）『本居宣長全集』（筑摩書房）第九巻一二五ページ。一部を現代語訳とした。
（注23）西郷信綱『古事記注釈』第一巻（筑摩書房）九八ページ。
（注24）（注23）に同じ。同書一八二ページ。
（注25）新井白石『古史通』『古史通或問』（安本美典『高天原の謎』〈講談社〉五四ページ所収）
（注26）菱沼勇「山岳信仰と式内社」『撰輯式内社のしおり』（式内社顕彰会）
（注27）田中卓「神代史における神話と史実との関連」『日本国家成立の研究』（皇學館大学出版部）
（注28）田中卓博士は、津田左右吉「神代史及び記紀の記載の上代の部分に関する古来の種々の見解」（『日本古典の研究（下）』所収。六三二ページ以下）より引用される。
（注29）（注27）に同じ。同書二ページ。
（注30）（注27）に同じ。同書一六、一七ページ。
（注31）（注14）に同じ。同書二二五ページ。
（注32）拙著「仁徳天皇が歌った淡島、淤能碁呂島、檳榔の島、佐気都島を比定する」平成二十五年十一月十日阿波古代史探訪バスツアー「当日資料」より要約する。
（注33）上田正昭『日本神話』（岩波書店）九〇、九一ページ。

資料4『古事記』上つ巻(神代巻)のあらすじ

目・節 及び「神代巻」のあらすじ (※印は説話の舞台を示す律令制の国名)	遡及記事及び説話地における神々の痕跡
1 高天原《たかまのはら》 (1)別天神《ことあまつかみ》五柱 天地《あめつち》が初めて分かれたとき、天上に聖なる世界「高天原」があった。その高天原の中心に天《あめ》の御中主神《みなかぬしのかみ》、次いで万物を生成する霊力を持つ高御産巣日《たかみむすび》神・神産《かみむ》巣日《すび》神など、合わせて五柱《はしら》の特別の神が現われた。	・天上に世界があり、やがて王となる者が天降ったとする思想は、王家(皇室)の祖先伝承といえ、世界の神話に多く見られる。
(2)神世七代 次に神世《かみよ》初代 国《くに》の常立《とこたち》神、二代目 豊雲野《とよくもの》神が成られた。二代目までは未だ男女(陰陽)別れず独《ひと》り神で、三代目以降は夫婦(男女)神として成《な》られ、七代目が伊邪那岐《いざなぎ》神・伊邪那美《いざなみ》神であった。	
2 伊邪那岐《いざなぎ》命と伊邪那美《いざなみ》命 (1)淤能碁呂《おのごろ》島 天《あま》つ神《かみ》(高天原の神々)の命令で、伊邪那岐命・伊邪那美命がはじめて地上(下界)に天降《あまくだ》りすることになる。二神は天浮橋《あめのうきはし》に立って、天つ神から授かった天《あめ》の	・ここから地上の物語が展開される。

沼矛《ぬぼこ》を下界におろし、海水をかき鳴《なら》し、引き上げたときにしたたる塩を固《かた》めて島をつくった。淤能碁呂《おのごろ》島という。

二神は淤能碁呂島に天降《あまくだ》り、天《あめ》の御柱《みはしら》を立てて結婚し、国土や神々を生む。

(2)国生み・神生み

二神は地上での最初の神功《かみのしごと》として国土を生んだ。国生《くにう》みは淡路島・四国・隠岐島・九州と続き、十四島二十か国（日本列島全体でなく、皇家にとっての古代の要地）を生んだ。なお、大倭《おおやまと》（奈良地方）は四国・九州より遅く、八番目に生まれた。次いで二神は、海の神、風の神、山の神、野の神など、国のあらゆる営みの礎《もと》となる祖霊神ら二十三神とその孫神二十五神を生み続けた。

(3)伊邪那美命の死

神生みの終盤、伊邪那美命は、火の神を生んだことから火傷《やけど》し、それが原因で亡くなった。亡くなった伊邪那美命は、※出雲《いづも》国と※伯伎《ははぎ》国との堺の比婆《ひば》の山に葬られた。怒《いか》った伊邪那岐命は、長剣を抜いて火の神迦具土《かぐつち》神の首を刎《は》ねた。そのとき御刀《みはかし》に付いた血から、鋭い威刀を持つ剣の神である甕速日神《みかはやひのかみ》や建御雷之男神（建布都神《たけふつのかみ》）など六神と、迦具土神の各所から正鹿山津見《まさかやまつみ》神など八神の神が生まれた。

(4)黄泉《よみ》の国訪問と結界

伊邪那岐命は、妻の伊邪那美命を連れ戻そうと黄泉の国（死者の住む国）を訪ねるが失敗する。逆に伊邪那美命の怒りを買い、差し向けられた黄泉醜女《よもつしこめ》らに追

・伊邪那美命を単独神として式内社で祀るのは阿波国だけである。

・出雲国（島根県）にも伯伎国（鳥取県）にも伊邪那美命を祀る神社は存在しない。また両国の堺に比婆山もない。

⑤

（遡及記事）

・八世紀初頭（古事記撰

われるが、ついに黄泉比良坂《よもつひらさか》に大岩を据えて結界とし、二神は決別する。その黄泉比良坂《よもつひらさか》は、今（現在の）※出雲国の伊賦夜坂《いふやざか》といわれる。

(5)伊邪那岐命の禊祓

伊邪那岐命は穢《けが》れを祓《はら》うため、※竺紫《つくし》の日向の橘の小門《おど》の阿波岐原《あわきはら》で禊祓《みそぎはらい》を行い、罪穢《つみけが》れを祓《はら》い、悪霊の侵入を防ぐ神や身を清める神など二十三神を生んだ。

(6)三貴子（統治神）の誕生

伊邪那岐命は、最後に地上の統治神として、天照大御神《あまてらすおおみかみ》・月読命《つくよみみこと》・建速《たけはや》須佐之男命《すさのおのみこと》を生んだ。伊邪那岐命は大いに喜ばれ、御頸珠《みくびたま》の緒《お》を天照大御神に授け、「汝命《いましみこと》は高天原《たかまのはら》を知らせ」と統治を委任された。

次いで月読命には「夜之食国《よるのおすくに》」を、建速須佐之男命には「海原《うなばら》」をそれぞれ治めるよう委任された。

(7)伊邪那岐命の神避《かむさ》り

伊邪那岐命は、神としての役割を了《お》えたとして※淡海《あふみ》の多賀《たが》に隠れられた。

3　天照大御神と須佐之男命

(1)須佐之男命

須佐之男命はしばらく海原を治めていたが、やがて父の委任に反《そむ》き、海河山野を荒らす狂暴な神となっていく。

(2)須佐之男命の高天原侵入

述時）の説（出雲国の伊賦夜坂）を書き加えている。

・南九州地方（宮崎県及び鹿児島県）に伊邪那岐命を祀る神社は存在しない。

・淡路島の津名郡多賀に式内大社の淡路伊佐奈伎神社が鎮座。近江国（滋賀県）犬上郡多賀町の多何神社とする説もある。

須佐之男命は、姉の天照大御神が治める高天原に侵入する。大御神は弟が国を奪いにきたと思って武装し対峙する。二神は口論となる。

(3)天《あめ》の安河《やすかわ》の誓約《うけい》と五皇子三女神の誕生

そこで須佐之男命は、心の潔白を証明するためとして天の安河での誓約を提案する。二神はお互いの持つ珠や剣を種に五皇子三女神を生む。五皇子（天之忍穂《あめのおしほ》耳《みみ》命、天之菩卑《あめのほひ》命・天津日子根《あまつひこね》命・活津日子根《いくつひこね》命・熊野久須毘《くまのくすび》命）は天照大御神の子、三女神は須佐之男命の子とする。三女神の多紀理比売《たきりひめ》命・市寸島比売《いちきしまひめ》命・田寸津比売《たきつひめ》命は、現在それぞれ※筑紫の胸形《むなかた》の奥津宮《おきつみや》・中津宮《なかつ》・辺津宮《へつ》に鎮座《ちんざ》されている。

(4)五穀の起源

須佐之男命は高天原に居座り、ある時、大宜都比売《おおげつひめ》神に食物を所望された。大宜都比売は求めに応じて身体の各所から食物を生み出し奉進《たてまつ》るが、須佐之男命はその仕草を誤解し、殺してしまう。やがて大宜都比売の死体から稲種や小豆、粟、麦などが生えたので、天照大御神は、これを神産巣日《かみむすび》の御祖命《みおやのみこと》に依頼して取らせ、五穀の種とされた。

(5)須佐之男命の大蛇退治と草薙《くさなぎ》の太刀《たち》

須佐之男命は、※出雲国の肥《ひ》の河《かわ》の鳥髪《とりかみ》というところで、箸が流れ下ってきたので上流に向かってみると、悲嘆にくれる老夫婦とその娘の櫛名田比売《くしなだひめ》に出会った。聞けば毎年、※高志の八俣《やまた》の大蛇《おろち》に娘を奪われ、今年もその時期に当たると

（遡及記事）
・八世紀の事実（福岡県宗像《むなかた》郡鎮座）を記したもので、この地が三女神の生誕地というのではない。
・『出雲国風土記』には、八俣の大蛇退治をはじめ古事記・日本書紀で語られる須佐之男命の

いう。須佐之男命は、老夫婦と約束して策を講じ、八俣の大蛇を退治して、約束どおり櫛名田比売を娶《めと》り、※出雲の須賀の地に宮を造った。そこで、〝ああ清々《すがすが》し〟の歌をうたう。生まれた子（または六世の孫）が大国主神である。また退治した大蛇の尾を割《さ》き、中から出てきた太刀を天照大御神に献上したが、この太刀が草薙の太刀である。

⑹須佐之男命の暴逆

須佐之男命は、天の安河の誓約で自身の所有する剣から女神が生まれたので心の潔白が証明され、自分が勝利したと叫ぶ。その勢いは止《や》まず、振舞がさらに狂暴となり、天照大御神の大切な高天原の田畠や神聖な織殿などを次々に破壊し汚していった。

⑺天の石屋戸《いわやど》

天照大御神は、これに驚き、天の石屋《いわや》を開いて中に入り、その戸を閉ざして隠《こも》られた。すると高天原も葦原中《あしはらのなか》つ国《くに》もことごとく暗闇《くらやみ》となった。そのため天の安河原《やすのかわら》に八百万《やおよろず》の神々が集まり、思金神《おもいかね》が対策をたて、鏡などの様々の奉供物を作り、神事を執《と》り行って祝詞《のりと》を曰《あ》げ、天宇受売《あめのうずめ》が神懸《かみが》かりの舞でその場を轟《とどろ》かせた。天照大御神が不思議に思われ、石戸を少し開けたところを石屋戸の脇に立っていた天手力男神《あめのたちからお》が手を取って外に導かれた。策は成功し、天照大御神は石屋からついに出られ、高天原も葦原中つ国ももとの明るさを取り戻した。

⑻須佐之男命の追放

物語はまったくみえない。また神社でも祀られていない。

八百万の神々は相談し、須佐之男命にその犯した罪を償《つぐな》わせるため、多くの贖物《あがないもの》を科し、またその罪を祓うため、髭《ひげ》を切り、手足の爪《つめ》を抜かせ追放してしまわれた。

4　大国主神《おおくにぬし》

大穴牟遅神《おおなむち》が数々の試練を乗り越え、葦原中つ国の王者・大国主《おおくにぬし》神として成長するまでの、ひとまとまりの物語（稲羽の素兎・八十神の迫害・須勢理比売との結婚・大国主神・沼河比売求婚等）である。神話の主題（皇家の出自と皇統伝承）から外れた併行説話となるので、後段は8の次に移す。

5　国譲り交渉と中つ国平定

(1) 天菩比神《あめのほひ》（第一の使者）

天照大御神が豊葦原之千秋長五百秋之水穂国《ちあきながいほあきのみずほのくに》（豊葦原中つ国《とよあしはらのなかつくに》）は我が御子が治めるべき国であるとの詔《みことのり》を下す。この神勅をうけ、高天原から国譲り交渉の使者として、天照大御神の第二御子天菩比神が遣わされるが、三年経っても復奏しない。

(2) 天若日子《あめのわかひこ》（第二の使者）

第二の使者として天津国玉神《あまつくにたまのかみ》の子・天若日子が遣わされたが、大国主神の娘下照比売《したてるひめ》を娶《めと》り、八年経っても復奏しない。そのため、高木神（高御産巣日神）

・『出雲国風土記』には国譲りの物語はみえない。

・美濃国（岐阜県）に天若日子が祀られた痕跡はない。阿波国三好郡美濃からその心を疑われ、高天原から射返された矢で命を落とす。若日子の葬儀には大国主神の子阿遅鉏高日子根《あじすきたかひこね》神が来て弔《とむら》った。

若日子の墓は※美濃国の藍見河の河上の喪山《もやま》という。

(3) 建御雷《たけみかづち》神（第三の使者）

伊都尾羽張《いつのおわばり》神の子建御雷神が第三の使者として天鳥船《あめのとりふね》神を従えて天降る。

(4) 事代主《ことしろぬし》神の服従

二神は※出雲国の伊那佐《いなさ》の小濱《おばま》に降り、大国主神に問うが、その答は我が子の事代主神が応《こた》えるという。

そこで御大《みほ》の前《さき》で漁《すなどり》をしていた事代主神に問うと、葦原中つ国は天《あま》つ神《かみ》の御子に譲ると答えた。

(5) 建御名方《たけみなかた》神の服従

二神は大国主神に対し、他に意見を持つ神はいるかを問うと、ただ一神のみ、我が子建御名方神がいるという。そこで建御雷《たけみかづち》神と力競べをするが、建御名方神は圧倒され、※科野《しなの》国の州羽海《すわのうみ》まで追い迫《つ》められ、国譲りを承諾する。以後建御名方神は洲羽の地にとどまるといって許される。

(6) 大国主《おおくにぬし》神の国譲り

ついに大国主神は、国譲りを承諾する。ただその条件として、自分の住まいを御殿のような立派な建物にしてもらえるなら遠い所に隠《こも》りましょうという。また私の多くの子供は、事代主神が統率してお仕えすればそむく神はいないでしょう

郷の伝承を、律令制の美濃国と解釈したものか

・科野国（長野県）の諏訪大社とするが、記紀成立後に建御名方神が阿波国の高足《たかし》郷諏訪の多祁御奈刀弥《たけみなとみ》神社から勧請《かんじょう》され、祀られたとする記伝がある。

（遡及記事）

・八世紀の初頭に大国主

と答えた。

そこで高天原の天つ神は、大国主神のために※出雲国の多芸志《たぎし》の小浜《おばま》に立派な宮殿を造る約束をした。

任務を終えた建御雷神は高天原に返り、葦原中つ国を平定したことを報告した。

6　天孫の降臨

(1)天孫邇邇芸命《ににぎ》（天孫二代目）

天照大御神の第一皇子天忍穂耳命《あめのおしほみみ》の子番能邇邇芸命《ほのににぎ》が、豊葦原中つ国に天降りすることになる。

(2)猿田毘古神《さるたひこ》

天降りをはじめると、天《あめ》の八衢《やちまた》に猿田毘古神が出迎え、天つ神の御子の道案内をするために参上しました、と告げる。

(3)邇邇芸命の降臨

そこで天孫邇邇芸命は五伴緒《いつとものお》を従者とし、また三種の神宝（八尺《やさか》の勾玉《まがたま》・鏡・草薙剣《くさなぎのつるぎ》）を携え、思金神《おもいがねのかみ》らを従えて天降りしようとされた。因《ちな》みに鏡（天照大神）と思金神は五十鈴宮《いすずのみや》に祭っている。また登由宇気神《とゆうけ》は、外宮《とつみや》の度相《わたらい》に鎮座する神である。いよいよ邇邇芸命は、猿田毘古神の案内で天降りを開始する。ところが降臨地は（出雲国ではなく）※竺紫《つくし》の日向《ひむか》の高千穂《たかちほ》であった。

(4)木花之佐久夜毘売《このはなのさくやひめ》との結婚

神を祀る立派な社殿が造営されたことを伝える記事といえる。

（遡及記事）

・邇邇芸命の降臨説話の中に、後世に造営された伊勢太神宮と外宮の祭祀記事を遡及して書き加えている。

・竺紫の日向（南九州）には、邇邇芸命や降臨した神々は一切祀られていない。

天降りした邇邇芸命は、大山津見《おおやまつみ》神の娘木花之佐久夜毘売を娶《めと》り、火照《ほでり》命（海幸彦）・火須勢理《ほすせり》命・火遠理《ほおり》命（山幸彦・日子穂々手見《ひこほほでみ》命）をもうけた。

7　火遠理《ひおり》命（天孫三代目）

(1) 海幸彦と山幸彦

火遠理命（山幸彦）はあるとき、兄（海幸彦）の鉤《つりばり》を借りて釣に出かけたが魚釣り中に鉤を失くしてしまう。そのため兄に謝り、替りの鉤を差出したが許されなかった。山幸彦は悲しみ、心が沈んでいたが、塩椎神《しおつちのかみ》の助言で舟に乗り、綿津見宮に着く。

(2) 綿津見宮《わだつみのみや》訪問と豊玉毘売《とよたまひめ》との結婚

綿津見宮の井戸の辺《ほとり》の桂《かつら》の木の上（井上《いのへ》）で待っていると、従女が出て来て玉器に水を汲んだ。その玉器に山幸彦の面影が映り、これが奇縁となって綿津見神の娘豊玉毘売と結婚する。

山幸彦はこの宮で兄の鉤を取り戻し、また呪力を持つ玉を持ち帰って兄に仕返しをする。

豊玉毘売は鵜葺草葺不合《うがやふきあえず》命を生んだ。このとき、夫の日子穂々手見命が約束を破って出産をのぞき見をした。すると、妻（豊玉毘売）は八尋和邇《やひろわに》に化っていた。豊玉毘売は恥ずかしさのあまり綿津見国に帰ってしまう。

8　鵜葺草葺不合命《うかやふきあえず》（天孫四代目）

夫婦は離れてしまったがお互い恋しさの心に耐えられず歌を交わす。その夫、日子穂々出見命は答歌として〝沖《おき》つ鳥　鴨《かも》とく島に　我が率寝《いね》し　妹《いも》は忘れじ　世のことごとに〟と歌った。

豊玉毘売は、わが子鵜葺草葺不合命の養育を妹の玉依毘売《たまよりひめ》に託した。鵜葺草葺不合尊は成長して玉依毘売と結婚し四人の御子を儲けた。

（神武の出生）

その四人目の御子が豊御毛沼命《とよみけぬ》で、のちの神武天皇である。

・・・・・・・・・・・・・・・・・・・・・・・・・・・・・・・・・・・・

4　大国主神　後段

(1) 稲羽《いなば》の素兎《しろうさぎ》

大国主神には八十神《やそがみ》（大勢の兄弟）がいたが、皆自分の国を治めることを辞退し、大国主神にお譲りされた。そのわけは以下のとおりであるという。

八十神は、それぞれ※稲羽《いなば》の八上比売《やかみひめ》に求婚しようとして出かけたが、大穴牟遅神《おおなむちのかみ》（大国主神）には旅行用の袋を背負わせ従者として連れていった。気多《けた》の前《さき》に着いたとき、淤岐島《おきしま》から鮫《さめ》を欺《あざむ》いて本土に渡《わた》り、仕返しされて横たわっている素兎《しろうさぎ》と出会った。八十神は身体の毛をはぎ取られた素兎に対し、意地

・稲羽は因幡《いなば》国で鳥取県東部という。また気多の前は、和名抄「因幡国気多郡」と見え、鳥取市の白兎海岸に気多岬という伝説地があって、その背後の丘に白兎神社があるという。これらの地名や

悪な治療法を教えるが、最後にやってきた大穴牟遅神は、痛み苦しんでいる素兎から事情を聞き、真水で身体を洗って蒲《がま》の花粉《はな》で治療するよう教えた。やがて兎の身体はもとどおりに治った。その稲羽の素兎は、大穴牟遅神に対し「あなたが八上比売を娶《めと》るでしょう」と予言する。

八十神の求婚に対し八上比売は拒否し、私は「大穴牟遅神と結婚します。」と答える。

⑵八十神の迫害

（伯岐国）八十神はこれに怒り、皆で相談して大穴牟遅神を殺そうと、※伯岐国《ははきのくに》の手間《てま》の山の麓で計略を仕掛け、猪に似た大きな焼石を転がして麓で待ち構える大穴牟遅神に焼き付かせ、殺してしまう。

これを見た御母《みおや》の神は泣き悲しみ、高天原に上《のぼ》って神産巣日命《かみむすびのみこと》に救いを求め、遣《つか》わされた二人の女神（𧏛貝比売《きさがいひめ》と蛤貝比売《うむぎひめ》）の施術によって大穴牟遅神は生き返り、立派な男神として復活する。

八十神はこれを見て、再び大穴牟遅神を山に連れ込み、大木に仕掛けをして打ち殺してしまう。再び母神が泣きながら捜したところ、木に挟まれたわが子を見付けたので、その木を裂いて取り出し生き返らせた。

そこで母親は迫害を避けるため、大穴牟遅神を木国《きのくに》の大屋比古神《おおやびこ》の所に遣《つか》わした。ところがこれを察知した八十神は木国まで追いかけて捜《さが》し出し、弓に矢をつがえ、大屋比古神に大穴牟遅神を差し出すよう要求する。

神社は、神話の発源地のものでなく、記紀の記述をもとに作られた記紀由来のものであろう。

・伯岐国の手間の山本和名抄に「伯耆国会見郡天万」と見える。今、鳥取県西伯郡会見町天万。米子市の南方で出雲との境にあたるという。これも記紀由来のものか。

・木国は今の和歌山県。

大屋比古神はそれには応じず大穴牟遅神に対し、須佐之男命のおられる根堅州国《ねのかたすのくに》に行くようにと言って木の股から逃がした。

⑶須勢理比売との結婚

根の堅州国に着いた大穴牟遅神は、須佐之男命の娘・須勢理比売《すせりひめ》と出会い結婚する。娘は大穴牟遅神を父である須佐之男命（大神）に引き合わすと、「これは葦原色許男命《あしはらしこおのみこと》という神だ（葦原の中つ国の逞《たくま》しい男だ）」と認めた。

⑷須佐之男命の課した危難

須佐之男命は大穴牟遅神を呼び入れ蛇の室《むろ》に寝かせるが、妻から与えられた蛇の領巾《ひれ》で難を逃れる。そこで次の夜、蜈蚣《むかで》と蜂の室に入れるが、妻が再び蜈蚣と蜂の領巾を与え、呪《まじな》いの術を教えたので無事に室から出ることができた。

次に、鳴鏑《なりかぶら》を広い野原の中に射込んで捜《さが》させる。大穴牟遅神が野原に入ると、火を放って焼きつくそうとする。大穴牟遅神がみるみる火に囲まれ出口を失ったとき、鼠が出てきてほら穴を教え、地下の空洞を降りていくと、鼠がかの鳴鏑をくわえて出てきて大穴牟遅神に献上した。

須佐之男命は、数々の試練を乗り越えて生還した大穴牟遅神を大室《いえ》に連れて帰り、今度は自分の頭に巣食《すく》う虱《しらみ》を取るよう命じた。そこでその頭を見るとそれは呉公《むかで》であった。すると須世理比売命が椋《むく》の実と埴《はに》を夫に与えた。

大穴牟遅神がそれを口に含んで喰い破り吐き出す仕草をすると、須佐之男命は、呉公を喰い破り退治しているのだと思い込み、心の中で愛《いと》おしいやつだと思ってやがて眠りに入った。

大穴牟遅神は、そのすきに大神の生太刀《いくたち》と生弓矢《いくゆみや》と天沼琴《あめのぬごと》を奪い、須世理比売を背負って逃げ出した。そのとき沼琴が樹に払《ふ》れて大地が鳴動した。

須佐之男命は目をさまし大穴牟遅神を追いかけた。黄泉比良坂《よもつひらさか》まで行ったとき、はるか遠くを逃げていく二神を望み見て心を固めた。

(5)大穴牟遅神から大国主神へ

須佐之男命は大声をあげ、大穴牟遅神に「汝が持てる生太刀・生弓矢をもって、汝が庶兄弟《ままあにおと》をば坂の御尾《みお》に追い伏せ、また河の瀬に追い払い、きさまは大国主神となり、また宇都志国玉神《うつしくにたまのかみ》となって、わが女《むすめ》の須勢理比売を適妻《むかひめ》（正妻）として、宇迦《うか》の山《やま》の山本《やまもと》に壮大な宮殿を造って住め。こいつめ。」といわれた。

(6)葦原の中つ国の王となる

そこで大穴牟遅神は、須佐之男命がいわれたとおり兄弟（八十神）を追い伏せ、あるいは追い払って国作りを始められた。

さて大国主神は、前に約束した八上比売と結婚したが、正妻の須勢理比売を恐れて、生まれた子を木の股に挟《はさ》んで帰ってきた。その子を木俣神《きまたのかみ》とも御井《みい》神ともいう。

(7)沼河比売への求婚

八千《やち》矛神《ほこのかみ》（大国主神）は※高志国の沼河比売《ぬまかわひめ》に求婚しようと思って出かけ、沼河比売の家に到着して歌をうたう。

・大国主神は、須佐之男命の御子、または五世孫または六世孫とする三伝が伝わるが、須佐之男命の娘須勢理比売を正妻として、葦原中つ国の王として須佐之男命から統治権を継承しているので、御子とするのが正伝であろう。
・高志国《こしのくに》は北陸地方の総称とするが、阿波国の「高志《たかし》（郷）」・現名西郡《みょうざいぐん》

沼河比売はその日拒んで戸を開けなかったので、大国主神は翌日再び訪れ、その夜結婚された。

(8)須勢理比売の嫉妬

大国主神が出雲から倭国《やまと》に上《のぼ》ろうとするとき、妻の須勢理比売が嫉妬し、夫婦は歌を交わす。

(9)大国主神の神裔

大国主神の御子として阿遅鉏高日子根神《あじすきたかひこね》（今は迦毛大御神《かものおおかみ》という）事代主神《ことしろぬし》などのほか十七世の神までを伝える。

(10)大国主神の国作り

大国主神が※出雲の御大《みほ》の御前《みさき》にいるとき、波の上を天の羅摩船《かがみのふね》（ガガ芋の実で作った船）に乗って近づき上陸した神があった。聞けば神産巣日《かみむすび》神の御子で名は少名毘古那神《すくなひこなのかみ》といい、葦原色許男《あしはらのしこお》命（大国主神）と兄弟となって国作りを固めるよう親神に命ぜられ上陸したのだという。

そこで二神は互いに協力して国作りを固められたが、少名毘古那神は常世国《とこよのくに》に渡られてしまった。大国主神は困って誰か私と協力して国作りする神はいないかとつぶやいているとき、海上を照らし近寄ってくる神があった。その神は、「よく私の御魂を祀れば、協力して国作りを完成させよう」といった。そこで大国主神は、如何様にと尋ねると、「私（の御魂）を倭の青垣の東の山の上にいつき奉れ」と答えられた。この神は※御諸山《みもろやま》の上に坐す神である。

石井町諏訪が原郷であろう。

・海上を照らして寄り来る神、書記の一書には、大己貴神《おおなむち》（大国主神）の幸魂《さきみたま》とある。

・御諸山は奈良県桜井市の三輪山をさすというが、奈良盆地は神話の舞台ではない。倭の国作りを佐《たす》けた少名古那神も幸魂も、ともに海上を照ら

⑾大年神の神裔

大年神《おおとしのかみ》は、須佐之男命と大山津見神の娘神大市比売《かむおおいちひめ》との間の子で、その子孫二十五柱を伝える。

し舟で渡ってきたと伝えていることから、倭の国は海に面していただろう。したがってこの神が祀られた御諸山は奈良盆地の山ではない。

（注）

1　神話の段落（目・節）とその表現については、倉野憲司校注『古事記』（岩波文庫）を基本としたが、説話の舞台究明の手がかりとする観点から一部を改めた。

2　須佐之男命は、天石屋戸の段のあと、罪を償うため、髪を切られ、手足の爪も抜かれて追放されるが、これは須佐之男命が神功を了《お》えたことを意味する。したがって、天石屋戸の段の後に綴られている須佐之男命の活躍（五穀の起源及び八俣の大蛇退治）の説話は、それより前に順序を繰り上げることとした。

第二章　阿波国延喜式内社

1　阿波国式内社の相貌

式内社は全国六十六か国二島で三一三二座・二八六一社あるが、座数の地域的偏《かたよ》りが大きい（「座」とは神の柱数、「社」は神を祀る施設のこと）。

その理由についての定説はないが、五畿内は宮都が敷かれた国として都城を護る神々の配祀のほか、各氏族の祖神を祀る神社が二〇四社（神社全体の約四十％）と多いことが主な理由かと思える。（注1）伊勢国（二五三座）は伊勢神宮を擁する国であること、また東日本が西日本の国より多いのは朝廷に服属した時期が新しく、統治政策上土着の神を多く認定し反抗を押さえようとしたものかも知れない。出雲国（一八七座）については、たとえば出雲郡阿受枳《あづき》社は同名の神社十一社が、また伊農《いぬ》社は同じく七社が、それぞれ独立した一社としてすべて官社に撰ばれているが、他国では各々主たる一社が認定されただろうとみられることが理由かと考えられる。（注2）

一方、極端に少ないのは西海道（一国平均十座）で、特に南九州六か国（一国平均三座）は、養老四年（七二〇）、朝廷から派遣された大隅国守を隼人らが殺害し、その後一年数か月にわたって朝廷軍と戦ったことや、大宰府による間接統治が影響したものかと思われる。大隅・薩摩両国の班田制の実施も延暦十九年（八〇〇）から行われており、畿内や周辺諸国に比べ百年以上遅れている。（注3）

阿波国を含む南海道六か国も全国平均より少なく一国平均が二七座である。その中で阿波国は五十座と突出している。次に多い紀伊国の三一座と比べても差は大きく、阿波国は何か特別の理由があるため端数を押さえて五十座に合わせた感がある。

神社名に関しては、全国的にみると、地名に神社を加えたものが最も多く、他に職能神や部族神

資料19　式内社の地域別鎮座数

区　分	国の数	座数	一国平均	国別座数
畿　内	5	658	132	山城122、大和286、河内113、和泉62、摂津75
東海道	15	731	49	伊賀25、伊勢253、志摩3、尾張121、三河26、遠江62、駿河22、伊豆92、甲斐20、相模13、武蔵44、安房6、上総5、下総11、常陸28
東山道	8	382	48	近江155、美濃39、飛騨8、信濃48、上野12、下野11、陸奥100、出羽9
北陸道	7	352	50	若狭42、越前126、加賀42、能登43、越中34、越後56、佐渡9
山陰道	8	560	70	丹波71、丹後65、但馬131、因幡50、伯耆6、出雲187、石見34、隠岐16
山陽道	8	140	18	播磨50、美作11、備前26、備中18、備後17、安芸3、周防10、長門5
南海道	6	163	27	紀伊31、淡路13、阿波50、讃岐24、伊予24、土佐21
西海道	11	107	10	筑前19、筑後4、豊前6、豊後6、肥前4、肥後4、日向4、大隅5、薩摩2、壱岐24、対馬29
計	68	3093	45	

(1) 総数は3132座であるが、そのうち宮中36座及び京中3座は除いた
(2) 一国平均座数は四捨五入による
(3) 西海道は11か国（9か国十2島）として平均座数を算出した

的表現の神社がみられるが、それらに比古《ひこ》や比咩《ひめ》を付けた人格神神社が知られている。人格神神社が多いのは大和・伊豆・能登・伊勢・出雲・備後・阿波などで、阿波国においては、大麻比古神社・鹿江比売神社等人格神神社が全五十座中三十六座（七二％）を占め、その坐数と比率が極めて高いのが特徴である。（注4）

また、八桙《やほこ》神社や事代主《ことしろぬし》神社など、記紀等に現われた神を神社名とする古典神神社も二十二座（人格神と重複するが）みとめられ、阿波が記紀神話の舞台の本命とみることができる。

次に、阿波国式内社中の神社名の表記にきわめて古い音仮名が用いられていることである（左の神社名の太字部分）。

阿波国式内社

①**意富**門麻比売《おほとまひめ》神社（名方《なかた》郡）
②和奈佐**意富**曽《わなさおほそ》神社（那賀《なか》郡）
③鹿**江**比賣《かやのひめ》神社（板野《いたの》郡）
④波尓**移**麻比**弥**《はにやまひめ》神社（美馬《みま》郡）

史料を辿《たど》れば辛亥《しんかい》年（四七一）の年記が刻まれた「稲荷山古墳鉄剣銘」（埼玉県行田市から出土

した一一五文字の金象嵌《きんぞうがん》の銘文）まで時代が遡《さかのぼ》るのではないか。銘文は辛亥年に記すとあり、この刀を作ったオワケの臣は、「獲加多支鹵《わかたける》大王」に仕えたが、自分の祖先は八代前の「意富比垝《おほひこ》」で、以来タカリスクネ・テヨカリワケ・タカハシワケ・タサキワケ・ハテヒ・カサハヤと代々杖刀人《じょうとうにん》（近衛隊《このえたい》）の長としてお仕えし今に至っているというものである。

銘文中の「意富比垝《おほひこ》」とは、日本書紀の崇神天皇十年に大彦《おおびこ》命が、四道将軍の一人として、子の武渟川別《たけぬなかわわけ》とともに北陸・東海に派遣されたとみえる八代孝元天皇の皇子にあたる。この鉄剣（銘文）の発見によって、それまで日本書紀の四道将軍の記事は事実でないとする主流派の説を退けることとなった。

資料20　金錯銘鉄剣（稲荷山古墳出土）　埼玉県立さきたま史跡の博物館蔵

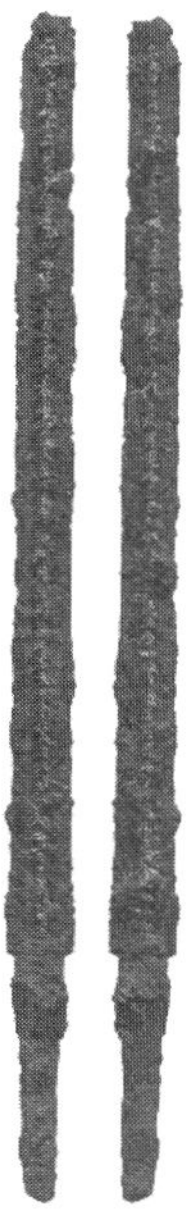

（裏）（表）

←獲加多支鹵大王（部分を拡大）

稲荷山古墳鉄剣銘

（表）辛亥年七月中記 乎獲居臣 上祖名意富比垝　其児多加利足尼 其児名弖已加利獲居
其児名多加披次獲居 其児名多沙鬼獲居 其児名半弖比

（裏）其児名加差披余 其児名乎獲居臣 世々為杖刀人首 奉事来至今
獲加多支鹵大王寺在斯鬼宮時 吾左治天下 令作此百錬利刀 記吾奉事根原也

画像は埼玉県 HP 埼玉県立さきたま史跡の博物館のデジタル資料より。銘文は埼玉県教育委員会『武蔵埼玉稲荷山古墳 史跡埼玉古墳群稲荷山古墳発掘調査・保存整備事業報告書 1』2007 年　21 ページさて銘文中、「獲加多支鹵《わかたける》」（第二十一代雄略天皇〈若建命《わかたける》〉に充てられる）のほか、「意富比垝《おほひこ》」、「獲居《わけ》」、「比垝《ひこ》」、「足尼《すくね》」の表記は、呉音よりも古い古韓音（古音）によるものと解明された。日本に伝来した漢字音には、呉音と漢音があり、呉音は四〜六世紀頃の南朝音を母胎とし、漢音は七〜九世紀頃の長安を中心とする唐代北方音を母胎としている。（注5）我が国には呉音が四世紀末頃に伝来し、日本列島に普及していったため、漢音（北方音）で書かれた『日本書紀』以外の古事記や万葉集、その他文献・金石文は呉音を母胎として書かれている。そしてその中には、呉音より古色を帯びた古韓音（古音）と呼ばれる字音が含まれており、その由来をさらに辿《たど》れば中国の漢代以前の上古音（周、秦、漢代の音）に基づくものである。こうした字音は日本に渡来した帰化人によって書かれたもので、漢字が伝来した初期の頃に行われたとみられている。（注6）

さて鉄剣銘の「意富比垝《おほひこ》」の「意富」は呉音では「イ・フ」であるが、古韓音では「オ・ホ」と発音する。阿波国式内社の①「意富門麻比売」②「和奈佐意富曽」も古韓音の「オホトマヒメ」「ワナサオホソ」である。そこで全国式内社（神名帳）二八六一社をあたってみると、古韓音の「意富（オホ）」で表記されているのは、（右の）阿波国の二社だけである。

こうした、阿波国神社の文字化は、古韓音を用いる渡来人によって行われ、その表記はその後の書写の過程でも尊重され、延喜式まで踏襲《とうしゅう》されたと考えられる。したがって、最初に神社名が表記された時期、すなわち阿波における神社祭祀は、古韓音表記が明らかな稲荷山鉄剣（五世紀後半）の頃まで遡《さかのぼ》ることができ、常設の神社の起原（通説）を遡ることになる。

一方、他国の式内社で「オホ」の付く神社は、日本国内で古韓音が使われなくなり、漢字が広く普及した後、呉音の「大」（オホ）が用いられたものと推察されるのである。

次に③鹿**江**比賣《かやのひめ》神社・④波尓**移**麻比**弥**《はにやまひめ》神社についても、古韓音を日本に持ち込んだ、四、五世紀頃の渡来人によって書かれたものとみられている。カヤノヒメの「ヤ」に「江」を、ハニヤマの「ヤ」に「移」を、ヒメの「メ」に「弥」を充てているが、（注7）同じ表記法で『古事記』以前の書として伝わる「止与弥挙奇斯岐**移**比**弥**《とよみけかしきやひめ》天皇」（元興寺丈六光銘）、「吉多斯比**弥**乃弥己等《きたしひめのみこと》」（法隆寺蔵「天寿国繍帳記」）「田宮中比**弥**《たみやなかひめ》」（「上宮記」）のほか、先に挙げた稲荷山鉄剣銘の人名が知られている（文字の太字部分）。

その原因は、古韓音には日本語の母音の「エ」に相当する音韻がなく、日本人には聞き分けできる音が、渡来人にとっては日本語のエ段（甲類音）とイ段（甲類音）の区別がしにくかったため、右のような表記になったとみられている。（注8）

以上のように阿波国式内社（古社）は、西暦五世紀頃には古韓音混じりの呉音で書かれた神札等が作成され、記紀神話の神々に対する崇拝が、あるいは常設の施設で行われていたことが推察されるのである。

さて阿波国式内社五十座中、神社名から祭神が明らかなもの、及び裏付け史料や考証によって祭神が確かな神社を合わせると四十七座となる。また、日本書紀から三代実録《さんだいじつろく》に至る六国史《りっこくし》に現われる神社で、式内社として登載漏《も》れとなった国史見在社《こくしけんざいしゃ》が阿波国で五社あり、これを合わせた官社五十五座（うち祭神が確かなものが五十二座）から、古代阿波がどのような国柄であったかを明らかにしたい。

後に順次掲げる「阿波国官社の祭神（第一～第五表）」（資料21、25～27、29）に、五十五座を時代別に五区分し祭神を示したが、その特徴を総論的に挙げると次のようになる。

①祭神は、記紀神話に現れる主役神や活躍神が殆どであること。

②イザナギ・イザナミ二神の生み出した主要神が阿波吉野川流域に配祀されていること。

③国譲りの物語（高天原と葦原中国との間の国土奪還の攻防）に登場する主要七神がすべて祀《まつ》られていること。

④特に重要な神として格付けされた大社《たいしゃ》が阿波国に三社あるが、そのうち最も高い格式を持つのが天照大神《あまてらすおおみかみ》の神陵をご神体とする天石門別八倉比売《あまのいわとわけやくらひめ》神社で、次いで天照大神の天石屋戸《あまのいわやど》神事で、麻や楮《こうぞ》で和幣《にぎて》を作り大神の再出現を祈った天日鷲命《あめのひわしのみこと》を祀る忌部《いんべ》神社、及び天孫邇邇芸《ににぎの》命《みこと》の降臨の道案内をした猿田彦命を祀る大麻比古《おおあさひこ》神社が、すべて吉野川下流域に祀られ、皇祖の地の中心域を示していること。

⑤国生みから神武天皇の出生まで、神話のすべての舞台が連続的・重層的に辿《たど》れる神社の配祀

となっていること。
⑥王都やまとを裏付ける人皇時代の主要神が祀られていること。
⑦以上は阿波一国のみの特徴であること。

以上の配祀（崇拝の痕跡）からは、阿波が王家の発祥地であり、記紀神話の本源地であり、かつ王都の地「やまと」であったことが浮かび上がってくるのである。

2　創世の神々

阿波国官社第一「創世の神々」については第一表（資料21）のとおりである。

※阿波国官社（延喜式内社・国史見在社）の祭神　第一表～第五表について

(1)神社名は『延喜式』巻十（吉川弘文館『国史大系』昭和五十八年新訂増補）の神名表記（いわゆる神名帳）を用いた。
ただし、「吡古」は「比古《ひこ》」に、「比賣」は「比売《ひめ》」に改めた。また、国史見在社の「咩」は「姫」とした。

(2)大宜都比売神（伊邪那岐・伊邪那美二神の子）は式内社ではないが、二神の国生みの段で、阿波国の神（粟国《あわのくに》を大宜都比売《おおげつひめ》と謂《い》ひ）としているので、創世の神々に含まれる。

(3)7鹿江比売神・8建布都神は、実在神・機能神としてそれぞれ活躍する年代に再掲した。

(4)式内大社は（大）、国史見在社は（見）を神社名の下に付した。

(5)鎮座地については『改訂徳島県神社誌』（徳島県神社庁・令和元年）に依った。

資料21a　阿波国官社（延喜式内社・国史見在社）の祭神（第一）

第一　創世の神々（高天原の神と伊邪那岐・伊邪那美二神の神生み）

	神社名	祭神	比定神社	鎮座地
1	意富門麻比売《おおとまひめ》神社	高天原の神世五代の神・大戸麻姫尊《おおとまひめのみこと》	宅宮《えのみや》神社（全国一社）	徳島市上八万町《かみはちまん》上中筋《かみなかすじ》五五八
2	宇奈爲《うない》神社	県南那賀《なか》の大女祖神《おおめおやのかみ》か	宇奈爲神社	那賀郡《なかぐん》那賀町木頭《きとう》字内ノ瀬一
3	天椅立《あまのはしだて》神社	創世の神・伊邪那岐《いざなぎ》命	天椅立神社（全国一社）	三好郡東みよし町昼間《ひるま》三三六六
4	伊邪那美神社	妻神・伊邪那美命	高越《こおつ》神社（高越山山頂・神陵）	吉野川市山川町木綿麻山《ゆうまやま》四
5	麻能等比古《まのとひこ》神社	水門《みなと》の神・速秋津日子《はやあきつひこ》命	天神社	徳島市入田町《にゅうたちょう》天の原九四
	（再32和多都美豊玉比売《わだつみとよたまひめ》神社）	大綿津見神《わだつみのかみ》の娘豊玉比売命	西宮神社	徳島市国府町和田字西ノ宮一五
6	船尽姫《ふなはてひめ》神社（見）	水門の神の妻神	船尽姫神社	徳島市入田町歯ノ辻一
7	鹿江比売《かやのひめ》神社	野の神・鹿屋野比売命（大山津見神の妻）	殿宮《とのみや》神社	板野郡上板町《いたのぐんかみいた》神宅《かんやけ》字宮ノ北四五 阿波市土成《どなり》町郡五六九
8	建布都《たけふつ》神社	霊剣の神・建布都神	建布都神社（全国一社）	阿波市市場町香美字郷社本一八
9	波尓移麻比弥《はにやまひめ》神社	埴《はに》土の神・埴山姫神	波尓移麻比弥神社	美馬市脇《わき》町大字北庄九五六
10	弥都波能売《みつはのめ》神社	水の神・彌都波能売神	八大龍王神社	美馬市脇町字拝原一九三〇ノ一

※イザナギ・イザナミ二神は大綿津見神《わたつみのかみ》を生むが、阿波では、大綿津見神の娘豊玉比売命が二座式内社に選ばれている。
これは、豊玉比売命が天孫三代の火遠理命《ほおりのみこと》の妃となり、神武の出生に繋がる重要な女神であったためと推測され、そのことは阿波が大綿津見神の本貫地をも意味するので「創世の神々」の中に再出することとした。

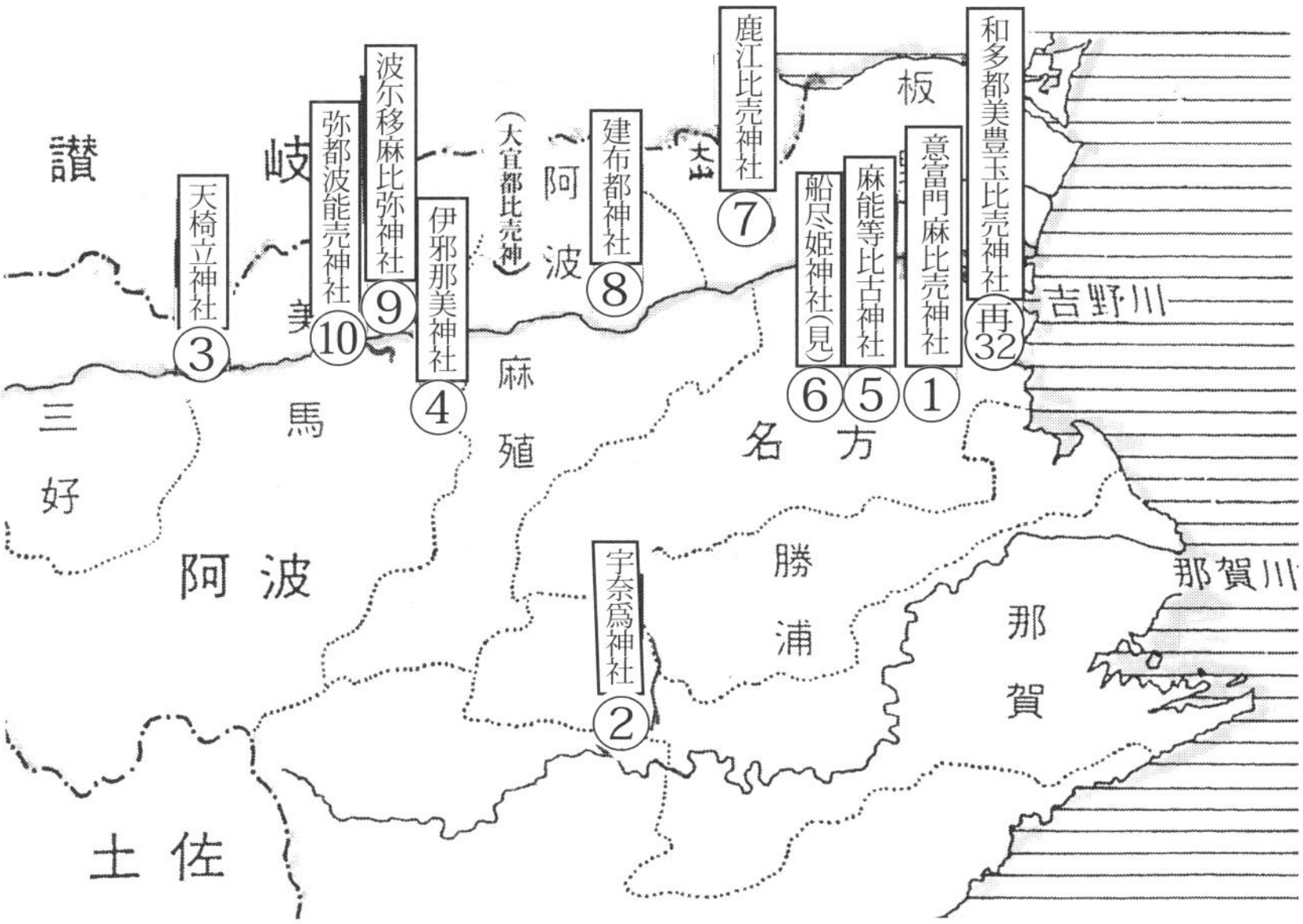

資料21b　創世の神々の鎮座地

(1)　意富門麻比売《おおとまひめ》神社（現・宅宮《えのみや》神社）は高天原に成れる神世五代の神・大戸麻姫尊《おおとまひめ》（大苫邊尊《おおとまべ》とも表す。古事記は大斗乃弁《おおとのべ》神とするが同神。なお、神名表記については、記紀で異なるが、以下では主に古事記の表記を用いることとする。）を祀《まつ》る。天上の高天原の神である天之御中主神や国之常立神は、天皇や天孫の守り神として御所や天孫の逗留地《とうりゅうち》に祀られる例がある。当神社は現社地から百数十米《メートル》南の「大門《だいもん》」という小山の麓（現・上八万小学校体育館付近）に鎮座していたと伝えられている。園瀬川（江戸時代は木ノ川）下流域の遺跡地帯に位置し、元鎮座地周辺は弥生時代以降の集落遺跡や組合式石棺

意富門麻比売神社（現・宅宮神社）

が出土している。地名の「大門」は「だいもん」と伝えられているが、オオトマベの「オオト（大門）」であったのではないか。

この神は、神話では天上の神であるが、実在神として崇拝され式内社に選ばれた可能性がある。神名の「オホト」は「大所《おおと》」「大処《おおと》」（都または御所）の意味が与えられているが、神社近くの旧地名に「御所之内《ごしょのうち》」もある。平安時代から伝わるという神踊りで有名な神社である。

⑵宇奈為《うない》神社・那賀川上流域那賀町木頭《きとう》に鎮座する。祭神は明らかでないが、空海撰とされる「阿波国那賀郡舎心山太龍寺《たいりゅうじ》縁起」（阿南市加茂町四国霊場第二十一番札所）に「阿波国那賀郡舎心山太龍寺天神七代之内六世面足尊惶根尊降居坐磯輪上秀真国是也」とみえる。空海は、阿波国那賀の地は、高天原の神世六世面足尊《おもだるのみこと》・惶根尊《かしこねのみこと》が降り拓いた国と観透《みとお》していたことになるが、この洞察は、右の神世五代の神を祀る意富門麻比売神社の配祀と無関係ではなく、阿波国北半分の吉野川筋を神世五代、南半分を神世六代の神の開拓と観《み》て宇奈為の神を充てていた可能性がある。折口信夫によると「處女《オトメ》を髫髪《ウナヰ》ともいう」（日本文学発生序説）とあるが、宇奈為の神は、女神で徳島県南の「那賀」の大地母神（開拓神）とみる。なお右縁起中の「磯輪上秀真国《しわがみのほつまくに》」とは、先に挙げたように、イザナギの命が自らの王都「やまと」を称《たた》えた「やまとは浦安《うらやす》の国、細戈《くわしほこ》の千足《ちだ》る国、磯輪上《しわがみの》の秀眞国《ほつまくに》」を引用したものであるが、空海は阿波が王都やまとの

宇奈為神社

国であったことを観抜《みぬ》いていたのである。なお、太龍寺縁起は空海の書ではないとするのが通説であるが、では空海以外に誰が右の洞察を成し得るといえるのか。

(3) 3〜10の八神は、すべてイザナギ・イザナミ二神の神生みに関係するものである（資料22参照）。イザナギ・イザナミ二神の神生みは、はじめに大事忍男神《おおことおしお》（大事をなす神）次いで家屋（土台や戸、屋根、飾り木等）に関係する神六神のあと、海の神・水戸《みなと》の神・風の神・木の神・山の神・野の神等二十三神とその孫神三十四神を生む。阿波国では、イザナミの命と、イザナミの命の死の直前に生まれた埴山比売神《はにやまひめ》（埴土の神）。彌都波能売神《みつはのめ》（水の神）。イザナミ命の死の原因となった火の神を、夫のイザナギの命が斬ったときに生まれた建布都神《たけふつのかみ》（霊剣の神）の四神が、揃って式内社に選ばれている（4・8・9・10）。これはイザナミの命の葬場とともに、二神の神生みの舞台の決定的場面を型取りしたような神社配祀である。また、イザナミの命を単独神として全国で唯一式内社で定めているのは、二神の本源地「阿波」のダメ押しでもある。

(4) 二神を祀る神社は論社を含め十社が知られるが、多何《たが》神社二座について論じておきたい。

この神社は、古事記の「その伊邪那岐《いざなぎ》大神は淡海《あふみ》の多賀《たが》に坐《ま》すなり」（故其伊邪那岐大神者坐淡海之多賀也）から導かれたものと思われる。一方、日本書紀では「伊弉諾尊《いざなぎのみこと》、神功《かむこと》既に畢《お》へたまひて、霊運《あつし》當遷れたまふ。是を以て幽宮《かくれのみや》を淡路の洲《くに》に構《つく》りて、寂然《しづか》に長く隠《かく》れましき。」とみえ、イザナギの命の元社は、淡海（滋賀県犬上郡多賀町の式内多何《たが》神社）と、淡路（淡路島一宮町多賀の式内淡

資料22　イザナギ・イザナミ二神の神生み（古事記）

子23神、孫34神（計57神）

伊邪那岐神《いざなぎのかみ》＝伊邪那美神《いざなみのかみ》

- 大事忍男神《おおことおしおのかみ》（大事を領知する神）
- 石土毘古神《いしつちびこのかみ》（石と土）
- 石巣比売神《いわすひめのかみ》（石と砂）
- 大戸日別神《おおとひわけのかみ》（門の神）
- 天之吹男神《あめのふきをのかみ》（屋根の神）
- 大屋毘古神《おおやびこのかみ》（母家の神）
- 風木津別之忍男神《かざもつわけのおしをのかみ》（風害を防ぐ神）

（家屋を司る神）

- 大綿津見神《おおわたつみのかみ》（海の神）
- 速秋津日子神《はやあきつひこのかみ》（水戸《みなと》の神）
- 妹速秋津比売神《いもはやあきつひめのかみ》（妻神）
  - 沫那芸神《あわなぎのかみ》・沫那美神《あわなみのかみ》（泡―河）
  - 頬那岐神《つらなぎのかみ》・頬那美神《つらなみのかみ》（泡―海）
  - 天之水分神《あめのみくまりのかみ》・国之水分神《くにのみくまりのかみ》（分水）
  - 天之久比奢母智神《あめのくひざもちのかみ》・国之久比奢母智神《くにのくひざもちのかみ》（ヒサゴ持ち）
- 志那都比古神《しなつひこのかみ》（風の神）
- 久久能智神《くくのちのかみ》（木の神）
- 大山津見神《おおやまつみのかみ》（山の神）
- 鹿屋野比売神《かやのひめのかみ》（野の神）
  - 天之狭土神《あめのさづちのかみ》・国之狭土神《くにのさづちのかみ》（坂）
  - 天之狭霧神《あめのさぎりのかみ》・国之狭霧神《くにのさぎりのかみ》（霧）
  - 天之闇戸神《あめのくらどのかみ》・国之闇戸神《くにのくらどのかみ》（谷）
  - 大戸惑子神《おおとまどひこのかみ》・大戸惑女神《おおとまどひめのかみ》（斜面）
- 鳥之石楠船神《とりのいわくすぶねのかみ》（船の神）
- 大宜都比売神《おおげつひめのかみ》（御食の神）
- 火之夜芸速男神《ひのやぎはやおのかみ》（火之迦具土神《ひのかぐつちのかみ》）（火の神）
  - 天尾羽張《あめのおはばりのかみ》（伊都之尾羽張神《いつのおはばりのかみ》）（霊剣の神）
    - 石折神《いわさくのかみ》
    - 根折神《ねさくのかみ》
    - 石筒之男神《いわつつのおのかみ》
    - 甕速日神《みはやひのかみ》
    - 樋速日神《ひはやひのかみ》
    - 建御雷之男神《たけみかづちのおのかみ》
    - （建布都神《たけふつのかみ》）
    - （豊布都神《とよふつのかみ》）
    - 闇淤加美神《くらおかみのかみ》
    - 闇御津羽神《くらみつはのかみ》
  - 正鹿山津見神《まさかやまつみのかみ》
  - 淤縢山津見神《おどやまつみのかみ》
  - 奥山津見神《おくやまつみのかみ》
  - 闇山津見神《くらやまつみのかみ》
  - 志藝山津見神《しぎやまつみのかみ》
  - 羽山津見神《はやまつみのかみ》
  - 原山津見神《はらやまつみのかみ》
  - 戸山津見神《とやまつみのかみ》

  （火の神の各部から生まれた神）
- 金山毘古神《かねやまびこのかみ》（冶金の神）
- 金山毘売神《かねやまびめのかみ》（妻神）
- 波邇夜須毘古神《はにやすびこのかみ》（埴土《はに》の神）
- 波邇夜須毘売神《はにやすびめのかみ》（妻神）
- 弥都波能売神《みつはのめのかみ》（水の神）
- 和久産巣日神《わきむすひのかみ》（穀物生産の神）
  - 豊宇気毘売神《とようけひめのかみ》（食物の神）

水野祐『日本神話を見直す』（学生社）を参考とした。

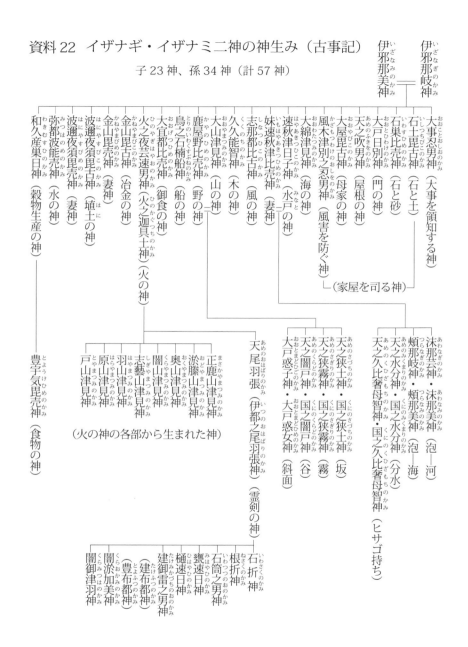

路伊佐奈伎神社）の二説が通説となっている。

しかるに多何（多賀）神社に関しては、同社が伝える古文書の中に、五辻宮護良《いつじのみやもりよし》親王の寄進状がある。護良親王は後醍醐《ごだいご》天皇の皇子で、天皇の隠岐配流中に倒幕運動の中心となり、楠木正成はじめ近畿の土豪らを組織して元弘三年（一三三三）五月、六波羅探題《ろくはらたんだい》を陥落させ、建武の新政の実現に尽力された。その直後に多賀神社に出された寄進状（元弘三年五月十四日五辻宮令旨）には、「伝聞、當社者、天照太神孫裔、外宮所座高宮、天下執政之霊神、鎮国利民之社壇也。…」（注9）とみえる。

資料23　五辻宮護良親王の御祈願文

五辻宮令旨　元弘三年五月十四日
寄進　多賀社（袖判）
合多賀牡庄壹所内半分者。
在二近江國犬上郡一。
傳聞、當社者、天照太神孫裔、外宮所レ座高宮、天下執政之靈神、鎭國利民之社壇也。爰去四月十九日祭禮日、爲レ祈二朝敵誅代之超事一、竊抽二參詣通夜之信心一。於レ是靈瑞掲焉也。信心無レ貳也。（以下略）

つまり当時多賀神社の祭神は天照大神の裔孫《えいそん》と伝えられ、イザナギの命ではなかったことになる。

元より祭神がイザナギの命であれば、中世に下るといえども神の名が忘れられることはない。創世の神として他の神を凌駕し、埋没する神（名）ではないからである。松前健氏も『日本の神々』の中で、現在の多賀大社は「少なくとも近世にはイザナギを祀っていた。」と疑問を呈し、元の祭神はイザナギでなかったと述べている。

また、イザナギ・イザナミの神を祀る式内社は、他に七か国

資料24　伊邪那岐命又は伊邪那美命を祀る式内社（論社を含む）

⑴伊射奈岐神社　大和国添下郡（奈良県生駒市上町　鎮座）
⑵伊射奈岐神社　大和国葛下郡（奈良県北葛城郡上牧町　鎮座）
⑶伊射奈岐神社　大和国城上郡（奈良県天理市柳本町　鎮座）
⑷伊射奈岐神社二座　摂津国嶋下郡（大阪府吹田市山田東　鎮座）
⑸伊佐奈岐宮二座　伊勢国度会郡（三重県伊勢市中村町　鎮座）
⑹伊射奈伎神社　若狭国大飯郡（福井県大飯郡大飯町　鎮座）
⑺阿須伎神社同社神伊佐那伎神社　出雲国出雲郡（鎮座地不明）
⑻多何神社二座　近江国犬上郡（滋賀県犬上郡多賀町　鎮座）
⑼淡路伊佐奈伎神社　淡路国津名郡（兵庫県津名郡一宮町　鎮座）
⑽伊射奈美神社　阿波国美馬郡（徳島県麻植郡山川町高越山　鎮座）

九社あるが、いずれもその神の名を神社名としている。（資料24）

因みに、多賀大社の本来の祭神であるが、護良親王の寄進状に「天照太神孫裔」とみえ、鎮座地が「犬上郡」であることから、新撰姓氏録「犬上縣主…天津彦根命之後也。」に連なるものと思われる。つまり天照大神の第三皇子・天津《あまつ》日子根《ひこね》命の裔孫《えいそん》で、犬上縣主《いぬかみのあがたぬし》が当地に赴任し、祖神《おやがみ》である天津日子根命を祀ったのが多賀神社であった可能性がある。おそらくこの神社は、古事記の「淡海の多賀」に惹《ひ》かれ、これを当地のこととしてそれまでの神社名を改め、「多賀（多何）」にしたのではないか。もとより「淡海」とは「阿波の海」で、古事記の「淡海の多賀」は、阿波の海に浮かぶ淡路島の多賀であった。

しかしてイザナギ・イザナミ二神の葬場（幽宮）は、オノゴロ島（鳴門海峡）を挟んで淡路の多賀と阿波の美馬に築かれ、やがて官社に格付けされたといえる。

⑸記紀がともに、イザナギ・イザナミ二神の死と葬場をやや詳しく伝えているのは、王家の歴史の始まりを意識し、二神が実在神であることを伝えようとしたものと思われる。

⑹式内伊邪那美神社の鎮座地は『阿府志』や『大日本史』が高越山《こうつざん》（拝村山）絶頂と記すとおり高越山《こうつざん》（一一三三メートル）山頂の高越《こうつ》神社に比定できる。山頂には役小角《えんのおづの》の開基と伝える高越寺があり、その南に高越神社、さらに尾根筋を南に進むと伊邪那美命の神陵と伝える円形の積石塚がある。なお高越神社の現在の行政区域は吉野川市山川町（旧麻植《おえ》郡）にあるが、延喜式神名帳の伊邪那美命神社が「美馬《みま》郡」に列せられていることから、高越神社式内社説を否定する見解も見受けられる。

高越山

しかし時代を遡《さかのぼ》れば、高越山の山頂付近は、美馬麻植の郡境訴訟の対象となり、掘り出された石に刻まれた文字から、高越山山頂——多那保《たなほ》権現（現種穂神社）の南北のラインは美馬郡に属し、その東（麻植郡）のクラカケ山が両郡入合（境界）となっていたことが知られる。（注10）

また、江戸時代中期に、多那保神社（麻植郡川田・種穂神社）の宮司が高越神社及び山崎忌部神社の祭祀権を当時の徳島藩の家老と結んで手中にしようとした事件によって、高越山山頂部が政治的に麻植郡に組み入れられた可能性がある（『阿府志』・鹿児島進七「忌部神社と麁布貢進」・『高越山』より）。今日の徳島県地図及び行政区分図等の市町村境界線をみると、その殆どは河川の中央線及び

高越山山頂

イザナミ神社神陵

山の最高点を尾根で結ぶラインにある。ところが高越山山頂とその周辺部の境界線については、山頂から大きく美馬郡（西側）寄りの斜面が抉《えぐ》られ麻植郡の区域に取り込まれている。異常な郡境といえるラインである。したがって、高越神社（高越山山頂）は、元来美馬郡に属していた可能性が高く、現在の郡境をもって式内伊射奈美神社を否定する根拠とはならない。

さて『阿府志』（赤堀良亮撰）は、高越山山頂の高越大権現（現高越神社）を式内伊射奈美神社とし、当時或説であった天日鷲命祭神説を、神主の忌部氏（祖神は天日鷲命）が入れ替わった説であると批判したうえで、イザナミの命が高山に祭られていることは神家の口伝なり「八百万神ノ神代ヨリ神道ニヲヰテ高山ニ祭ル神外ニアルコトナシ」と記している。この口伝は、古事記の神代巻から、伊射奈美命が山頂に葬むられたと解釈できることや、イザナミの命を単独神として祀る式内社が、阿波国美馬郡の一社だけという事実に符号するものであり、古来神道家らが口承で伝えてきたものであろう。

次に大正四年に発刊された『美馬郡郷土誌』には「維新迄は寺の上部に伊弉《いざなみ》、蔵王の二社ありて高越権現と称せしが今は神仏取別けの寺のみとなれり。」とある。「寺の上部」とは、高越寺より少し標高の高い現在の高越神社の社地とみられ、維新までは伊射奈美社と蔵王社の二社が並び祭られ

天椅立神社

大山

ていたらしい。また、「今は神仏取別けの寺のみとなれり。」とあるのは、維新から大正四年までの約五十年の間で、一時期高越神社の祭祀が途絶えたということかも知れない。

⑺天椅立とは、天つ神が高天原から下界に天降りするときに渡る橋のことで、阿波がイザナギ・イザナミ二神の天降りした国であることを表すため祀られた神社とみられる。全国一社で、祭神はイザナギの命と推定する。論社として同町昼間の天戸《あまと》神社（現在は天戸八坂《あまとやさか》神社）が知られる。

鹿江比売神社（現・殿宮神社）

⑻鹿屋野比売命《かやのひめ》は大山津見神《おおやまつみ》の妻で、天孫邇邇芸《てんそんにに ぎ》命の妃となった木花咲夜姫《このはなさくやひめ》の母にあたる天孫降臨地を裏付ける重要な神である。大山《おおやま》（六九一メートル）の麓に鎮座。

⑼建布都神社の祭神は、イザナギの命が火の神迦具土神《かぐつち》を斬ったとき八神が生まれたが、その剣の名が伊都之尾羽張神《いつのおはばり》で、生まれた八神の中で唯一活躍神となるのが建御雷男神《たけみかづちお》で亦の名建布都神《たけふつ》という。

この神は国譲り交渉及び神武の征戦でめざましい活躍をする実在神（霊剣を奉じ、剣を持って天孫を守護し敵を討伐する武士集団）で、阿波が国譲りの中つ国であり、神武征戦の地であることを示す神蹟である。

資料25a　阿波国官社（延喜式内社・国史見在社）の祭神（第二）
第二　天照大神と須佐之男命の時代の神々

神社名	祭神	比定神社	鎮座地
11 天石門別八倉比売神社《あまのいわとわけやくらひめ》（大）	大日霊女命《おおひるめ》（天照大神。邪馬臺国の女王卑弥呼にあたる）	天石門別八倉比売神社（神陵）	徳島市国府町西矢野五三一
12 埴生女屋神社《はにのめおや》（見）	天照大神	上一宮大粟神社《かみいちのみやおおあわ》	名西郡神山《みょうざいぐんかみやま》町神領《じんりょう》字西上角《にしうえつの》三三〇
13 和奈佐意富曽神社《わなさおおそ》	須佐之男命《すさのお》	和奈佐意富曽神社（現・大里八幡押社の境内に鎮座）	海部郡海陽町大里《おおさと》字松原一
14 忌部《いんべ》神社（大）	天日鷲命《あめのひわし》（阿波忌部の祖神）	山崎忌部神社	吉野川市山川町忌部山一四
15・16 秘羽目神足濱目門比売《ひわしのかみあわまどひめ》神社二座	天日鷲命と妻神	八幡神社	吉野川市川島町児島《こじま》字前池北四九

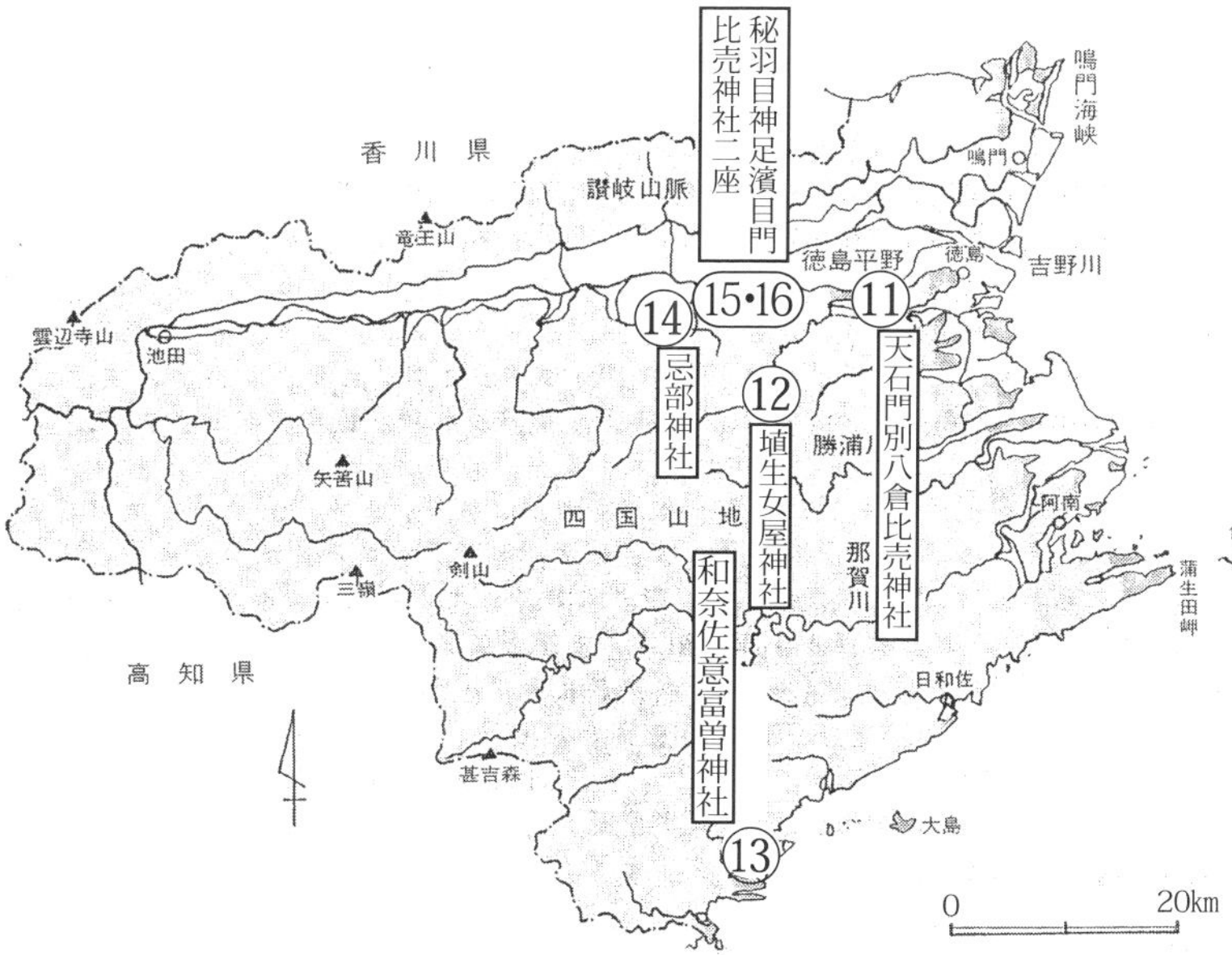

資料 25b　天照大神と須佐之男命の時代の神々　鎮座地

3　天照大神と須佐之男命の時代

阿波国官社第二「天照大神と須佐之男命の時代」については右表のとおりである。

(1) 天石門別八倉比売神社は大社として阿波国で最も格式の高い神社。気延山《きのべやま》の南陵、標高一一九メートルの矢野《やの》神山《かみやま》に鎮座。社殿裏の奥の宮神陵をご神体とする。祭神は、大日孁《おおひるめ》命(天照大神)と伝え、社伝記（杉《すぎ》の小山《おやま》の記《ふみ》）は大日孁命（天照大神）の葬儀の模様を伝えている。度会延経《わたらいのぶつね》は『神名帳考証』（一七一三年撰）の中で祭神を天照大神とし、「八倉」は天照大神が玉座に「安坐」される「やくら」の意と解く。また、『阿府志』も祭神を天照皇太神としている。柿本人麻呂歌集の矢野神山（万―二一七八）奉納歌も奥の宮に鎮まる大神を厳《いつく》しんだ歌とみられる。

天石門別八倉比売神社　奥の院　神陵

奥の院の古墳（令和元年撮影）

皇祖神の神陵。伊勢神宮の元社となる。

麓には矢野遺跡をはじめ、弥生時代を中心とする全国に例を見ない広大な集落遺跡群が連担する。邪馬台国の首都にあたる。

天石門別を冠する神社は、阿波国で二座定められているが、もう一座は、天石門別豊玉比売神社である。天石門別神は、高天原の御門、すなわち天照大神の宮殿の御門を護る神で、天孫《てんそん》邇邇《にに》芸《ぎ》命の天降りに随伴し、天孫の宮殿の御門を守護する神として現れる（古事記・天孫降臨条）。また、櫛《くし》石窓《いわまど》神又は豊《とよ》石窓神とも呼ばれ、律令時代には都城の内裏の四面の門に祭られる神となる。佐々木隆氏は、この神について「天上界の出入口の守護神としての当該神が地上における支配者の宮門を堅固に守護するために、天孫が地上へ降臨する際にこれに随伴した、というのが古い伝承であったと考えられる。」としている（「『古事記』の天石門別神」『東アジアの古代文化』九一号）。阿波国の「天石門別」を冠する二社についても、天上又は地上の支配者（天照大神・豊玉比売命）を祭神とし、その神社の御門を天石門別神が守護する、という観念で祀られていることになる。また、神社が「天石門別」を冠するというのは、天子の御殿（葬場）を表し、かつ「畏《おそ》れ多い」という意味を持たせた神号といえ、『古語拾遺』で、天照大神が天石屋戸を出られたあと、「新殿《にいみや》に遷《うつ》し座《ま》さしむ。」と表現していることとも符号する。（注11）

この神社のすぐ下流（旧井上《いのへ》郷）が式内和多都美豊玉比売《わだつみとよたまひめ》神社（綿津見宮《わだつのみや》跡）、さらに下流（旧加《か》茂《も》郷）に、御城内竜王宮《ごじょうないりゅうおうぐう》と称えられた式内天石門別豊玉比売神社（豊玉比売命の葬場）が鎮座していた。邪馬台国の女王（卑弥呼・臺与《とよ》）の葬場がこの流域に並んで築かれているのである。

なお、「天石門別」を冠することをもって、忌部《いんべ》に関係する神との説があるが、明らかな誤りである。それは天石門別豊玉比売神社の祭神である豊玉比売命が、海神・綿津見《わたつみ》神の娘であり、忌部とは全く関係のない神であることからも否定される。

(2) 埴生女屋《はにのめや》神社（現・上一宮大粟神社）

六国史の一つ『日本三大実録』の元慶《がんぎょう》七年（八八三）十二月二十八日の条に、阿波国従五位下埴生女屋神（及び）八鉾《やちほこ》神並びて従五位上に昇るとある。

徳島藩の地誌『阿波志』は「埴生女屋祠、神領大粟山に在り。あるいは田口《たぐち》神とも称す。あるいは大宜都比売《おおげつひめ》神ともいわく。今上一宮《かみいちのみや》と称す。」とする。『阿波志』は、現在の上一宮大粟《かみいちのみやおおあわ》神社を埴生女屋《はにのめや》神社としている。これは、この神社が、古くは埴生女屋神社として祭祀されていたことを示すものといえる。阿波国の国史見在社五社の中の一社である。

では埴生女屋《はにのめおや》神とはどのような性格の神か。「埴生」は「はに」で阿波国名方郡埴生《なかたぐんはに》郷を採ったと

上一宮大粟神社

上一宮大粟神社　参道

みられ、現在の徳島市入田《にゅうた》町に比定されている。「埴」が「きめ細かい、黄色がかった赤色の粘土」のことで瓦や焼き物の原料となっていたことや、「入田」が「ハニフ」から転化で、入田町内ノ御田《うちのみた》からは国分寺の瓦を焼いた窯跡《かまあと》が発見されていることなどから妥当とみられる。（注12）次に「女屋《めや》」は「女祖《めおや》」であろう。「めおや」が伝えられる過程で「女屋」と表記されるに至ったもので、神産巣日女祖命《かみむすびのめおやのみこと》や嶋皇女祖命《しますめみおやのみこと》（舒明《じょめい》天皇の母。天智・天武天皇の祖母）の例がある。

また、阿波国の式内社で建嶋女祖命《たつしまめおやのみこと》神社（孝元天皇の妃を祀る神社）もみえる。すなわち女祖（女屋）とは天孫（または天皇）の母又は祖母にあたる尊い女神の尊称として用いられている。とすれば埴生女屋神は、「埴生郷の天孫の母若しくは祖母にあたる女神」又は「埴生郷の大祖《おおおや》である尊い女神」の意味となる。また、その神の名（諱《いみな》）はすでに忘れられていたか、あるいはあまりにも尊いが故にその名を避け、当地域の郷名である「はに」（埴生）に置き替え、女祖を冠して呼ばれた可能性がある。

では、埴生郷の大女神、天孫の母又は祖母といえば、八倉比売神社の祭神である天照大神以外に該当する神はいない。入田町は八倉比売神社が鎮座する矢野神山に南接する地域で、その上流が上一宮大粟神社が鎮座する山分《さんぶん》の名西郡神山町《みょうざいぐんかみやまちょう》である。上一宮大粟神社が、元《もと》埴生女屋神社であったとすれば、天照大神は、鮎喰川《あくいがわ》上流域の神山町でも崇拝されていたことになる（後述）。

次に『阿波志』が伝える田口《たぐち》神については、平清盛が権勢を振っていた源平の頃、阿波国内で武士団を率い最も勢力を有していた阿波民部大夫田口成良《たぐちしげよし》が、鮎喰川流域を本拠にして上一宮大粟神社の社司（神主）を兼ねていたため、一時期、祠官の名を採って田口神とか田ノ口大明神と呼ばれたものである。また、大粟大明神や大宜都比売についても田口氏に関係しているようである。田口氏の本姓が「粟田姓」であることが五味文彦氏の中世の史料（『山塊記』『外記補任』『源平盛衰記』他）の考証や福家清司氏の研究によって提唱されているが、（注13）粟田氏と阿波との関係はきわめて深い。大化前代から粟凡直《あわのおおしあたえ》（朝廷から任命された地方官）が、現在の徳島市・鳴門市・板野郡・阿波市・石井町あたりまでの、主として祭祀を司る地方官であった。石井町の中王子《なかおうじ》神社所蔵の阿波国造墓碑「養老七年（七二三）阿波国造名方郡大領正七位下粟凡直弟臣墓」などの銘もその史料の一つである。その出自は、第五代孝昭天皇（御間都比古訶恵志泥《みまつひこかえしね》命。全国唯一座、阿波国佐那河内村《さなごうちそん》の御間都比古神社で祀る。）の皇子天押帯日子《あめおしたらしひこ》命から出ており、春日氏・大宅氏・小野氏・柿本氏、倭大国魂神社の祭主となった壹師《いちし》君等は同族である。

すなわち阿波の雄族であった粟田（田口）氏が、鮎喰川流域の地方官として現・上一宮大粟神社の祠官を兼ねたため、田口神とともに、本姓の粟田を称えた大粟神《おおあわのかみ》・大粟大明神《おおあわだいみょうじん》と呼ばれるようになり、やがてその領地も大粟山《おおあわやま》と称されるようになったと推察できるのである。この田口氏を称えた大粟山や大粟大明神が、近世になって阿波の神である大宜都比売《おおげつひめ》神と結び付き、祭神が大宜都比売神と唱えられるようになったと思われる。

なお、埴生女屋神社は八倉比売神社のことであるとする説があるが成立しない。埴生女屋神が従《じゅ》五位《ごい》上に昇叙した元慶七年（八八三）より四年前の元慶三年六月二十三日、天石門別八倉比売神社は正四位上の神階を得ており（『日本三代実録』）、六階級の差である。

また、もとより上一宮大粟神社の祭神が大宜都比売神であれば、神社名が何度も変わることはない。古事記の国生み条で「粟国《あわのくに》を大宜都比売と謂《い》ひ」とあり、阿波国の代名詞「大宜都比売」を棄てて他の神社名に変えることはしないからである。

⑶ 和奈佐意富曽神社の元社は、慶長年間まで海部郡《かいふぐん》那佐《なさ》の那佐湾を見下す鞆浦《とものうら》大宮山に鎮座していたので、「和奈佐」は地名から。「意富曽《おほそ》」は、我が国に漢字が伝来した当時の上古音で表記された「大祖」の意。鎮座位置から、海人族の大祖《おおおや》を祀る神社を意味し、須佐之男命《すさのおのみこと》か、その上祖《かみつおや》神と推定される。須佐之男命は、高天原を破壊した罪で追放される。そのため、阿波国内では諱《いみな》で祀ることは許されず、阿波国那賀の南端、那佐湾に祀られたと考えられる。また、この神は、丹後風土記や

出雲風土記にも遊行説話が伝えられる実在神であり、須佐之男命の可能性は高いといえる。

(4) 秘羽目神足《あ》濱《わ》目《ま》門《ど》比《ひ》売《め》神社二座の「秘羽目」は下に続く「足濱目門」の目に釣られて「目」となったもの。元は「自」で「秘羽自（ひわし＝日鷲）」であろう。夫婦神。日鷲神（天日鷲命）は阿波忌部氏の祖神。大社の忌部神社（山川町）は忌部氏の総社として祀ったものとみられる。

和奈佐意富曽神社

那佐湾　和奈佐意富曽神社の元の鎮座地

4　国譲りと天孫降臨にかかる神々

阿波国官社第三「葦原中国の国譲りと天孫の降臨にかかる神々」の官社については次表のとおりである。

(1) 国譲り交渉で高天原から遣《つか》わされた三神と、これに対応した中つ国の四神、合わせて七神がすべ

資料26a　阿波国官社（延喜式内社・国史見在社）の祭神（第三）

第三　葦原中国の国譲りと天孫の降臨にかかる神々（高天原と葦原中国の攻防）

神社名	祭神	比定神社	鎮座地
17 御縣《みあがた》神社	国譲り第一使者・天菩比《あめのほひ》命（天照の第二御子）	豊国神社境内の祠（神陵跡）	小松島市中郷《なかのごう》町字豊ノ本四
18 山方比古《やまがたひこ》神社	国譲り第二使者・天若日子《あめのわかひこ》命	経塚《きょうづか》大権現（神陵）	徳島市渋野《しぶの》町高曽根
（再8 建布都《たけふつ》神社）	国譲り第三使者・建御雷《たけみかずち》命 （亦の名建布都神）	建布都神社	阿波市土成町郡五六九 阿波市市場町香美字郷社本一八
19 八桙《やほこ》神社	大国主《おおくにぬし》命（葦原中つ国の支配者）	八桙神社	阿南市長生《ながいけ》町宮内四六三
20 大御和《おおみわ》神社	大国主命	大御和神社（奈良大神神社の元社）	徳島市国府町府中《こう》六四四
21 八十子《やそこ》神社	大国主命	八幡神社	美馬市穴吹《あなぶき》町三島字小島一三一九七
22 事代主《ことしろぬし》神社	事代主命（大国主神の御子）	生夷《いくひな》神社（事代主命の生誕地）	勝浦《かつうら》郡勝浦町沼江《ぬえ》字田中七一
23 勝占《かつら》神社	事代主命（娘が神武天皇の后となる）	勝占神社（神陵跡か）	徳島市勝占《かつら》町中山一六
24 多祁御奈刀弥《たけみなとみ》神社	国譲り交渉・建御名方《たけみなかた》命 （大国主と高足《たかし》の沼江姫《ぬまかわひめ》の御子）	多祁御奈刀弥《たけみなとみ》神社 （長野県諏訪大社の元社）	名西《みょうざい》郡石井町浦庄《うらしょう》字諏訪 二一三ノ一
25・26 天水沼間比古《あめのみぬまひこ》神 天水塞比売《あめのみずせきひめ》神社二座	高足の沼江姫の父母神	杉尾《すぎのお》神社	吉野川市鴨島町牛島《うしのしま》一二〇〇（旧 高足《たかし》郷）
27 鴨《かも》神社	阿遅鉏高日子根《あじすきたかひこね》命・鴨大御神	鴨神社（加茂山の丹田《たんだ》古墳が神陵）	三好郡東みよし町加茂三六五〇ノ一
28 田寸《たき》神社	多岐理比売《たぎりひめ》命（阿遅鉏高日子根命の母）	八幡神社境内磐境内の祠	三好郡三加茂町中庄一一八七
29 大麻比古《おおあさひこ》神社（大）	猿田彦《さるたひこ》命（天孫の道案内を務めた神）	大麻比古神社	鳴門市大麻町板東字広塚一三
（再7 鹿江比売《かやのひめ》神社）	鹿屋野比売命（木花之佐久夜比売の母）	殿宮《とのみや》神社（合祀）	板野郡上板町神宅《かんやけ》字宮ノ北四五
30 室比売《むろひめ》神社	木花之佐久夜比売《このはなのさくやひめ》命（天孫邇々芸命の妃）	室比売神社	阿南市新野《あらたの》町入田一三六
31 葦稲葉《あしいなば》神社（見）	木花之佐久夜比売命か	葦稲葉神社	板野町上板《かみいた》町神宅字宮ノ北四五

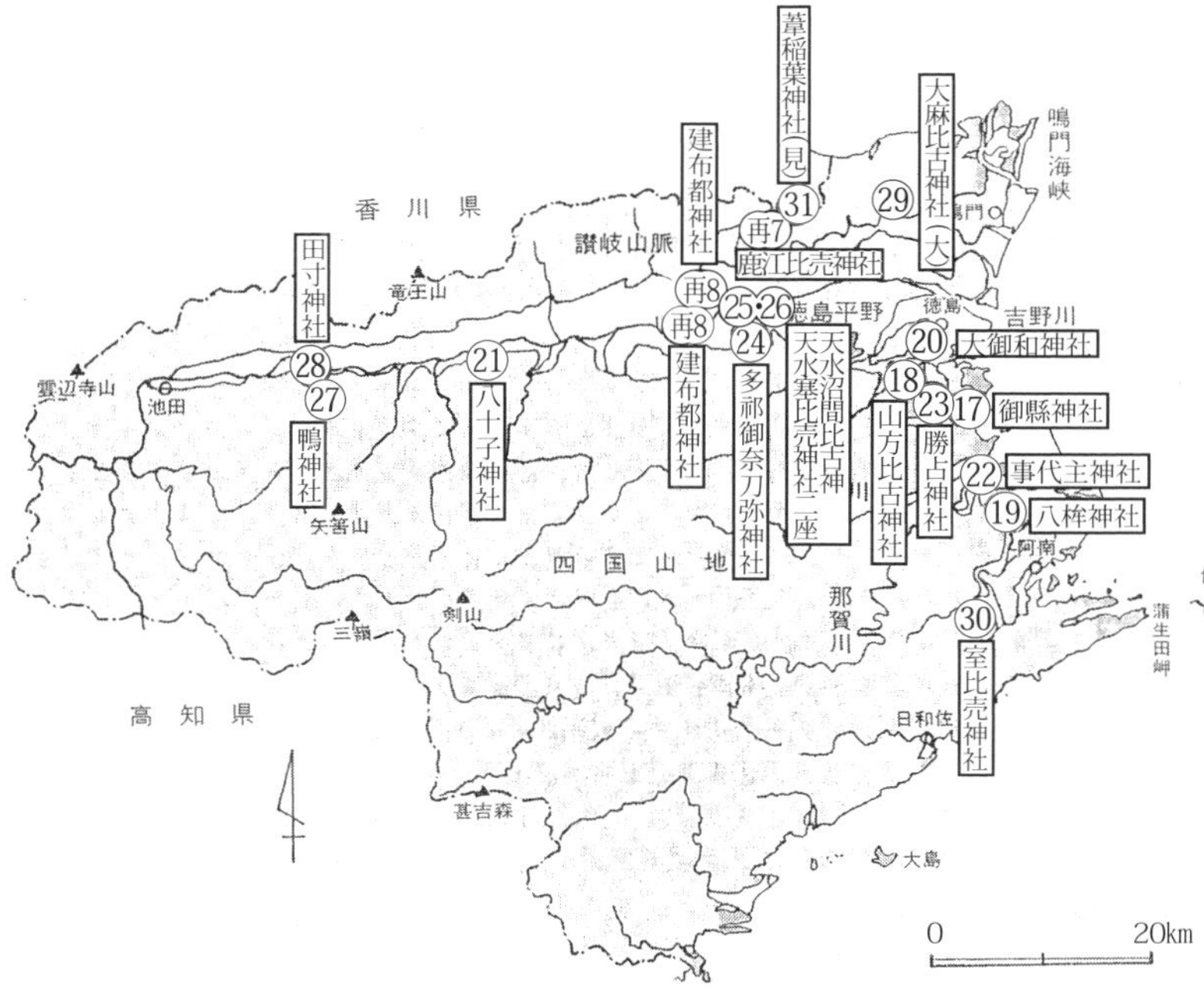

資料 26b　葦原中国の国譲りと天孫の降臨にかかる神々　鎮座地

て祀られている。記紀神話の文脈では、その舞台は出雲国となるが現在の島根県（出雲国）にはこれらの神は全く祀られておらず、神話の本源地の阿波が隠蔽《いんぺい》されたことになる。その七神は（神社番号で）17・18・8・19・23・24・27で、これらの神社の鎮座地から、国譲り交渉の舞台が復元できる。

(2) 御縣《みあがた》神社

当神社はもと中郷《なかのごう》町に鎮座していたが大正二年鉄道敷設によって現在地に移転されたが、このとき神社境内の古墳が削られ勾玉や銅鏡が出土したと伝えられるがその出土品は現在不明である。祭神天菩比命は天照大御神の第二皇子で葦原の中つ国平定のため高天原から遣《つか》わされるがそのまま帰らなかった。同神は実在神であり、その子建比良鳥命《たけひらとり》は出雲国造・遠江国造などの

御縣神社

山方比古神社（経塚大権現）

祖となっている。鎮座地周辺は葦原の中つ国の中心地で旧郷名の篠原《しのはら》郷は「葦《あし》の原《はら》」より、また地名の中郷《なかのごう》は中《なか》つ国《くに》より変化したものと推定される。

『阿府志』（徳島藩の藩撰史書）には、祭神は天穂日《あめのほひ》（天菩比）命とする。また、神社啓蒙三県《みあがた》社は、中原・清原・秋篠・菅原四姓の元祖なりともみえる。これら四氏族はすべて天菩比命の子孫を名乗る。また、出雲国造家（現出雲大社宮司家）の千家《せんけ》も同神の裔孫である。

山城国平野神社の摂社「縣《あがた》神社」も祭神を天穂日命、出雲国出雲郡の「縣神社」も祭神は天穂日命としている。

阿波国の御県《みあがた》神社は、葬場そのものが延喜式内社に認定されたことが右からうかがえ、国譲り交渉の使者として、豊葦原中つ国の禁足地を表す「あがた」の神社として祀られたとみられる。

(3) 山方比古《やまがたひこ》神社

天菩比命《あめのほひ》に次いで高天原から葦原中つ国に遣わされた国譲り交渉の使者。中つ国の王者である大国主命《おおくにぬし》・事代主命《ことしろぬし》に媚《こ》び付いたとして高天原勢力に疑われ、刺客によって命を落とす。

「あがた」「やまがた」は皇室（朝廷）の直轄《ちょっかつ》地を表すが、その区域のみ独立して周辺から侵すことが出来ない、禁足・神聖の地を意味している。二王子は、いわば敵地（中つ国）に乗り込み、その地で終焉《しゅうえん》を迎える。その葬場は、異国（高天原）からの使者の終焉地として、後世、侵入してはならない朝廷の別格地（あがた）として尊崇されたものとみられる。なお、「やまがた」は「山県」（山の方にある採地）とする解釈のほか、山《やま》の方《ほう》とする一説もある。筆者は、山《やま》の方《かた》、すなわち高天原（山の方）から遣わされた王子（比古《ひこ》）を祀る神社の意味と解している。

山方比古神社は、経塚大権現とも呼ばれ積石塚（天若日子命の神陵）が式内社として定められている。

なお、『阿府志』は、八多町金谷《はたちょうかなや》の金山《かなやま》神社を式内山方比古神社に当てている。金山神社は高さ約七メートルの自然石を立てた立岩神社（祭神天津麻羅《あまつまら》）と対面しており、古事記の天の石屋戸条に「天《あめ》の金山《かなやま》の鉄《まがね》を取りて、鍛人天津麻羅《かぬちあまつまら》を求《ま》ぎて、伊斯許理度売命《いしこりどめ》に科《おお》せて鏡を作らしめ」たとみえる八咫《やあた》の鏡の製作地とする説があり、地名の八多町《はたちょう》は八咫《やた》から名付けられたとすることと合わせ、神話の舞台とみられている。ただ先に掲げたように、阿波国式内社に選ばれた神は、上級神・主役神に限られており式内社説は成立しない。

(4) 八桙《やほこ》神社

須佐之男命の子大国主命の生誕地（阿南市長生町《ながいけ》）に鎮座か。大国主神は八桙神《やほこのかみ》とも呼ばれた。高

事代主神社（生夷神社）

八桙神社

足の沼河姫《ぬまかわひめ》を婚いする説話でも八千矛神《やちほこのかみ》として語られる。

(5) 事代主《ことしろぬし》神社

大国主命の子、事代主命の生誕地（勝浦町生夷）に鎮座。「生夷《いくひな》」は夷《えびす》（事代主命）生まれし故にその名が付いたと伝える（蜂須賀治世記）。なお、上流の勝浦山が「八重地《やえじ》」で八重事代主神の尊称はここから生まれた。（注14）

(6) 勝占《かつら》神社

事代主命の葬場跡（徳島市勝占町）とみられる鉢伏山（勝占山）頂部に鎮座。国譲り交渉の中心部（首都）に位置している。

寛政五年（一七九三）に書写された「勝占神社旧跡之事」（『続阿波国徴古雑抄（一）』所収）の「神宝之事」の条に、

○香木之鼓壱ツ　これ即往古大和国加茂美と申人持来り奉納仕候
由尤此人ハ事代主命之御末葉と申事ニ御座候
神殿ニ納り御座候（傍点筆者）とみえる。

事代主命は大国主命の子で、後裔氏族には加茂氏、飛鳥直等がいる。大和国の加茂美が里帰りした時代は「往古」と記すのみで不明であるが、

多祁御奈刀弥神社

勝占山遠望（山頂に勝占神社）

多祁御奈刀弥神社のしめ縄（鎌の立合い）

勝占神社

加茂は事代主命の後裔氏族の姓とみられる。
大和国には、式内社で事代主命を祭神とする添上郡の率川《いさかわ》阿波神社や、葛上郡の鴨都波八重事代主命神社などが定められているが、その神社をさし置いてわざわざ阿波の勝占《かつら》神社に参詣している。事代主命の本貫地を表す史料である。

(7) 多祁御奈刀弥《たけみなとみ》神社

建御名方《たけみなかた》神は、大国主命と高足の沼河姫《ぬまかわひめ》との間の子で、石井町諏訪の多祁御奈刀弥神社に鎮座。

「高志」を「こし」と訓ませ、新潟県のこととしているが誤りで、『和名抄』にもみえる阿波国名方西《なかたにし》郡の「高足《たかし》（多加之）」郷の物語である。信濃（長野県）の諏訪大社は、宝亀年間にここ（天正十四年「阿波国御拝領

田寸神社（金丸八幡神社境内）

鴨神社

之元記」にみえる名西郡諏訪村）より遷したとの記録を伝える。対岸（吉野川北岸）の阿波市が国譲りで力競べをした建布都神の本拠地である。

⑻鴨《かも》神社

阿遅鉏高彦根神《あじすきたかひこね》は、大国主命と多紀理比売《たきりひめ》との間の子で、三好郡三加茂《みかも》町加茂の鴨神社に鎮座。

鴨大神《かものおおかみ》とも雷神《いかづち》とも呼ばれた。丹田古墳はこの神の葬場。積石塚。「あじすき」は「足城《あじすき》→足代《あじろ》」へと変化したかも知れないが、麓の三好町の遺跡地帯である「足代《あじろ》」に関係するとみられる。また、「高彦根《たかひこね》」は標高三二〇メートルの加茂山頂部の葬場（丹田古墳）から名付けられたものとみられる。この神の鎮座は、大国主命が一時期阿波の西端部（三好郡）にまで進出し、自らの子をもってこの一帯を治めさせていた可能性を示す。なお、母の多紀理比売は、同町加茂の式内田寸《たき》神社で祀られている。

また、天孫を受け入れた中つ国の主役神は、大国主命・事代主命・建御名方命・阿遅高彦根神であるが、その四神の葬場もしぼり込みが可能である。

大麻山

大麻比古神社

⑼ 大麻比古神社（注15）

阿波国三大社のうちの一社で、阿讃山脈東部のひときわ美しい稜線を描き出す大麻山《おおあさやま》（五三八メートル）の麓に鎮座する。

祭神については江戸後期の国学者等の論考によって割れることとなった。平田篤胤《ひらたあつたね》は『古史通』（一八二五年）で大麻山という山名を引き「大麻と云るは、麻を殖たる由にて、山名も比謂に因りて負う所と思ればなり」とし、麻と阿波忌部氏を結び付け、祭神を天日鷲命《あめのひわし》（阿波忌部の祖神）とした。度会延経《わたらいのぶつね》『神名帳考証』（一七一三）、野口年長『式社略考論』（一八三六）らも大麻が忌部氏と関係するものとして忌部の神説を唱えている。近年においても林博章氏が神社の由緒などから大麻比古神社の祭神は天太玉命《あめのふとだま》（中央忌部氏の祖）であるとしている。

しかし、大麻比古神社の祭神は、古来伝えられてきた猿田彦命であろう。「延喜式神名帳頭注」（神名帳の神社の上部に書き入れられた註解文・一五〇三年成立）、及び『大日本国一宮記』（一三七五年成立）がともに祭神を猿田彦命としている。特に頭注は著者である卜部兼倶《うらべかねとも》が同家相伝の神名帳への書き入れを摘録編述したもので、その書き入れの時期は相当古く遡るものとみられるのである。

また、大麻比古神社の現存最古の資料とみられる享保十四年（一七二九）の「大麻彦神社伝来書上帳」（『神道体系』所収）の「付箋ノ一」によると、「享保十四年四月、別當霊山寺、本願實相院、神主永井若狭、板東石見等連署を以、郡代奉行へ指出候文書ニ、板東郡板東村大麻彦神社之儀ハ、天照大神宮御導引之御神と申伝候。往古ニハ峯に権現と申三社御座候由（以下略）」と書かれている。

天照大神を御引導された神と申し伝えるとは、猿田彦神が古来祭神であったことを意味している。また、書上帳は、大麻比古神社の神主（永井若狭）、同神社の別当寺の霊山寺、同法会執行にかかる実相院の住職らが連署して郡代奉行に提出している。

偽りは許されない連名による書上帳である。古来、祭神は猿田彦命であったといえる。また神社は元は大麻山の山頂にあったことも書かれており『阿波志』の記述とも一致する。

5　神武の出生と東征にかかる神々

阿波国官社第四「神武天皇の出生と東征にかかる神々」の官社については左表のとおりである。

(1) 豊玉比売命が配祀されているのは阿波一国のみ。これは阿波国が、天孫の降臨地であり、神武天皇の出生地であることを明瞭に示すものである。

(2) 和多都美豊玉比売神社　豊玉比売命　徳島市国府町和田の西宮神社

天孫三代日子穂々手見命《ひこほほでみのみこと》の后。神武天皇の祖母にあたる。鎮座地周辺が和多都美宮跡であったと推定される。なお、皇子の天孫・鵜葺草葺不合命《うがやふきあえず》は二百メートル東の王子和多都美《おおじわだつみ》神社で祀られている。明治三十二年までは西宮神社の境内にあり一続きの神域であった。

資料27a　阿波国官社（延喜式内社・国史見在社）の祭神（第四）

第四　神武天皇の出生と東征にかかる神々（人皇時代の幕開け）

神社名	祭神	比定神社	鎮座地
32 和多都美豊玉比売《わだつみとよたまひめ》神社	海神《わだつみのかみ》の娘・豊玉比売（天孫三代日子穂々手見命の后）	西宮神社（和多都美宮跡）	徳島市国府町和田字宮ノ元二〇
33 天石門別《あめのいわとわけ》豊玉比売神社	神武の祖母・豊玉比売（邪馬臺国の女王臺与にあたる）	城山の東麓が神陵跡	徳島市徳島町城内一
34 阿佐多知比古《あさだちひこ》神社	神武天皇（神倭伊波礼比古命《かむやまといわれひこ》）	朝立彦神社	徳島市飯谷町小竹一〇一
35 伊比良姫《いひらひめ》神社（見）	神武の妃・阿比良比売《あひらひめ》命	伊比良咩神社（全国一社）	板野郡藍住《あいずみ》町徳命字前須西六五
36 宇志比古《うしひこ》神社	神武の参謀・速吸之門《はやすいなと》（鳴門海峡）の宇豆比古《うずひこ》。奈良の地方官〈大倭直〉として派遣され、後に大和坐大国魂神社で祀られる。	宇志比古神社	鳴門市大麻町大谷字山田六六
（再8建布都神社）	神武の征戦を佐けた霊剣	建布都神社	阿波市土成《どなり》町郡《こおり》五六九
37・38 天村雲神《あめのむらくものかみ》 伊自波夜比売《いじはやひめ》神社二座	天村雲命と妻神	天村雲神社	吉野川市山川町村雲一三三
39 横田神社	横田物部の神か	横田神社	

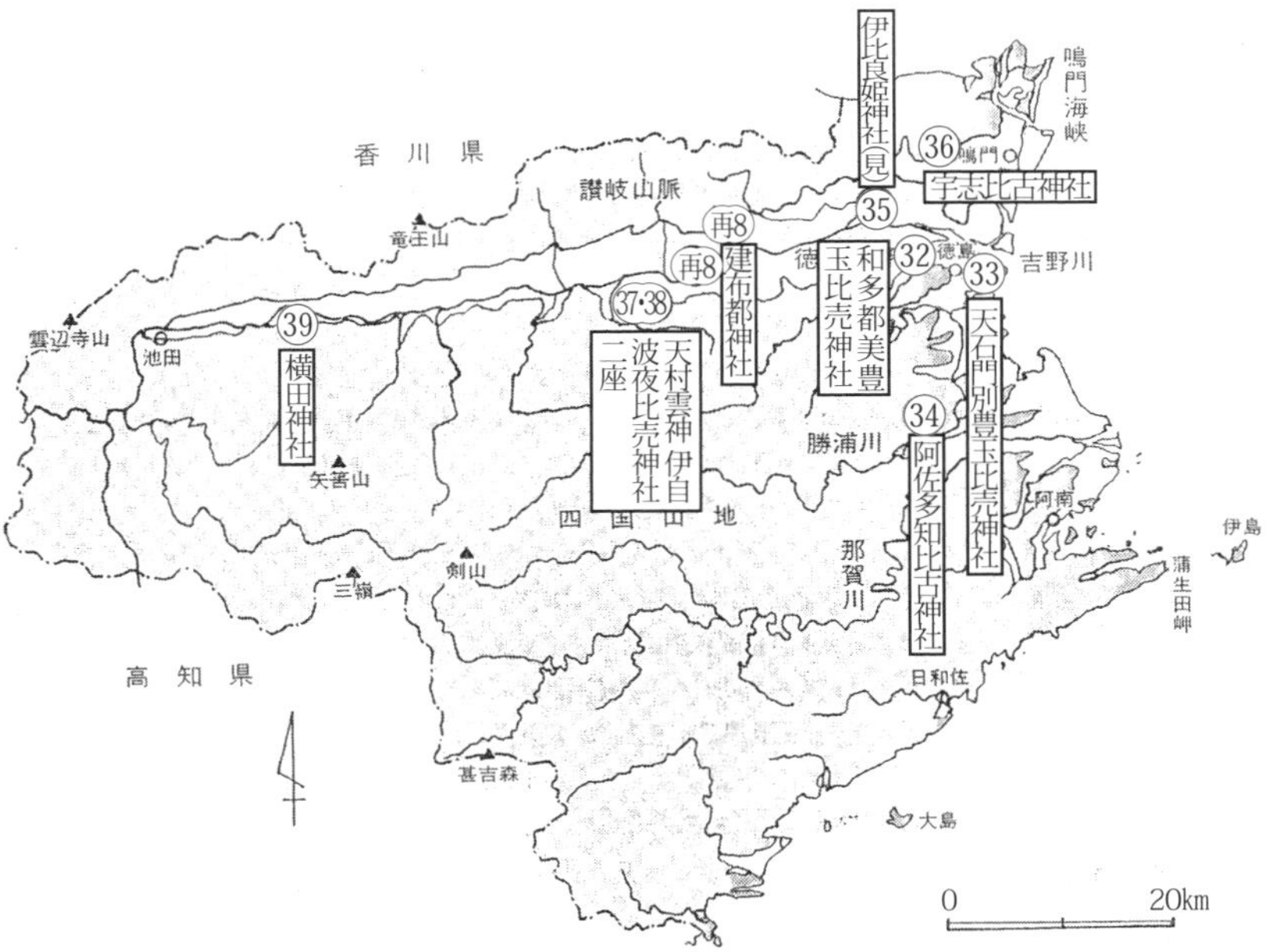

資料 27b　神武天皇の出生と東征にかかる神々　鎮座地

和多都美の宮訪問（古事記）

天孫三代目の日子穂々手見《ひこほほでみ》命（火遠理《ひおり》命またはは山幸彦《やまさちひこ》とも呼ばれる）は、兄から借りた鉤《つりばり》を無くしてしまう。途方に暮れているところ塩椎《しおづち》神の助言で、鉤を捜しに、无間勝間《まなしかつま》の小船に乗って和多都美宮《わだつみのみや》を訪ね、助言どおり宮の門の香木《かつら》の木の上に登って待つことにする。そこへ海神《わだつみのかみ》の娘豊玉姫《とよたまひめ》の侍女が玉器に水を汲もうと泉に近づくと、木の上の火遠理命の面影《おもかげ》が写る。侍女が返して殿内の姫に「我が井《い》の上《へ》の香木の上に坐《いま》す。甚麗《いとうるわ》しき壮夫《おとこ》にます…」（訳文は小学館版）と報告。これが出逢いとなって豊玉比売を娶《めと》り、天孫四代目の鵜葺草葺不合《うがやふきあえず》命を生む。神武の父である。

无間《まなし》は「目無し」、勝間《かつま》は竹籠で、固く編ん

和多都美豊玉比売神社（西宮神社）

天石門別豊玉比売神社(御城内竜王宮跡)の竜王の樟

ですきまのない竹籠の意であるという（同前）。が、勝間は阿波弁で櫛笥《くしげ》をいう（「阿波国風土記」逸文）。櫛の歯が間断なく続く様を阿波人は勝間といい、目が詰んですき間のない櫛のような籠を无間勝間《まなしかつま》と呼んだとみられる。阿波の物語故に阿波弁で語り継がれてきたものといえる。

「和名抄」にみえる「井上郷《いのへ》」にあたり、現在も「南井上」「北井上」の地名が遺《のこ》っているが、「井上」は火遠理命の「我が井《い》の上《へ》の香木の上に坐す」との伝承から起った地名とみられる。また命の「面影が映った」との説話は、今日も面影《おもかげ》の井戸として空海の伝説に変形し、四国霊場第十七番札所の井戸寺に伝えられている。

⑶　天石門別豊玉比売神社　豊玉比売命　徳島市城山

豊玉比売命の神陵跡（城山）が元の鎮座地。卑弥呼のあと邪馬台国の女王となる。臺与《とよ》。

豊玉姫の葬場跡は、徳島市城山の東斜面とみられ、江戸時代、徳島藩主等が御城内龍王宮として度々参詣した式内天石門別豊玉比売神社でもあった。天石門別を冠するのは、天子の御殿をお護りする

資料28　皇統譜（天孫五代まで）　※神名は古事記の表記による

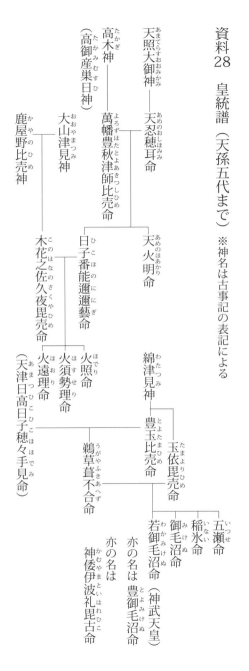

天照大御神《あまてらすおおみかみ》―天忍穂耳命《あめのおしほみみ》

高木神《たかぎ》（高御産巣日神《たかみむすひ》）―萬幡豊秋津師比売命《よろずはたとよあきつしひめ》

天火明命《あめのほあかり》

日子番能邇邇藝命《ひこほのににぎ》

大山津見神《おおやまつみ》

鹿屋野比売神《かやのひめ》

木花之佐久夜毘売命《このはなのさくやひめ》

火照命《ほでり》

火須勢理命《ほすせり》

火遠理命《ほおり》（天津日高日子穂々手見命《あまつひこひこほほでみ》）

綿津見神《わたつみ》

豊玉比売命《とよたまひめ》

玉依毘売命《たまよりひめ》

鵜草葺不合命《うがやふきあへず》

五瀬命《いつせ》

稲氷命《いない》

御毛沼命《みけぬ》

若御毛沼命《わかみけぬ》（神武天皇）

亦の名は　豊御毛沼命《とよみけぬ》

亦の名は　神倭伊波礼毘古命《かむやまといはれひこ》

御門の神（天石門別神）が侍る神社の意で、貴神の葬場を表している。

また、豊玉比売命の本貫地《ほんかんち》を表す史料が知られている。

○元慶二年二月十九日乙酉　詔山城国正税稲三百束、賜二従五位下山背忌寸《やましろのいむき》大海全子一、以レ奉二幣氏神一、向二阿波国一也。（三代実録）

大海《おおあま》氏は綿津見神《わたつみのかみ》を祖神とする氏族で同族には安曇《あづみ》氏や八木氏がいる。陽成天皇の詔《みことのり》により、元慶二年（八七八）二月、大海全子が山城国の正税稲三百束を賜り、幣《みてぐら》を氏神に奉るために阿波国に向わせられたというのである。いわば大海氏の里帰りである。

この国史記事は、皇家の建国に初発より貢献し、天孫三代目、四代目の皇子に后妃を出し神武天皇の出生をみた、綿津見神の本貫地が阿波であることを示すものである。なお、大海全子が幣を奉げた神社を、栗田寛は、式内和多都美豊玉比売神社で旧徳島城内の龍王宮とし（『神祇志料』）、吉田東伍も『大日本地名辞書』にこれを引いているが誤りである。御城内龍王宮として尊称され、徳島藩主や若君が度々参詣したのは天石門別豊玉比売神社である。（注16）一方の和多都美豊玉比売神社の鎮座地は旧井上郷（現徳島市国府町和田）に比定するのが正しい。また、二社ともに祭神が天孫三代目の妃・豊玉比売命であることは明瞭である。

なお、右に挙げた元慶二年二月十九日の記事（三代実録）については、吉田東伍『大日本地名辞書』・梅田義彦『日本宗教制度史・上代編』・志賀剛『式内社の研究』・次田真幸『日本神話の構成と成立』等はいずれも「……大海全子以奉幣氏神向阿波国也。」とあるが、昭和九年版国史大系『日本三代実録後篇』・吉川弘文館・黒板勝美編輯では「……以奉幣氏神向彼国也。」と改められている。なぜ「阿波国に向う也。」が「彼国」に改変されたのか。これは重大な国史史料の改竄《かいざん》にあたるのではないか。国史史料の改訂増補の名のもとで重要記事が目隠しにされてはならないと憂うばかりである。

(4) 朝立彦《あさだちひこ》神社　神武天皇　徳島市飯谷町小竹《こたけ》

祭神については、宗像《むながた》氏の祖となる吾田片隅《あだかたす》命説などがあるが、阿波国式内社中、祭神が明確な

宇志比古神社　西山谷二号墳を遥拝する位置に鎮座

阿佐多知比古神社（朝立彦神社）

人格神《じんかくしん》神社をみると、記紀の主役神に限られており、そのことから推してこれらの脇役神説は成立し難い。神社名からは、朝（朝廷）を立（建）てた彦（皇子）を祀る神社の意で、神武天皇と推定する。なお、現在祭神は和多都美神とされているが、玉依姫命（和多都美神の娘）の信仰が強かったものか。下流の渋野《しぶの》町には神武天皇を祀る佐野神社（神武天皇の幼名は狭野尊）や橿原に通じる樫田《かした》の地名が遺《のこ》っている。

(5) 伊比良比売《いひらひめ》神社　神武の妃阿比良姫命《あひらひめ》　板野《いたの》郡藍住町徳命

全国で唯一社。貞観十四年（八七二）叙位記事がみえる国史見在社。記紀では「アヒラヒメ」阿波では「イヒラヒメ」として伝える。「ア」と「イ」は入れ替わることが仙覚《せんがく》の『万葉集注釈』の中でも指摘されている。アは梵語の、イは和語のそれぞれ発語詞。兄が天孫に繋がる阿多《あた》の小椅君《おばしのきみ》で、ア・イ交替で「いたの（板野郡）」を指すことになる。板野郡が神武東征路にあたることを示す。

(6) 宇志比古《うしひこ》神社　神武天皇の参謀、速吸《はやすい》の宇豆彦《うづひこ》　鳴門市

書紀に「速吸名門《はやすいなと》」とみえるとおり、まさに速潮が吸い込まれて渦巻く鳴門のことで、宇豆彦は「うずしお」から名をとった海人《あま》の大人《うし》

建布都神社（土成町）

の称号である。また、ウズヒコはウシヒコとも呼ばれ代々襲名された。孝元天皇の妃山下影姫《やましたのかげひめ》（板野郡山下郷）もウズヒコの妹とみえ、孫に武内宿禰《たけうちのすくね》らがいる。神社（大麻町大谷）の裏の西山谷《にしやまだに》二号墳は宇豆彦の葬場と推定され、この地が神武征戦の地であることとも関係するとみられる。西山谷二号墳は、平成十二年発掘調査され、奈良盆地の前期古墳に先行し（庄内式期土器供伴）、その石室構造から、奈良盆地の王墓の古墳のルーツとされる。（注17）

(7) 建布都神社（再掲）　建布都神《たけふつ》　阿波市市場町又は土成町《どなり》

神武の東征をたすけた霊剣の神。阿波市が本貫の地。霊剣にかかわる饒速日命《にぎはやひ》（物部氏等の祖）の本貫地伝承も阿波市に伝わる。またこの神を奉ずる尾張氏の本貫地《ほんかんち》も市場町尾張。

全国唯一の豊玉比売神社と建布都神社の鎮座は、神武の出生から征戦に至る舞台が阿波であったことを示す神蹟となる。

(8) 宇豆比古命《うづひこ》（宇志比古神社）・建御雷命《たけみかづち》（建布都神社）・天村雲命（天村雲神伊自波夜比売神社）・横田物部神（横田神社）は、すべて神武東征の戦で功績を立て、または関わった神で、神社の配祀からその舞台が阿波吉野川北岸であったことを表している。

6　倭の国敷きと人皇時代の神々

阿波国官社第五「倭の国敷きと人皇時代の神々」の官社については次表のとおりである。

⑴人皇の五代（孝昭）・七代（孝霊）・八代（孝元）・十代（崇神）・十二代（景行）・三十代（敏達）・三十三代（推古）・三十五代（皇極）の天皇の時代の神々が選ばれている。

阿波国式内社の祭神は、記紀の主役神が大半を占める。また、推定を含めると殆どが主役神であることから、その選定は皇家の意向を受けて行われたとみられる。右に選ばれた人皇時代の神は、活躍がめざましく、また歴史の節目にあたる御代のほか、飛鳥時代まで、皇都が阿波で営まれたことを後世に伝えるため選ばれた可能性がある。

⑵御間都比古（孝昭）天皇を祀る神社は阿波国のみで、これは孝昭帝が奈良大倭の雄族の祖神であることから選ばれたとみられる。すなわち、孝昭天皇の長子・天押帯日子命《あめおしたらひこ》の後裔に十六氏あり、大春日朝臣・春日連・小野朝臣・布留宿禰・柿本朝臣・粟田朝臣・久米臣・大宅臣等は、奈良大倭に進出し雄族となっている。また、粟田朝臣の枝族は阿波にとどまり阿波の凡直《おおしあたえ》氏となり、柿本朝臣佐留《さる》の嫡子・人麻呂も平城遷都（七一〇）後阿波に留《とど》まったとみられる。なお、倭大国魂神社の祭主となった市磯《いちし》長尾市（壹師君《いちしのきみ》の祖）も孝昭天皇の裔孫である。

資料29a　阿波国官社（延喜式内社・国史見在社）の祭神（第五）
第五　倭の国敷きと人皇時代の神々（皇都倭の神蹟）

神社名	祭神	比定神社	鎮座地
40 御間都比古《みまつひこ》神社	第五代御間都比古（孝昭）天皇	御間都比古神社	名東郡佐那河内《さなごうち》村下字モノミ石七四ノ二
41 天佐自能和気《あまさしのわけ》神社	第七代孝霊帝の御子・日子刺肩別《ひこさしかたわけ》命	天佐自能和気神社（神社名の能は肩）	徳島市不動東町四丁目五六九ノ一
42 伊加加志《いかがし》神社	第十代崇神天皇の母・伊迦賀色許売《いかがしこめ》命	伊加々志神社	吉野川市川島町桑村一六三五
43・44 倭大国魂《やまとおおくにたま》神	倭の国を証明する神社	倭大国魂神社	美馬市美馬町字東宮上三二
大国敷《おおくにしき》神社二座	（大国魂は大国主命、大国敷は崇神天皇）	倭大国敷神社	美馬市脇町字拝原二四〇四
45 天都賀佐比古《あまつかさひこ》神社	崇神朝の笠縫邑《かさぬいむら》の大人《うし》（豊鍬入姫《とよすきいりひめ》は倭の笠縫邑に天照大神を祀った）	天都賀佐比古神社	美馬市美馬町字轟三二
46 建神社	不詳	建神社	美馬郡つるぎ町半田字逢坂六二一
47 建嶋女祖命《たつしまめおやのみこと》神社	第八代孝元帝の妃・埴安比売《はにやすひめ》命	建嶋女祖命神社	小松島市中田《ちゅうでん》町字広見四二一
48 和耶《わや》神社	埴安比売の御子・建埴安《たけはにやす》王	羽浦《はのうら》神社（元は能路寺山に鎮座・葬場跡）	阿南市羽ノ浦《はのうら》町中庄千里池三二一
49 賀志波比売《かしわひめ》神社	第十二代景行天皇の妃・美波迦斯比売《みはかしひめ》命	津峯《つのみね》神社	阿南市津乃峰町東分三四三
50 白鳥神社（見）	景行天皇の御子・日本武尊《やまとたけるのみこと》	白鳥神社（山ノ上《やまのかみ》古墳が葬場）	名西郡石井町石井字白鳥五八二一
51 建比売《たけひめ》神社	日本武尊の妃・建比売	古烏《こがらす》神社	阿南市宝田町川原六四
52 事代主神社	厳《いつ》の事代主命。神功皇后の斎宮で淡郡厳の事代神として顕れた神	事代主神社	阿波市市場町伊月《いつき》字宮ノ本一〇〇ノ一
53 宇母理比古《うもりひこ》神社	第三十代敏達天皇の御子・宇毛理《うもり》王	宇母理比古神社	徳島市八多町森時四一
54 岡上《おかのうえ》神社	第三十三代推古天皇（豊御食炊屋姫《とよみけかしきやひめ》命）	岡上神社（葬場・大野の岡上跡）	板野郡板野町大寺字岡山路七
55 速雨《はやさめ》神社	第三十五代皇極天皇（天智・天武天皇の母）	速雨神社（雨乞神事の地）	徳島市八多《はた》町板東九一

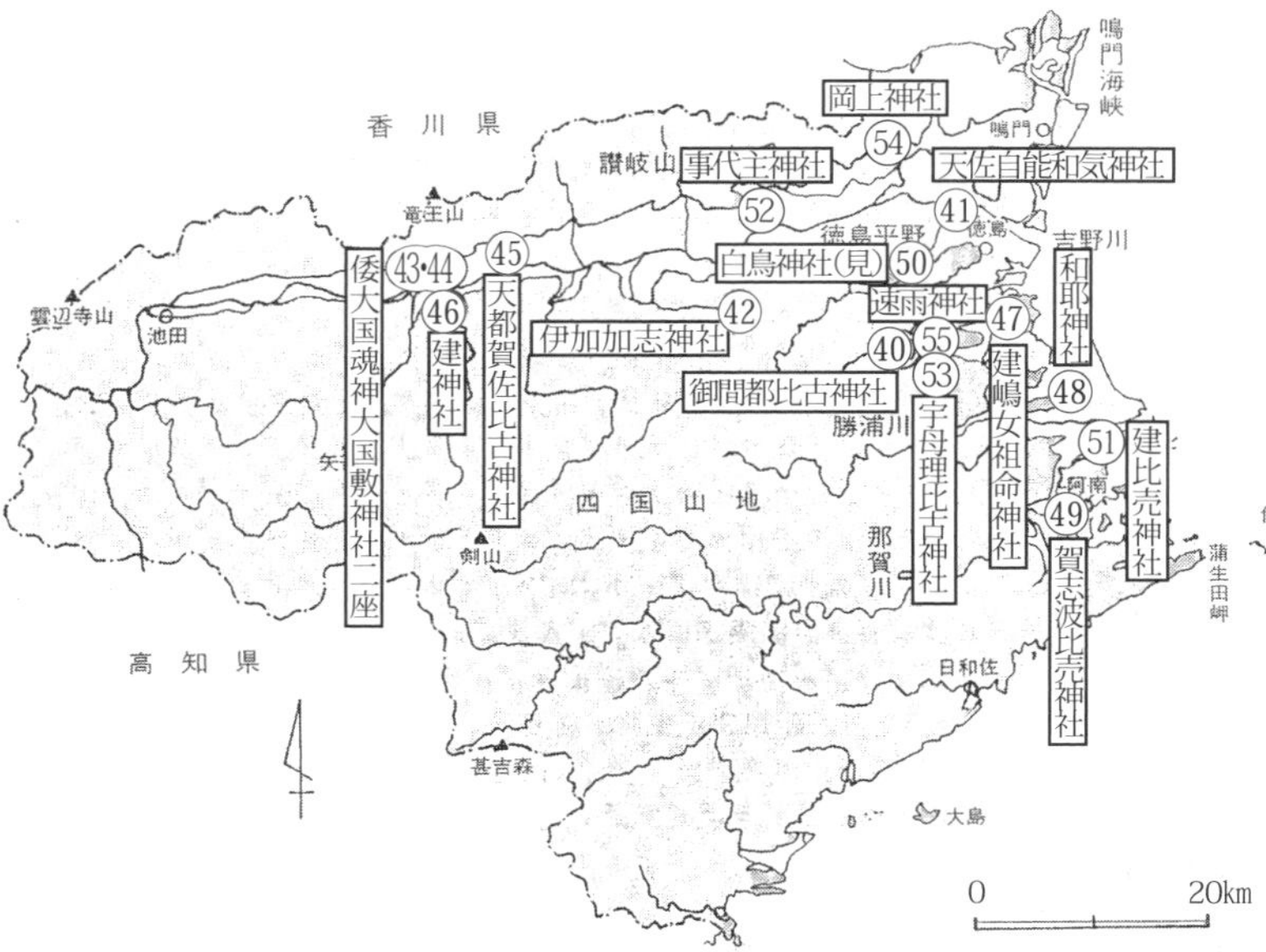

資料 29b　倭の国敷きと人皇時代の神々　鎮座地

御間都比古神社

御間都比古神社の祭神

ただし、御間都比古《みまつひこ》神社の祭神については『先《せん》代旧事本紀《だいくじほんぎ》』の「国造本紀」にみえる観松彦色止《みまつひこいろとの》命《みこと》（長国造《なかのくにのみやつこ》の祖）や韓背足尼《からせのすくね》とする説が圧倒している。『阿府志』（徳島藩の藩撰史書）が祭神を孝昭天皇（観松彦香殖稲天皇）とする他は、『神名帳考証』『阿波志』『阿波国式社略考』『阿波国式社略考論』『大日本史』『神祇志料』等はすべて「国造本紀」を引き祭神を長国造や韓背足尼、大国主命及び事代主命に結び付け、また『徳島県史』や県内の郡村史も栗田寛の『特選神名牒』等を下敷きにして長国造説を論じている。

因みに『先代旧事本紀』の「国造本紀」には、

○長国造　志賀高穴穂朝（第十三代成務天皇）の御世、観松彦色止命九世孫韓背足尼定賜国造

○意岐国造　軽島豊明朝（第十五代応神天皇）御世、観松彦伊呂止命五世孫十挨彦命定賜国造

とみえ、観松彦色止命の裔孫からは二国の国造が出ている。

そこで筆者は以下に述べるとおり長国造説を批判し、孝昭天皇説を立てる。

①御間都比古神社の鎮座する名東郡《みょうどうぐん》佐那河内村《さなごうちそん》は長国造の支配下になく、祭神長国造説は矛盾する。東寺文書（仁明朝）に「阿波那賀郡大領長公広雄」（田中豊治「国造政治時代の隠岐」）とあり、長国造の分治区域及び居館は県南の那賀郡にあったことになる。

②国造クラスの官位の低い人物は阿波では式内社に選ばれていない。

那賀郡よりはるかに重要な地域である粟国造ですら式内社で祭祀されていないことから祭神長国造説は成立しない。

③『先代旧事本紀』の本文は明法《みょうほう》博士の興原敏久《おきはらのみにく》によって八二八年前後にまとめられ、また聖徳太子がまとめたとする序文は、それから百年経った九〇四～九三六年の間に文章博士の矢田部公望《やたべのきんもち》によって付け加えられたとみられている（安本美典『先代旧事本紀の謎』）。うち「国造本紀」は新しい資料と古い資料が混在するパッチワーク本でもあり、また、国造の出自等についても記紀の成立から百年以上経っているため信頼性に欠ける部分がある。

そのため、記紀を充分検証することなく「国造本紀」に依拠することは、史料の扱いとして本末転倒である。

④「観松彦」という個性的な名は、第五代孝昭天皇の諱《いみな》として記紀に明瞭である。そのことを読み取ったのが内藤湖南京都大学教授であり、同博士の「徳島一瞥」を左に引用する。

「それは日本の上古の天皇の中に孝昭天皇の御名を観松彦香殖稲尊と申し上げる。其の時分の天皇の御名は、多く其の居られた所とか……に関係を有《も》って居る。……此の観松彦といふ御名は余り大和の土地関係が無い。所が阿波の国には式内の古社に御間都比古神社といふのがある。栗田博士などの考へに依ると、是れは旧事紀国造本紀にある長《なか》（今の那賀郡の名に当る）の国造の元祖たる所の観松彦色止命《みまつひこしことのみこと》（色止《しこと》と読むべきか）といふを祭ったのであらうといふことであるが、兎に角日本の古史で観松彦《みまつひこ》といふ御名を有って居られる方が外にない所を見ると、孝昭天皇の御名も或は此の美馬《みま》郡若しくは御間都比古《みまつひこ》神社に関係を有《も》って居られはしないかと考へられる。」（内藤湖南全集第十二巻・筑摩書房・明治四十二年）とされるとおり、観松彦は明瞭な御名である。

⑤御間都比古色止命から長国造と意岐国造の二氏が出ているということは、色止命は単なる地方豪族でなく、王族か中央の豪族となる。したがって天皇であったとしても矛盾はない。

⑥問題は「色止《いろと》命」である孝昭天皇の表記は次のようである。

御真津日子訶恵志泥《みまつひこかえしね》命（古事記）

観松彦香殖稲天皇《みまつひこかえしね》（日本書紀）
観松彦香殖稲天皇（姓氏録）
観松彦香殖稲尊（先代旧事本紀・天皇本紀）
先代旧事本紀が「色止命」を「いろと」と訓むのは近世以降のことである。「止」を「ト」と訓むのは上古音にみられる。一方の「観松彦」は訓仮名で最古の例は六世紀後半（岡田山一号墳鉄刀銘）とみられているので、訓仮名の時代に「止」を上古音の「ト」として用いることはなく、「シ」（呉音・漢音）となる。（沖森卓也『日本語の誕生』）
次に「色」であるが、伊香色謎命《いかがしこめ》、欝色謎命《うつしこめ》など「シキ」「シコ」として使われているが、垂仁紀四年条に「夫《そ》れ色《かお》を以て人に事《つか》ふるは色衰《かおおとろ》へて寵緩《めぐみや》む。…」も見られる。つまり「色」は「かお」と訓んでおり「色止命」は「かおしのみこと・かえしのみこと」と訓める。
孝昭天皇の「かえしね」に近づくか、「ね」については「阿夜訶志古神《あやかしこねのかみ》」（古事記）を「吾屋橿城尊《あやかしきのみこと》」（日本書紀）と読まれ「ね」が失われている。
以上のような用字から香殖稲命《かえしねのみこと》（孝昭天皇）が「色止命《かえしのみこと》」に音写された可能性が出てくるのである。
したがって「国造本紀」の観松彦色止命は孝昭天皇の諱《いみな》であったとするものである。
(3) 伊加加志神社から和耶《わや》神社まで（42〜48）の七座は、崇神天皇の水垣宮《みずがきのみや》が阿波にあったことを示すために選ばれたとみられる。伊加加志神社で祀られる伊迦賀色許売命《いかがしこめ》は、八代孝元・九代開化天

伊加々志神社　扁額

倭大国魂神大国敷神社二座

皇の后で、崇神天皇の母にあたる。また、弟の伊迦賀色許男《いかがしこお》命が物部氏や穂積氏の祖となる。孝元天皇の孫が武内宿禰で、その裔孫である蘇我氏・葛城氏・平郡氏・許勢氏・桜井臣等は奈良大倭に進出し、盆地の要地を占める雄族となるが、その出自をたどれば、阿波国の伊加加志神社とその対岸（阿波市・板野郡）にたどり着くのである。

(4) 崇神天皇が祀らせた倭大国魂神社の鎮座（阿波国美馬郡）は、阿波が倭の国であったことを証明するものである。なお、奈良の大和坐《おおやまとにいます》大国魂神社は、阿波の鳴門海峡を支配した速吸名門《はやすいなと》の宇豆彦《うづひこ》を祀る神社で、諸学者は、「大和」を「倭」に置き替え、「奈良倭国」の根拠としているが誤りである。

　宇豆彦の一族は、倭人伝に「国々に市あり、有無を交易し、大倭をしてこれを監せしむ」とみえるように、神代・天照大神（女王卑弥呼）の時代から「大倭《おおやまと》」の官職をもらい、国々の市を監督し、その駐留拠点を東西の市の結節点にあたる奈良纏向《まきむく》に置き、その由来をもってやがて大倭直《おおやまとのあたい》の姓を賜り、後に彼らの末裔が祖神を祀ったのが大倭《おおやまと》坐大国魂神社である。周辺の旧郷名「大倭」も彼らの居住地から生まれたもので、律令制のとき、この大倭が採用され、

白鳥神社

建嶋女祖命神社

令制の「大倭国」となったもの。したがって、地名の「大倭」を「倭」に読み替え、神社も阿波の倭大国魂神社を奈良に置き替えて「倭の国」の根拠にするという解釈は成立しない。

なお、発掘が進んでいる奈良纏向遺跡は、阿波の大倭氏らが監督した大規模市場の跡で、旧地名として遺《のこ》る「大市《おおいち》」もこれを補強するものである。

(5) 崇神天皇の時代、建埴安王《たけはにやすのみこ》の乱が起るが、これに関係した建埴安王が和耶《わや》神社に、また、安王の母で孝元天皇の妃として香久山《かぐやま》の埴《はに》土を守った埴安比売命が建島女《たけしまめ》祖命《おやのみこと》神社で祀られている。乱の舞台（那賀川下流域の羽ノ浦から楠根まで）、地名等もすべて遺《のこ》っている。

(6) 日本武尊《やまとたける》は薨去の地能煩野《のぼの》で埋葬された（三重県）が、そこから白鳥になって西に飛び、河内国の志幾に降りられ、そこで再度陵《みささぎ》を築いたが、さらにそこから白鳥となって飛んでいった。その終着の地は阿波国名西郡白鳥村（元・石井町白鳥）で、神社の背後の山が日本武尊の葬場・山ノ上《やまのかみ》古墳と推定される。

尊の魂（白鳥）が、三重県から奈良大倭に留《とど》まらず、西に、さらに西

速雨神社

岡上神社

に飛んでいったのは、尊の本国（生誕地）の倭《やまと》が、奈良大倭でなかったからである。

(7) 岡上《おかのうえ》神社は推古天皇の陵跡に設えられたと推定する。

古事記では推古の陵を「大野の岡《おか》の上《うえ》にありしを、後に科長《しなが》の大陵に遷《うつ》しき。」とある。天皇の亡骸《なきがら》・御魂を鎮めた陵が何故に遷されたのか。しかも宮（小治田宮《おわりだのみや》）や生誕地とは全く関係のない大阪府南河内郡科長の地に。これは阿波から奈良への遷都に向けた工作であったとも考えられる。

なお、岡上神社の祭神は食料の神・豊宇気姫《とようけひめ》とされているが、これは推古帝の諱《いみな》である豊御食炊屋比売命《とよみけかしきやひめ》が伝承される過程で安直な豊宇気姫命に変化したものといえる。

(8) 速雨神社

皇極元年（六四二）、日照りが続き蘇我大臣（蝦夷《えみし》）らが何度も雨乞い祈願をするが効なく、ついに皇極天皇が自ら降雨祈願、功ありて雷鳴とどろき五日間雨が降り続き田畑・天下が潤い、百姓《おおみたから》等が天皇の徳をたたえたとある。

天皇の諱は天豊財重日足姫命《あめとよたからいかしひたらしひめ》、徳島市多家良町《たからちょう》が生活の地、重日《いかしひ》（重祚）をたたえ、香久山が日峯山と呼ばれるようになった。

飛鳥宮が阿波であったことを示す史料は後章とする。

第二章の（注）

（注1）池邊彌「氏族と神社」『古代神社史論攷』（吉川弘文館）

（注2）梅田義彦「神名帳考」『神道の思想』第二巻（雄山閣出版）二五六ページ。

（注3）中村明蔵『隼人の古代史』平凡社新書119（平凡社）一四八ページ。

（注4）阿部武彦「延喜式神名帳の人格神」『日本古代の氏族と祭祀』（吉川弘文館）

（注5）森博達『日本書紀の謎を解く』中公新書1502（中央公論新社）六一ページ。

（注6）沖森卓也『日本語の誕生』歴史文化ライブラリー151（吉川弘文館）二三ページ。

（注7）坂本太郎「『魏志』『倭人伝』雑考」（古代史談会編『邪馬臺國』（朝倉書店）一九五四年）の中で「阿波国美馬郡波爾移麻比弥《はにやまひめ》神社」を含む九例が示されている（安本美典『「倭人語」の解読』勉誠社　二二五ページ所収）

（注8）（注6）に同じ。

（注9）式内社研究会編『式内社調査報告』第十二巻（皇學館大學出版部）

（注10）赤堀良亮「神社部式内」の伊射奈美神社条『阿府志』巻第一（江戸時代阿波藩の歴史書）

（注11）斎部広成《いんべのひろなり》編「日神の出現」条『古語拾遺』大同二年〈八〇七年〉（忌部氏の「家記」）

（注12）神山町史編集委員会編『神山町史』（神山町）一九九～二〇一ページの論考より。

（注13）（注12）に同じ　同書二五〇ページ。

（注14）山田小八郎光長ほか『蜂須賀治世記』天正十四年〈一五八六年〉に阿波国十郡五三八か村（浦・山・島を含む）が列記されているが、記中の勝浦郡沼江村《ぬえむら》の由来として「昔時当府にてえびす誕生有し故、生夷《いくひな》（という地名があるのは夷《えびす》が生まれた地から名付けられたもの：筆者注）とは生夷と書く也」とみえ、古来、事代主命《えびす》の生誕地と伝承されていたことがうかがえる。当村に鎮座する式内事代主神社は現在、生夷《いくひな》神社として祭祀されている。

（注15）「大麻比古神社伝来書上帳」付箋ノ一は、神道大系編纂会編『神道体系』（神道大系編纂会）所収。

（注16）『阿淡年表秘録』（蜂須賀藩の天正十三年〈一五八五年〉～天保十四年〈一八四三年〉まで二五八年間にわたる編年体の年表）の元禄五年（一六九二年）六月、藩主綱矩公の神社参詣記事三社の中に「御域内龍王」がみえ、その後も主に若君が参詣を続けた記録が収められている。

（注17）『阿讃山脈東南縁の古墳群』（二〇〇一年　徳島県埋蔵文化センター）所収　西山谷二号墳（鳴門市大麻町大谷）の発掘調査概要による。

第三章　神話の本源地（舞台）を復元する

1　イザナギの命の禊祓の地

(1)禊祓《みそぎはらい》の物語は、イザナギの命が妻を連れ戻そうと黄泉国《よみのくに》（死者の国）を訪れるが、禁を破って死体を覗《のぞ》いたために追われ、坂本で千引《ちびき》の石《いわ》で塞《ふさ》ぎ、結界をつくって禊祓の地の橘に向かうというものである。

亡くなったイザナミの命は、出雲国と伯伎国《ははきのくに》との堺の比婆《ひば》の山に葬《ほうむ》られたと古事記は記している。また日本書紀の一書の五には、紀伊国《きのくに》の熊野の有馬村《ありまむら》に葬《はぶ》りまつるとみえるが、両地域は二神の崇拝圏になく、式内社としても祀られていない。出雲と伯伎国（鳥取県）との堺に比婆山らしい山もなく、今日、広島県にみえる比婆山は明治三十一年に創作されたもので、古事記の記述とも合わない。

一方、イザナミの命が単独神として式内社で祀られているのは唯一阿波国だけである。古事記には、イザナミの命の死の直前にハニヤマヒメとミツハノメが生れたとあり、イザナミの命の死の原因となった火の神を、夫のイザナギの命が剣で切り捨て、その血から霊剣の神・建布都神《たけふつのかみ》が生れたと記されている。阿波吉野川中流域の阿波・美馬《みま》郡には、右のごとく古事記が伝えるイザナミの命の葬《ほうむ》りの場を型取りしたかのように、波尓移麻比売《はにやまひめ》神社・弥都波能売《みつはのめ》神社・伊邪那美《いざなみ》神社及び建布都《たけふつ》神社がすべて式内社で祀られている。出雲の地名も比婆山も阿波国には存在しないが、古事記が伝える神々の崇拝の痕跡は明瞭であり、当地がイザナギ・イザナミ神話の本源地とみることができる。

式内伊邪那美神社が鎮座する高越山《こおつざん》は、その名が比婆山に繋《つな》がらないが、高越山山頂（一一二二メートル）がイザナミの命の葬場として正蹟であり、出雲・比婆山は加筆・工作地名とみる。また、紀伊国の有馬村については黒潮に依るもので、紀伊水道を挟んで阿波から紀伊国に信仰が持ち込まれたものと推定する。

イザナミの命は、淡路の多賀（式内淡路伊佐奈伎《いざなぎ》神社）が幽宮《かくりのみや》で、阿波国三好《みよし》郡にも、天椅立《あまのはしだて》神社で祀られている。

⑵　禊祓の地について、古事記は、「竺紫《つくし》の日向の橘の小門《おど》の阿波岐原《あわきはら》」、日本書紀の一書の六は「筑紫の日向の小戸の橘の檍原《あわきはら》」とある。竺（筑）紫以外の地名については、すべて阿波橘（阿南市）に遺っている。橘は、室町時代にすでに通関記録のある阿南市橘湾（港）である。

小門《おど》については、その名残り地名として福井町に「後戸」「後戸漁港」などがある。「うしろど」と呼ばれているが、「おど」が変化したものだろう。名字に「大戸《おと》」もみえる。「阿波岐原」は、阿波の岐《ふなと》付近の川原か。橘町に「青木」の地名も残るが、阿波の県南海岸には、岐《ふなと》（船泊）の機能を表す「由岐《ゆき》」「志和岐《しわき》」「木岐《きき》」「牛岐《うしき》」「牟岐《むぎ》」の地名が連なっている。「後戸」と「青木」の地名は、離れてはいるが、禊祓の地は、津峯山《つのみねさん》麓部の「青木」あたりであったと推定する。青木は国道五十五号線付近の地名で、これより東の七見《ななみ》町・戈見《さいみ》町・見能林《みのばやし》町・打樋《うてび》川及び国道五十五号バイパス線は当時海であった。

資料30　イザナギの命の禊祓の地

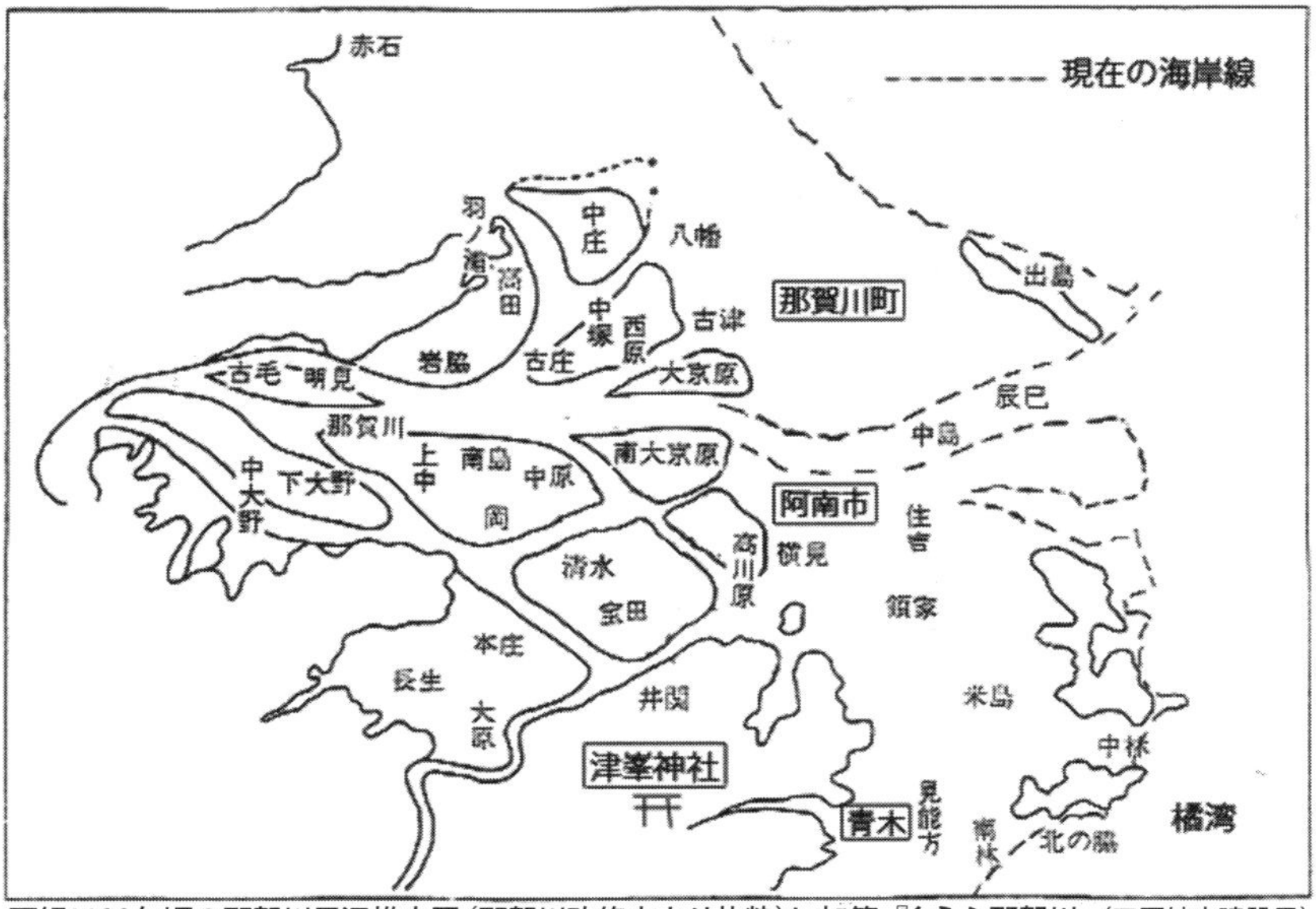

西紀1100年頃の那賀川周辺推定図（那賀川改修史より抜粋）に加筆『ぐらふ那賀川』（四国地方建設局）

なお筆者は、「竺（筑）紫」または「竺（筑）紫の日向」はある意図をもって加筆されたものとみている。

また、日本書紀一書の十の「粟門《あわのみと》及び速吸《はやすひ》名門《なと》を見《みそなは》す。然るに、此の二《ふたつ》の門《と》、潮既《すで》に太《はなは》だ急《はや》し。故、橘小門《おど》に還向《かへ》りたまひて拂《はら》ひ濯《すす》ぎたまふ。」（訳文は岩波古典文学大系による）には「筑紫」などの地名は付されていない。阿波の小鳴門海峡入口の岡崎海岸（粟門）及び、潮流が渦巻く鳴門海峡（速吸名門）の海岸は、潮が早いので阿南の橘《たちばな》に行き禊祓《みそぎはらい》をした、という伝えが本来（原伝承）であったと考えられる。候補となった三か所はいずれも阿波の海岸である。

(3) 記紀の筑紫（福岡県）を表す地名に「竺紫」と「筑紫」がある。うち「竺紫」については徳島県独自のローカル説があり、邪馬台国阿波説が初めて発表された頃（昭和五十一年『邪馬壱国は阿波だった』）には、「つくし」とは「櫛《くし》でといたように。さんさんと。ツク（尽く）・シ（方向）」で尽きはてる日の当たる地の意味であり、県南（阿南市）の橘湾のあたりの地名であって、一方の「筑紫」は北九州の地名である、というものだった。この解釈はその後受け継がれ、現在でも県内で広く知られ、古事記の表記である「竺紫」は阿波の阿南市あたりの地名で九州の地名ではないというものである。

しかし、この解釈は成立しないのでその根拠を示す。

〈禊祓条〉

◎竺紫の日向の橘の小門の　…　（古事記）

○筑紫の日向の小戸の橘の　…　（日本書紀本文）

同じ禊祓伝で古事記の「竺紫」は阿波、日本書紀の「筑紫」は九州の地名という解釈にはならない。

〈古事記の神武東征条〉

○神倭《かむやまと》伊波礼毘古《いわれひこ》命（神武天皇）、日向より発《た》たして

○筑紫《つくし》に幸行《い》でましき。故《かれ》

○豊国《とよくに》の宇沙《うさ》に到りましし　…。その地より遷移《うつ》りまして

◎竺紫《つくし》の岡田宮《おかだのみや》に一年坐しき。…　その後阿岐国・吉備の高島宮へと遷る。

明らかに神武は南九州の日向を発《た》ち、北九州の筑紫に入り、豊国の宇佐、次いで竺紫の岡田宮（福岡県遠賀川《おんががわ》河口付近）に至り一年滞在したと記されている。行程は、宮崎県―大分県―福岡県であって、「竺紫の岡田宮」は阿波の橘のことではない。

〈第二十六代継体天皇の時代（五二七年）に起きた筑紫国造磐井《いわい》の乱〉

◎此《こ》の御世に、竺紫君石井《つくしきみいわい》、天皇の命に従《したが》はずして…（古事記）

○筑紫国造《つくしのくにのみやつこ》磐井《いわい》、陰《ひそか》に叛逆《そむ》くことを謀《はか》りて…（日本書紀）

これは説明するまでもない。なお、記紀の国名表記が一定でないことは直木孝次郎博士の「古事記の国名表記について」（『飛鳥奈良時代の研究』塙書房）に詳しく解かれている。

(4) 次に「日向」については、元々阿波の地名を移殖したのではないかと考えている。

景行天皇が九州征伐に出かけ、子湯縣《こゆのあがた》（宮崎県西都市）で「是の国は直《なお》く日の出《い》づる方《かた》に向《む》けり」として日向《ひむか》国と名付けたとみえる（景行紀十七年条）。そう発案されたのは、本国倭に「日向」という地名があり、子湯縣がその地形や景色がよく似ていたから名付けたと推察できる。これと同類の地名説話は古事記にもみえ、御子の倭建《やまとたける》命が相模《さがみ》から上総《かずさ》に向かう東征の途次、「東《あづま》の淡水門《あわのみなと》」を定めたとある。東の淡水門は房総半島の南端部か、神奈川県三浦半島との間の海門（浦賀水道）と推定されているが、この説話も、本国の倭に「淡水門《あわのみなと》」があり、地勢がよく似ていたので東（東国）の「淡水門」と名付けたことが読み取れるのである。因みに「淡水門」とは「阿波の水門」（鳴門・

資料31　阿波 剣山地の日浦地名

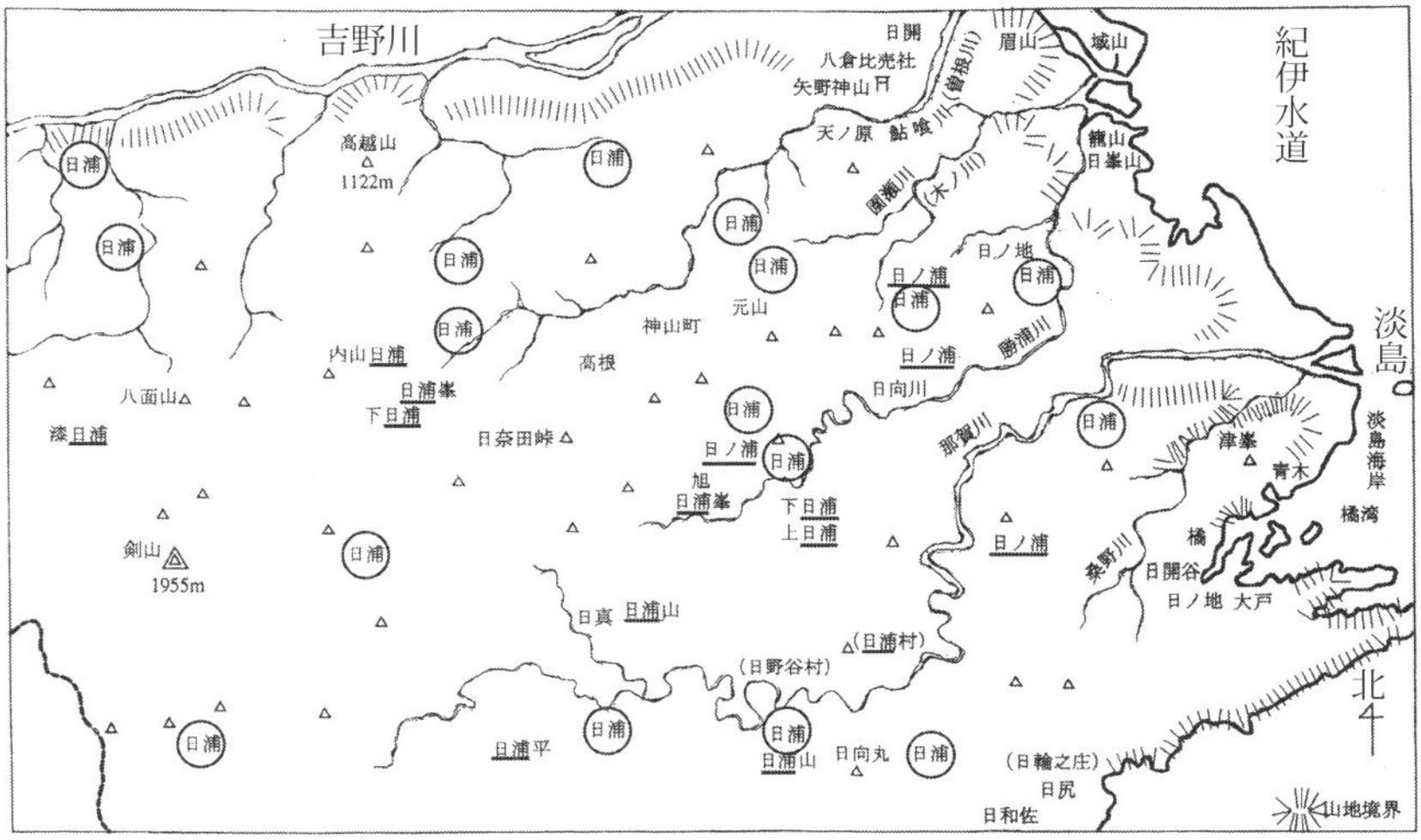

○印、＿（アンダーライン）が日浦

岡崎港）で、倭建命の本国である倭国《やまとのくに》は阿波であったという解釈が成り立つ。

南九州の「日向」地名を景行天皇が名付けたとすると、神代の禊祓の地「日向」や邇邇芸命の「日向」の高千穂の降臨地は、南九州ではなかったということになるが、日向とは、ひむかい。日の差す方。東。東は「日向し《ひむかし》」の意とみえる（広辞苑）。

この日向を「ひうら」と呼んでほぼ同じ意味で使っている阿波の方言がある。金沢治の『阿波言葉の辞典』（昭和四十七年）によると「日向」は「ひうら。阿波の方言。日当たりのよい山の側面。日受け。日向《ひなた》。表山《おもてやま》」とある。また、「日向《ひうら》」と同義同音の「日浦《ひうら》」地名が阿波剣山地に多く存在することが知られているが、萩原明雄氏によると、

日浦という地名は、県下いたる所の山間部に見かけられる。朝から太陽の日ざしを受ける

所が日浦《ひうら》であり、午後近くになって山の端から日のさす所が蔭《かげ》。これらの普通名詞は、そのアクセントにおいて、指示効果を強力に発揮し、固有名詞化している。従って、このようなものは、もはや文法上、普通名詞として扱うことはできない。（『徳島県地名考』）

という。

景行天皇が子湯縣で名付けた「日向《ひむか》」は、東に面しているという「方角」が強調された側面があるが、阿波の方言の「ひうら（日向・日浦）」は、朝日の当たる東に面した「場所」に重点が置かれた微妙な差異がある。

筆者は断定はできないが、阿波の山間部の朝から太陽の日ざしを受ける東向きの「ひうら」（日向・

資料32　日向・日裏地名（角川日本地名大辞典より）

県名	ひむか	ひなた	ひうら ひゆうら	ひゅうが	備考
宮崎県		日向			六か所
大分県	日向国	日向			五か所
鹿児島県				日向（迫）	二か所
徳島県		日向（丸）	日向 日浦	日向（谷）	日浦は三十か所以上
高知県	日向		日浦 日裏		日浦・日裏は七十か所以上
愛媛県			日向 日浦	日向（山）	
和歌山県		日向（村）	日浦 日裏	下日向 上日向 日向（谷）	日浦・日裏は五十か所以上

日浦）が、天孫や天皇が臨まれる神聖な場所を表す呪詞として語られたのが、神代に収められ、記紀の「日向」になったと推理している。

なお「日向」地名は、徳島県（三十か所以上）・高知県（約七十か所）・和歌山県（約五十か所）の三県に集中してみられるのに対し、宮崎県、鹿児島県、大分県の三県は皆無に近い状況である（いずれも『角川日本地名大辞典』の集計による）

2　高足の沼江姫求婚

高志国の沼河比売

古事記の神代巻（上巻）で、最も多くの説話に登場するのが大国主神《おおくにぬしのかみ》である。大国主神は幼名が大穴牟遅神《おおなむぢのかみ》（大巳貴神）で、同神は、兄弟神による執拗な攻撃に耐え抜いて再生を果たし、さらに父・須佐之男命《すさのおのみこと》の課した数々の試練を乗り越え、立派な男神として成長する。そこで、父から葦原中《あしはらのなか》つ国《くに》の後継者として認められ、「大国主神」の称号を授かるのである。また、須佐之男命の娘・須勢理《すせり》比売《ひめ》を正妻とする。その称名《たたえな》も、八千矛神《はちほこのかみ》（多くのもろ刃の剣を所有する神）をはじめ、大物主《おおものぬしの》神《かみ》（時空を超えて現れる呪詛《じゅそ》能力に長じた国土神）、葦原色許男神《あしはらしこをのかみ》（葦原中つ国のいかめしく逞《たくま》しい男神）、顕国玉神《うつしくにたまのかみ》（現身《うつしみ》として、生きながらにして国を支配する神霊《みたま》を備えた神）など、七つの名を持つ国《くに》つ神《がみ》である。

大国主神の出世譚《しゅつせたん》の一つに、八千矛神（大国主神）が高志国の沼河比売《ぬまかわひめ》に求婚《よばひ》する歌物語が知られるが、両神の結婚によって生まれたのが建御名方神《たけみなかたのかみ》である。

この物語で、大国主神の本拠地は出雲国、沼河比売の住む「高志国」は「こしのくに」と訳して北陸地方又は新潟県と解釈している。しかし、これらの律令地名は、七世紀末頃に成立したもので、それを神代に遡《さかのぼ》って用いているのである。その中には、神代には未だ成立しておらず、語部《かたりべ》の口承《こうしょう》に含まれていなかった地名もあったであろう。もとより古事記の神話伝承は、一族（皇家）の出自とその歴史を共有するための物語であり、他者に知らせるための表記となる律令制の国名などは、用いる必要はなかったといえる。また「高志国」は、表層からは律令制の国名として用いられているが、記紀の時代の国の概念や、その用字法は一定ではない。

日本書紀の神功皇后《じんぐうこうごう》摂政前紀で、占いにより顕《あらわ》れた天照大神が「…我が荒魂《あらみたま》をば、皇后に近《ちか》づくべからず、当《まさ》に御心《みこころ》を廣田国《ひろたのくに》に居《を》らしむべし」とのたまい、また、事代主尊が「吾をば御心の長田国《ながたのくに》に祠《まつ》れ」とある。廣田国とは、摂津国武庫郡の式内広田神社（西宮市大社町）の鎮座地を、また、長田国とは、摂津国八部郡の式内長田神社（神戸市長田区長田町）の鎮座地を指しているものといえる。いずれも律令制国名でなく、神社の鎮座地という狭小な地域を「国」で表わしているのである。

この用例から「高志国」も、せいぜい一郷程度の地域を指す地名であったかも知れない。もとより撰定時の記紀の原文は、訓《よ》みや返り点などは振られておらず、それは白文であった。訓みが付されるようになったのは、記紀成立から約四百年近くを経た平安時代末頃からのことで、そのため、後世に振られた「こし」が、正しいかどうかの検証が必要となってくる。

古事記の材料となった旧辞《くじ》や本辞《ほんじ》は、語部《かたりべ》が口承《こうしょう》してきたものを文字化したものである。一度それが文字化されてしまうと、時の経過とともに、その訓みが正しく再現されるかどうかの保証はない。漢字の音を借りた一字一音の表記なら、それは可能となるが、「高志」は「こし」とも「たかし」とも訓めるからである。真福寺本《しんぷくじぼん》を底本とした今日の古事記の流布本（岩波版・小学館版など）では、その訓みは「コシノクニノヌナカワヒメ」、歌謡中の一句も「コシノクニ」と表記されている。これに対し、大永二年（一五二二）卜部兼永《うらべかねなが》によって書写された『先代旧辞本紀《せんだいくじほんぎ》』の「地祇本紀《くにつかみほんき》」には、「タカシノ国ノヌマカワ姫」と訓みが振られている。国名の訓みだけでなく、姫の名も「ヌナカワ」でなく「ヌマカワ」である。「地祇本紀」のこの伝承は、大国主神及び饒速日神《にぎはやひのかみ》の末裔である加茂《かもの》君《きみ》・大神君《おおみわのきみ》・神部君《みわべのきみ》らの本系の遺文が採用されたとみられており（御巫清直《みかんなぎきよなお》「先代旧辞本紀析疑」）、これが自氏の祖先伝承史料にもとづくものとすれば、信頼度は高いといえる。

また、大国主神が沼河姫を娶《めと》って建御名方神を儲《もう》けたとするのも、「地祇本紀」が伝えるだけで、古事記はこれを欠いているのである。これら『先代旧辞本紀』の記事は、推古二十八年（六二〇）、聖徳太子が主導して編んだ国史（日本書紀に「天皇記及び国記、臣連伴造百八十部並びに公民等の本記を録す…」とみえる）の一部を伝えている可能性を否定できない。

高志国の沼河比売は阿波の高足の沼河比売

さて高志は「たかし」と訓める。中年以上の阿波人《あわびと》ならば周知のとおり、「たかし」は馴染みの地名である。『和名抄《わみょうしょう》』の阿波国名方西郡《なかたにしぐん》に「高足郷」がみえ、その訓みも「多加之（たかし）」と振られている。古代の地名（郷名）である。また、高志村《たかし》は、徳島県名西郡内の一村として、合併する昭和三十年まで存続していた。『和名抄』にみえる高足郷は、現在の名西郡石井町西部（浦庄《うらしょう》を含む）一帯と推定されているが、その微高地にあたる石井町浦庄字諏訪《すわ》に、建御名方神を祀る延喜式内社の多祁御奈刀弥《たけみなとみ》神社が鎮座している。建御名方神は、母・沼河比売の居住地である高志で生まれ育った神であるが、古事記の「高志国」とは、通説のいう北陸地方ではなく、その御子・建御名方神の神蹟の明らかな、阿波の高足（たかし）であろう。

そのことを裏付ける資料が、阿波の多祁御奈刀弥神社に伝えられている。同神社の社伝記によると、「光仁帝の宝亀

資料33　多祁御奈刀弥《たけみなとみ》神社と阿波の高足
名西郡石井町浦庄字諏訪（旧高足郷）

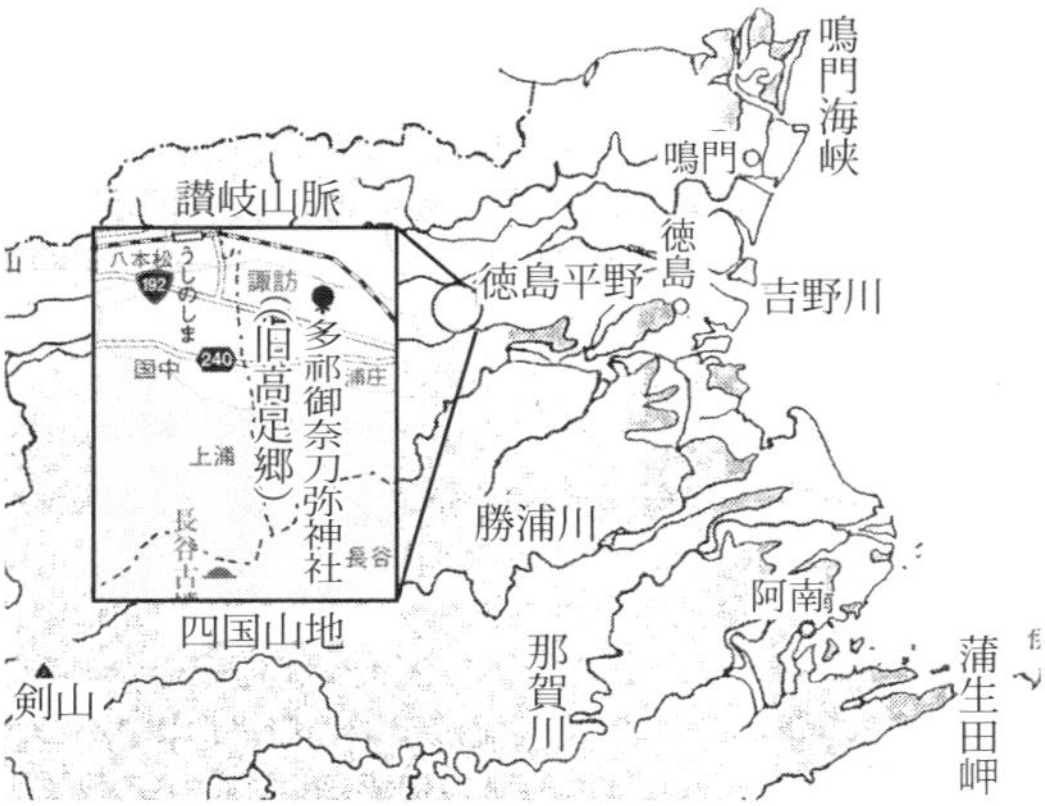

十未年（七七九）、信濃国諏訪郡南方刀美《みなかたとみ》神社（現在の長野県諏訪大社）は、阿波国名方郡《なかたぐん》諏訪大明神を移遷し奉る」（『浦庄村史』）とある。つまり、国譲り交渉で、建御雷《たけみかづち》神と争った建御名方神の本源地は、阿波国の名方郡諏訪村（旧高足郷）で、長野県の南方刀美神社（諏訪大社）は、記紀の成立後に、阿波から移遷勧請《かんじょう》されたことが、神社の記録に遺《のこ》っていたのである。

なお、宝亀十年の干支は己《つちのと》未《ひつじ》年であるが、社伝記は「己」が欠けている。これも伝記の欠字として起こり得ることであるが、『浦庄村史』はそれを補うことなく、正直に書写しており、かえって史料としての信頼性を高めているといえる。では一方の、信濃国南方刀美神社（諏訪大社）ではどう伝えられているのか。

御神木の梶の木

残念ながら諏訪大社には、阿波から勧請《かんじょう》されたことを示す資料は、今日伝えられていないようである。ただ、長野県諏訪大社と徳島県多祁御奈刀弥神社との面白い交流記事が「式内御社多祁御奈刀弥神社由来」（平成六年）の中に収められている。それによると、「…『邪馬台国は阿波だった』…のテレビ放送をきっかけで、建御名方神社の総代全員が長野県諏訪大社へお参りに行き、本家は私の方の神社であるとのお話しをしたところ、大社の古文書にも祭神は西方より来るとあり、大社の関係者は大勢貸切バスに乗り、はるばる当社を参拝されました。」（中井昇氏筆）とある。これは、かつて諏訪大社には、阿波から勧請されたという記録が存在したことを、示したものかも知れない。なぜなら、祭神の本家が優越地なら、その国名は明記され、今日まで伝えられていたであろうから。(阿波は後世において優越地とみられていなかったらしい。)

また、同社発行の「諏訪大社」上社本宮の部に、御神木の記事があり、「桑科の植物は諏訪大社の御神紋の原木である梶《かじ》の木です。御神紋は梶の葉で葉が三枚出ているので、三本梶とも言い、足の数をもって上下社の区別がなされ、上社は四本、下社は五本足になっています。」とみえる。このように諏訪大社は、梶の木を御神木に、その葉を御神紋としているが、梶の木は、暖地に多いクワ科の落葉喬木で、西日本、特に四国山地に多く自生し、阿波では天梶《あまかじ》と呼ばれ、木綿《ゆう》などの神具、紙、衣服その他生活用具として古くから活用されている。その梶は、諏訪の地の自生の植物でなく、他国から持ち込まれ神木化したものといえる。筆者が上社本宮を参拝したときは、社殿の左脇手前に「御神木」の梶の木が植えられ、確か「三代目云々」の説明文が立てられていた(昭和六十年前後であったと記憶している)。その木は幹も細く、枝も未発達で、諏訪の気候には適さない樹木であることと一目瞭然であった。その時、〝ああ、この神社は社伝記のとおり阿波から勧請されたのだ〟と納得した次第である。

沼河比売求婚の歌

沼河比売求婚の歌は三首からなる歌物語である。一首目は、八千矛神（大国主神）が沼河姫の家を訪ねるが、姫が応じず、それをからかうように山鳥が鳴き、鶏が夜明けを告げる。大国主神は、苛立って鳴く鳥を撃ち殺してやりたいと歌う。これに対し、二首目で沼河姫が、家の中から、後には、私の心はあなたの心のままになるでしょうから、苛立たず、鳥を殺さないで、と返す。続けて三首目では、沼河姫が、（翌日）日が暮れたら、私の家を訪ねてください。私はあなたの心を受け入れ、結婚します、と歌い、（翌日の夜）結婚されたという物語である。

此《こ》の八千矛神《やちほこ》、其《そ》の沼河比売《ぬまかわひめ》の家に到《いた》りて歌曰《うた》ひたまはく、

八千矛の　神の命《みこと》は　八島国《やしまくに》　妻枕《つまま》きかねて　遠々《とほとほ》し　高志国に　賢《さか》し女《め》を
有りと聞かして　麗《くは》し女《め》を　有りと聞こして　さ婚《よば》ひに　あり立たし
婚《よば》ひに　あり通《かよ》はせ　大刀《たち》が緒《お》も　未《いま》だ解かずて　襲《おすひ》をも　未だ解かね
嬢子《をとめ》の　寝《な》すや板戸《いたと》を　押《お》そぶらひ　我《わ》が立たせれば　引《ひ》こづらひ
我《わ》が立たせれば　青山に　鵼《ぬえ》は鳴きぬ　さ野《の》つ鳥　雉《きぎし》はとよむ　庭つ鳥
鶏《かけ》は鳴く　心痛《うれた》くも　鳴くなる鳥か　この鳥も　打ち止《や》めこせね
いしたふや　海人馳使《あまはせづかひ》　事の　語言《かたりごと》も　是《こ》をば

大刀の緒もまだ解かないで、襲をもまだ脱がないでいるのに、乙女の寝ておられる家の板戸を、何度も押し揺さぶって私が立っていると、何度も引っ張って私が立っていると、緑濃い山では

もう鵺《ぬえ》が鳴いてしまった。（「引こづらひ」前後の訳（小学館版日本古典文学全集『古事記　上代歌謡』より）

さて、一首目の前半は、八千矛神が、広い日本の中で一人の妻も手に入れることができないので、遠国の高志国に求婚に出かけたと歌われている。しかし、これは八千矛神（大国主神）の事蹟に合っていない。大国主神の子は八十神《やそがみ》もいたとある。后妃も、須勢理比売《すせりひめ》、八上比売《やがみひめ》、鳥取神《ととりのかみ》、神屋楯比売《かむやたてひめ》、多紀理比売《たきりひめ》などが伝えられている。つまり、一首目の歌の作者は、大国主神の多くの伝承を承知せず、かつ、高志国が、遠国の北陸地方と解釈したため、「八島国　妻枕きかねて　遠々し高志国に…」と作歌し、後半の二神の恋の伝承に繋いだのではないか。「八島国」という句も新しい観念で神代にはなじまない。筆者は、歌の後半、八千矛神と沼河姫との恋の駆け引きが、地の文（従者である海女の語り言）であったとみているが、この中に阿波弁の「引こづらい」が用いられている。

通説は、「引こづらい」を、（私―八千矛神―が立っていると）「何度も姫が引っ張って」と訳していてまったく意味が通じない。その前の句では、八千矛神が板戸を何度も押して、とあり、これに対して沼河姫の取った行動が「引こづらい」である。これを沼河姫が「何度も（板戸を）引っ張って」と訳してしまうと、板戸を自ら開けることになってしまう。甚だしい誤訳である。問題は「引こづらい」であるが、阿波弁の「引こづらい」の意味は、「延期する」「引き延ばす」である。で、その夜は板戸を開けず、会うのを引き延ばして、翌日の夜、板戸を開け、結婚となったのである。なお、大国主神は阿波では三座式内社で祀られている。うち阿南市長生町《ながいけちょう》に八桙神社が鎮座している。ここがこの神の生まれ育った本貫地である可能性がある。

「ミナトミ」及び「高足」の名義

「ミナトミ」の発源地とみられる阿波国「多祁御奈刀弥《たけみなとみ》神社」の「ミナトミ」とはどのような意味なのか。祭神の「ミナカタ」（建御名方《たけみなかた》神）との違いも気がかりである。阿波では、これまでミナカタは「南方」で、この地が「南海道ナレバ南方トハ云也」（『阿府志』）とする説や、鎮座地が名方《なかた》郡（徳島市から石井町などを含む旧郡名）故に「ミナカタ」と呼ばれたとする説が知られる。しかし、これは神社名の「ミナトミ」には繋がらない。「トミ」は妃神の名とする説は、当社が一社一座ゆえに否定される。また、当地が南海道だからというなら、他の神社・祭神にも南方が冠せられてもよいが、そのような神社・祭神は一例もない。もとより、諸国七道制の「南海道」からというのも、時代が合わず、粗雑すぎる発想である。名方郡を引いたもの、とする説も説得力に欠ける。阿波国式内社五十座中、郡名や郷名を引く神社・祭神もまた一例もみない。なお、景行天皇の孫に大名方王《おおなかたのきみ》、倭武尊の御子に息長田別王《おきながたわけのきみ》がみえ、この御子を旧事本紀の「天皇本紀」では「阿波君等《あわのきみたち》の祖《みおや》」としている。この御子の「名方（長田）」が、その分治地域を示す「名方《なかた》」を指している可能性はあるが、この二例程度である。

資料 34　高足付近の河川図

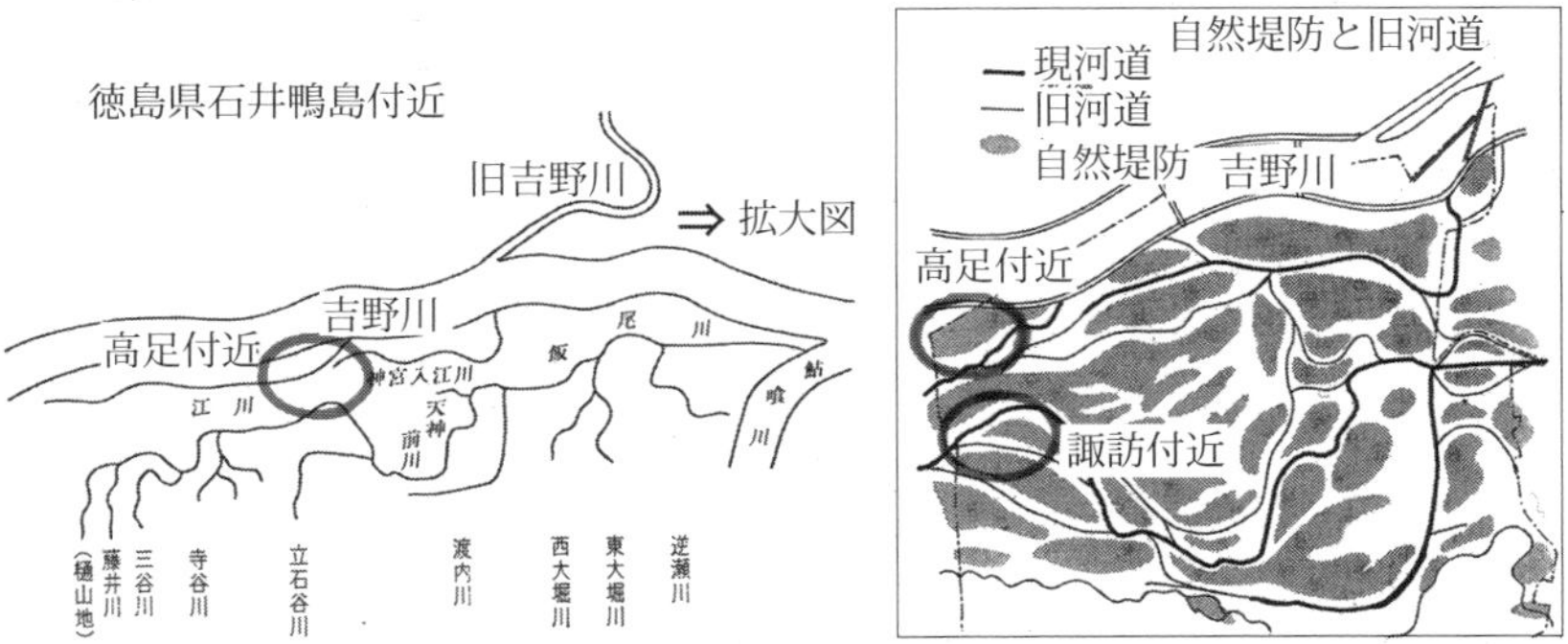

以下に筆者の解釈を述べる。

まず、「建御名方神」について、「建」は尊称。御名方は「御（尊称）・名方（地方の名方郡）」ではない。これは熟さない。地名に「大」を冠することはあるかも知れないが。また、建御名方神は、名方郡を代表する神ではない。筆者は、「ミナカタ」とは、当地域「高足《たかし》」の地勢を表わしたもので、「水方《みなかた》」又は「水潟《みなかた》」の意味ととる。この地域は、北に大河吉野川が東西に流れ、河道も過去にめまぐるしく変化しているうえに、南及び西方からは、四国山地を背に江川《えがわ》、飯尾川《いのがわ》が網目状に、排水河川のごとく流れ、その支流が高足付近で吉野川に注いでいる。まさに旧高足郷とは水郷地帯であったといえる。

『浦庄村史』所収「村邑見聞言上記」によると、

諏訪村旧河道ハ、市瀬ヨリ落タル跡ハ、八幡原ノ少シ南ヨリシテ、今ノ大道ノ南北辺隣マデノ地、時トシハ是ヲ流レ落ル、凡テ川ナラザリシ地ハ、少シモアラザリケン

とあり、高足周辺の地勢をよく表わしている。とすれば「ミナ

カタ」とは、「水潟《みなかた》の大人（支配者）」、あるいは当地域の治水・利水・灌漑《かんがい》を司《つかさど》る職能的人格を持つ「水方《みなかた》」となるであろう。筆者は後者を取るが、水方の「方」は、場所（地域）を意味し、それは同時に「親方」など役割を担う人に敬意を表わす表現で、責任者を意味する。よって高足《たかし》地域の水の責任者として「水方神《みなかたのかみ》」と呼ばれたか。ただし、「水方」は普通名詞に近く、職能を表わすので襲名も起こり得る。そこで、高天原からの使者・建御雷《たけみかづち》神と勇敢に戦った神の伝承として「建」の称号を贈り、かつ、その神の固有名詞（実名）の「トミ」を加えて「建水方富神《たけみなかたとみのかみ》」と称えたと推理する。のちの官社（式内社）登録にあたり、神名の一部を割愛、実名の「トミ」を優先し、建水富 神社《たけみなとみのかみのやしろ》（多祁御奈刀弥神社）としたと推理するものである。

　また、旧郷名の「高足（たかし）」は、「高足（たかあし）」が約《つづ》まったものであろう。水かさが高く、足の高いところまで浸る土地、または足を高く上げて渡る土地から名付けられたのではないか。

　次に、西接する麻植《おえ》郡との郡境近くの現吉野川市鴨島町牛島《うしのしま》字杉尾に鎮座する杉尾《すぎのお》神社は、式内天水沼間比古神天水塞比売神 社《あめのみぬまひこのかみあめのみずせきひめのかみのやしろ》二座に比定されるが、この神は、沼河比売の父母神とみられる。古い扁額《へんがく》が保存されているほか、社宝に麻笥《おごけ》が二つあり、その一つに「天水沼」、他の一つに「天水塞」と書かれ、裏に文正二年（一四六七）と記されているという。水沼間《みぬま》とは、折口信夫が指摘する水の神・水の女神の義で、水塞《みずせき》は、治水のための塞（水の流れを塞《ふさ》ぎ堰《せき》止める）を表わしている。両神のはたらき（職能）が、まさに「水方《みなかた》」に通じる。建御名方神は、両神の支配地「高足」を伝領した神といえるであろう。

越後国・奴奈川神社

高志国―越後国頸城郡《くびき》（現新潟県糸魚川市）に式内奴奈川神社《ぬなかわ》（論社が三社）鎮座する。祭神は、奴奈川姫・八千矛神《やちほこ》、大己貴命《おおなむち》・沼川比売命、奴奈川彦命・奴奈川姫命などと伝えられ、古事記の八千矛神と沼河姫の結婚の物語に因んだ神社とされている。しかし、この神社の祭神の伝承も、後世、記紀の記述をもとに導かれたものの曲型といえるであろう。ただ、神社名を、「ぬなかわ（奴奈川）」と伝えてきたことで、本来の祭神を突きとめる手掛かりが残されている。

筆者は、次のように解釈している。奴奈川神社の祭神は、四道将軍の一人・武渟川別命《たけぬなかわわけ》であろう。崇神紀十年に「大彦命《おおびこ》を以て北陸に遣わす。（その子）武渟川別命をもて東海に遣わす。」とみえる。この大彦命は、第八代孝元天皇の御子で、昭和五十三年埼玉稲荷山古墳出土の鉄剣銘にも顕れ、記紀に記された四道将軍の派遣が、史実であったことを裏付けるものとして注目されたところである。ただ、記紀ともに、父子の派遣先を間違え、逆に記してしまった。父の大彦命は、北陸でなく、埼玉の鉄剣銘で見るとおり、東海であった。そして、子の武渟川別命が北陸にむかったのだ。その将軍の伝承が、北陸地方に遺《のこ》り、奴奈川神社として祀られたものとみる。武は、武勇の尊称、別は、天皇から出た王子に多く用いられた。武・別ともに皇家の側から追号する尊称である。派遣先では、渟川王、または渟川別王として伝えられ、神社名も「ぬなかわ（奴奈川）」となったものであろう。あるいは今後、北陸地方の遺跡から、埼玉稲荷山鉄剣銘のような、渟川別命の遺物が発見されるかも知れない。

今日の通説は、奴奈川《ぬなかわ》神社を、高志国の沼河姫《ぬまかわひめ》と結び付け、「沼河姫（ぬまかわひめ）」を「ぬなかわひめ」と訓《よ》み替えてきたのだ。誤りであろう。

3　天照大神と須佐之男命の時代

神代の王都の地

イザナギの命は橘の小門で禊祓《みそぎはらい》を行ったあと、三貴子《みはしらのうずのこ》（左目を洗うときに天照大神、右目からは月読命、鼻から須佐之男命）を生み、天照大神には高天原を、月読命《つくよみのみこと》には夜の食国《おすくに》を、須佐之男命には海をそれぞれ治めるよう統治を委任された。

その後天照大神と須佐之男命は、姉と弟という関係で物語られるが、部族としてみれば、天照大神は天《あま》つ神《かみ》の子孫を名乗る天孫《てんそん》族、須佐之男命は長《ナーガ》（竜蛇）の出自を持つ海人族《あまぞく》であったと思われる。

また、二神の生まれ育った本貫地《ほんかんち》についても、阿波国内の神社配祀等から、天照大神は鮎喰川《あくいがわ》下流域、須佐之男命は県南の那賀（現在の那賀及び海部郡）と推定される。なお一代前のイザナギの命の出自は、

資料35　磯輪上《しわがみ》の秀真国《ほつまくに》（イザナギ・イザナミ 二神の王都）推定

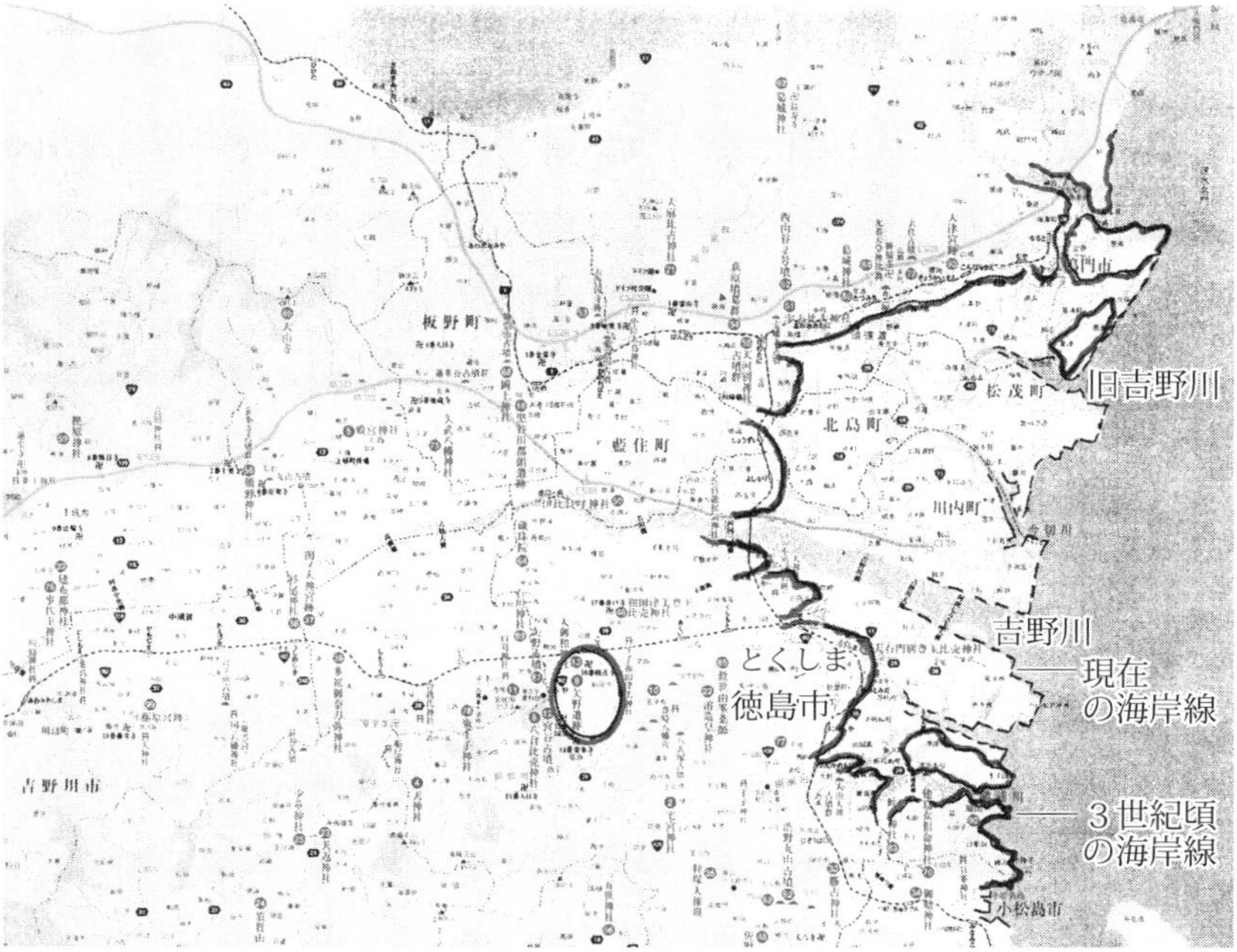

磯輪上の秀真国は、この後、天照大神が伝領する　◯印は当時の首都

おそらくイサナ（雄魚《いさな》・鯨《いさな》）で、海人族が本性であった。ただ妻のイザナミの命は、海人族とは異なる女神で、葬場（高越山《こおつざん》）の位置からも、吉野川中流域（美馬郡）が本貫地であったと思われる。

イザナギ・イザナミ二神の王都（首都）は鮎喰川下流域で、イザナギの命が自らの王都《やまと》を称《たた》えた「磯輪上《しわがみ》の秀真国《ほつまくに》」とは、鳴門市の粟津《あわづ》から徳島市の眉山《びざん》北麓までの南北約十キロ《メートル》の吉野川河口が、半円状に内湾化した地形（磯輪）の上に営まれた王都「秀真国」を形容したもので、その首都が鮎喰川下流域の気延山《きのべやま》周辺（徳島市の矢野平野が中心）であったと推定される。

また、イザナギの命から統治を委ねられた天照大神の高天原も、イザナギ・イザナミ二神から伝領した国土で、その首都は、やはり遺跡の連続性や地勢、及び神社配祀から、徳島市の矢野平野にしぼり込まれる。

天照大神は日御子

天照大神は、古事記では天照大御神《あまてらすおおみかみ》、日本書紀は、日神《ひのかみ》・大日孁貴《おおひるめのむち》・天照大神・天照大日孁尊《あまてらすおおひるめのみこと》で表わされている。この神の神格は日《ひ》の神《かみ》で、天照《あまてらす》は漢風に形容された表現、大・貴は尊称で天《あめ》は出自を表している。また日孁《ひるめ》とは日女《ひのめ》・日巫女《ひみこ》の義で、日（太陽）を祭る巫女《みこ》又は日（太陽）の御子を意味し、これを尊んで表せば日御子《ひみこ》となる。

『魏志』倭人伝が記す邪馬臺国《やまと》の女王「卑弥呼《ひみこ》」は、「日御子《ひみこ》」を漢写したものといえる。卑弥呼を記紀神話の天照大神に当てる説は、戦後すっかり語られなくなったが、戦前までは最も多かった説である。卑弥呼は三世紀の半ば頃まで活躍したことが倭人伝に記されているが、記紀神話に登場する天照大神の活躍年代については、その実在性とともに長年定まらず、古代史解明のネックの一つにもなってきた。

ただこの問題に約半世紀にわたり継続的に研究してこられた安本美典氏の統計的年代論がほぼ完成をみたこと（同氏の著書『古代年代論が解く邪馬台国の謎』勉誠出版・二〇一三）などから、卑弥呼と天照

資料36　天皇の即位年推定

安本美典氏が『新考 邪馬台国への道』（1977）で示したデータにもとづき平山朝治氏が最小二乗法により推定したもの。平山朝治「女王卑弥呼の年代」『邪馬台国』第16号　梓書院（1983）

天皇・神名	代X	即位年推定値$\hat{Y}$	min $\hat{Y}$ (95)	max $\hat{Y}$ (95)
天照大御神	－4	224.3	189.7	258.9
忍穂耳の命	－3	234.7	200.7	268.7
邇邇芸の命	－2	245.0	211.6	278,4
穂穂手見の命	－1	255.4	222.6	288.2
鵜葺草葺不合の命	0	265.7	233.4	298.0
神武	1	276.1	244.4	307.8
綏靖（すいぜい）	2	286.4	255.3	317.5
安寧	3	296.8	266.3	327.3
懿徳（いとく）	4	307.1	277.2	337.0
孝昭	5	317.4	288.0	346.8
孝安	6	327.8	299.0	356.6
孝靈	7	338.1	309.8	366.4
孝元	8	348.5	320.8	376.2
開化	9	358.8	331.6	386.0
崇神（すじん）	10	369.2	342.6	395.8
垂仁（すいにん）	11	379.5	353.4	405.6
景行（けいこう）	12	389.8	364.2	415.4
成務（せいむ）	13	400.2	375.1	425.3
仲哀	14	410.5	385.9	435.1
応神	15	420.9	396.8	445.0
仁徳	16	431.2	407.6	454.7
履中	17	441.6	418.5	464.7
反正（はんぜい）	18	451.9	429.3	474.5
允恭（いんぎょう）	19	462.3	440.1	484.5
安康（あんこう）	20	472.6	450.8	494.4
雄略	21	482.9	461.6	504.2
清寧	22	493.3	472.4	514.2
顕宗（けんそう）	23	503.6	483.1	524.1
仁賢（にんけん）	24	514.0	493.9	534.1
武烈	25	524.3	504.6	544.0
継体	26	534.7	515.3	554.1
安閑	27	545.0	525.9	564.1
宣化（せんか）	28	555.3	536.6	574.0
欽明	29	565.7	547.2	584.2
敏達	30	576.0	557.8	594.2
皇極	35	627.8	609.8	645.8
天武	40	679.5	662.7	696.3
聖武	45	731.2	713.2	749.2
桓武	50	782.9	764.7	801.1

min $\hat{Y}$、max $\hat{Y}$ のあとのカッコ内の数値 (95) は信頼度を示す

大神の活躍年代がほぼ一致すると認められるに至っている。（注1）

そこで、これまで天照大神＝卑弥呼説の倭人伝の記事と記紀神話の天照大神の物語がよく似ており、かつ卑弥呼と天照大神の属性も一致するという論考を踏まえ、神話の本源地の復元を試みる。

国譲り交渉とは奪われた国土を取戻す戦い

天照《あまてらす》大神と須佐之男《すさのお》命の物語は、資料４（第一章）であらすじを示したが、須佐之男命が高天原に進入した時、「山川悉《ことごと》に動《とよ》み、国土《くにつち》皆震《ゆ》りき。」とあり、天照大神は国を奪いにきたと思って武装して身構え対峙《たいじ》する。須佐之男命の荒《すさ》ぶる神、度を越えた破壊の神の側面がすでに語られている。高天原では大宜都比売《おおげつひめ》に食物を乞い、その仕草《しぐさ》を誤解して大宜都比売を殺してしまう（五穀の起源譚）。また天照大神と誓約《うけい》をして五皇子三女神を儲《もう》けるところまでは、それほど険悪ではなかった。誓約で天照大神が須佐之男命の持つ剣を三段に折り、これを物実《ものざね》（元となる種）として三女神が生まれたあと、須佐之男命は、女神が生まれたことをもって自分が勝利したと叫び、そこから凶暴となる。ついには天照大神が大切にされている御田《みた》や、神に神饌を供え祭事をする大贄《おおにえ》の神殿、神の衣を織られる忌服屋《いみはたや》などを破壊してしまうのである。これは高天原中枢（徳島市国府町矢野を中心とした首都）の侵略であり、須佐之男命に国を奪われたことを意味する。

この後、天照大神は天石屋《あまのいわや》に隠《こも》られ、そして出られたあと、大国主命らが支配する葦原中つ国《あしはらのなかつくに》を「我が御子の知《し》らす国（治《おさ》める国）ぞ」と命令し、ここから国譲り交渉が始まるのである。

この物語は、須佐之男命によって奪われた国土を次の代で奪還するというのが地《じ》の文であったであろう。国を譲れといわれ、その交渉に応じたり、また国を譲るようなお人好しの国はない。記紀は王家の側《がわ》に立って書かれているので「奪われた」とは表現できず、国の奪還も「国譲り」と表現したものである。天照大神が奪い返そうとする「葦原中つ国」を指して「豊葦原之千秋長五百秋之水穂国《とよあしはらのちあきのながいほあきのみづほのくに》は、我が御子正勝吾勝勝速日天忍穂耳命《まさかあかつかちはやひあめのおしほみみのみこと》の知らす国ぞ」と表現したのも、先代のイザナギ・イザナミ二

資料37　皇統譜（天孫五代まで）　※神名は古事記の表記による

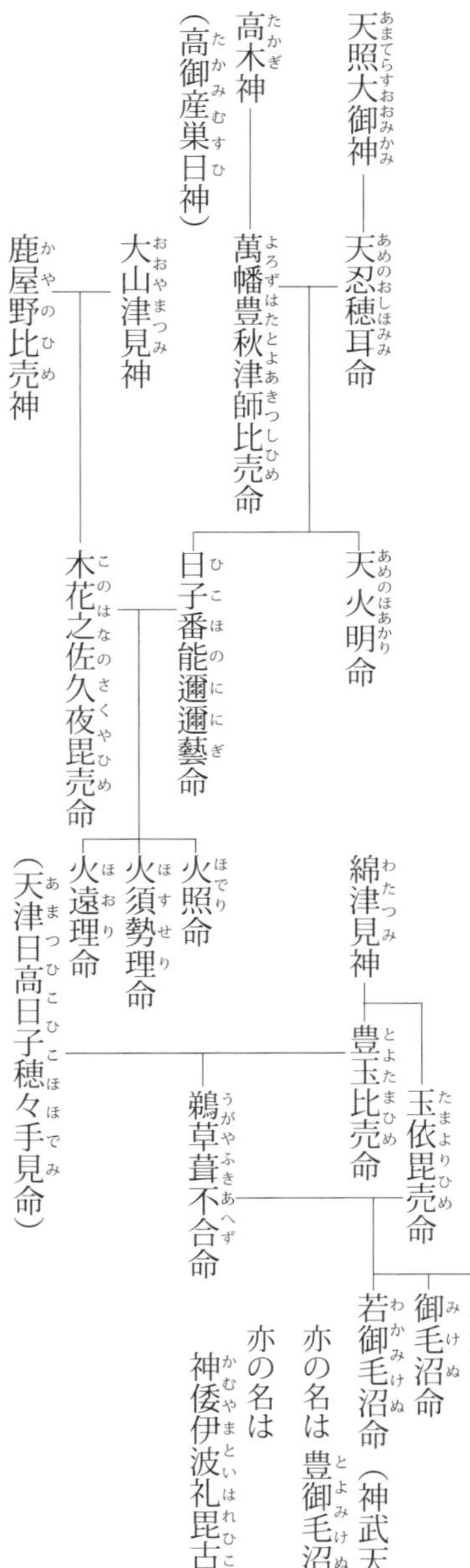

神から譲り受け、また大神《おおかみ》自らも慈《いつく》しみ営《いとな》んできた国故《ゆえ》に、「千長《ちなが》に豊かな稔《みの》りが約束された水穂国であり、我が第一皇子である天忍穂耳命が、正当に素早く勝ち取り（奪い返し）統治する国であるぞ」と呪文したもので、もとより自らの国土であったという表明である。

　したがって次に続く物語である国譲り交渉は、奪われた国を取り戻すための交渉と戦いであり、続いて展開される天孫の降臨も、国譲り交渉が成立したあと、取り返した国を安定させるための行動

資料38 神話の流れと『魏志』等の記事

神話（古事記）の流れ

- ●須佐之男命が高天原に侵入し天照大神と対峙する。
- ●二神誓約《うけい》（神に誓って占い）のあと、須佐之男命は凶暴となり、天照大神の御田や神殿のほか、高天原を破壊する。
- ●天照大神は恐れ天石屋《あめのいわや》に隠《こも》る。
- ●高天原では神々が祭礼をつくし天照大神の再出現をはたす。
- ●須佐之男命に罪を償《つぐな》わせ追放する。
- ●大国主《おおくにぬし》（命）が須佐之男命のあとを継ぎ国王を名乗る。
- ●天照大神が葦原中つ国は我が皇子に譲るよう詔《みことのり》を発する。
- ●高天原から国譲り交渉の使者が遣わされる（第一、第二次）が効果なし。
- ●第三の使者、建御雷神《たけみかづちのかみ》（建布都神《たけふつのかみ》）が遣わされ、建御名方神《たけみなかたのかみ》を敗る。大国主命、事代主命らは葦原中つ国を譲ることを誓い、争いは終結する。
- ●天孫二代目邇邇芸命は天降りし木花之佐久夜比売《このはなのさくやひめ》を娶《めと》り御子三人を儲《もう》ける。
- ●天孫三代目火遠理《ほおり》命が綿津見神《わたつみのかみ》の娘、豊玉比売りを娶り、鵜草葺不合《うがやふきあえず》命を生んだが、その後、夫婦は別れる。
- ●妹の玉依比売が鵜草葺不合命を育て、成長を待って結婚し、四人の御子を儲けた。四人目がのちの神武天皇である。

『魏志』及び『晋書』の記事

- ●邪馬臺《やまと》国と狗奴《くな》国は不仲であった。
- ●二四七年、卑弥呼は帯方郡に使者を派遣し、狗奴国と戦争中であることを伝える。
- ●卑弥呼が亡くなり塚に葬られた。
- ●卑弥呼のあと男王が立つが国中がそれを認めず再び戦争となる。
- ●この戦争で約千人が戦死した。
- ●卑弥呼の宗女（あととりの娘）臺《と》与《よ》十三歳を立てて女王とし、ついに国中が治まった。
- ●二六五年、魏朝滅び晋朝建つ。
- ●『晋書』の泰始二年（二六六）「倭人来たりて方物を献す。」とある。（臺与による遣使であろう）

であった。それは天孫二代・三代・四代にわたって続けられ、天照大神の神勅どおり国土の奪還と水穂国の安定化にめどを立て、ついに神倭伊波礼比古命《かむやまといわれひこのみこと》が、初代神武天皇として即位するのである。

神話と魏志倭人伝の記事の一致

『魏志』倭人伝によると、正始八年（二四七）、卑弥呼が帯方郡に使者を派遣し、邪馬台国の南の狗奴国と戦争中であると伝えている。帯方郡（役所）は檄《げき》（文）をつくり、黄幢《おうたく》（軍旗）等を使者に手渡したと書かれている。その後の記事は、「卑弥呼以て死す。大いに冢を作る。径百余歩。…更に男王を立てしも国中服さず。更々《こもごも》相誅殺《ちゅうさつ》し、当時千余人を殺す。また卑弥呼の宗女臺与《とよ》年十三なるを立てて王と為し、国中遂に定まる。」と続く。この記事は、記紀神話の須佐之男命の高天原の侵略、天照大神の石屋隠れ、国譲り交渉（内乱）、天孫降臨、天孫三代目の后豊玉比売の出産と夫との別れの物語までを、聴《き》き取ったかと思えるほどあらすじが酷似しているのである。

首都を侵略され鮎喰川上流に後退する

さて、須佐之男命の本貫地は県南の那賀・海部で、現在の阿南市以南を嫡男《ちゃくなん》の大国主命とともに支配していたと思われる。ただ本格的な活躍は、阿南市から北上し勝浦川河口（小松島市）に拠点を移した頃からで、孫にあたる事代主命も加わり勢力を拡大していったと思われる。拠点を北上させ

資料39　邪馬台国と狗奴国

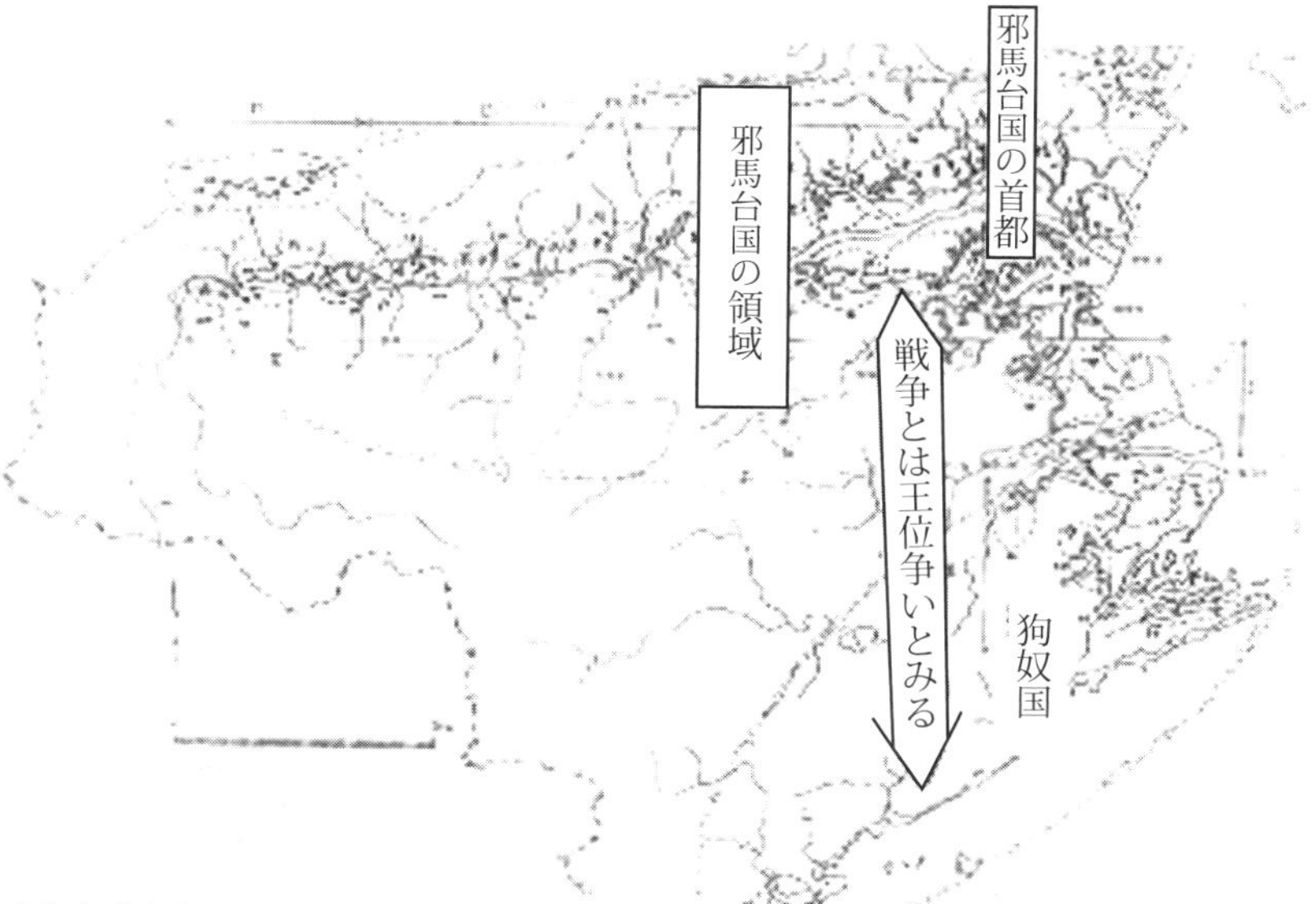

近藤玲「徳島県の弥生時代の遺跡」に加筆

た理由は天照大神（卑弥呼）との関係によるが、倭人伝に切り替えて説明すると、卑弥呼は二三九年、二四三年、二四五年、二四七年に帯方郡に使者を派遣している。この航海に船団を組織し船団長として指揮を執ったのが須佐之男命とみる。須佐之男命は、こうした大陸航路のほか、一族の持つ航海技術によって列島各地との交易の拡大や友好拠点の開拓を進め、邪馬臺国の発展に貢献したが、これが権力欲を刺激し、また景初四年（二四〇）、魏の皇帝から銀印を下賜されたことも加わり、やがて武力によって王権を奪おうとしたのが高天原の侵略であった。

首都である鮎喰川《あくいがわ》下流域が侵攻され、矢野平野まで迫られた邪馬臺国《やまとこく》軍とその中枢は、鮎喰川上流域に後退して神山町神領《じんりょう》字上角《うえつの》

資料40　上角の地形と邪馬臺軍（高天原）の第一次防衛線想定図

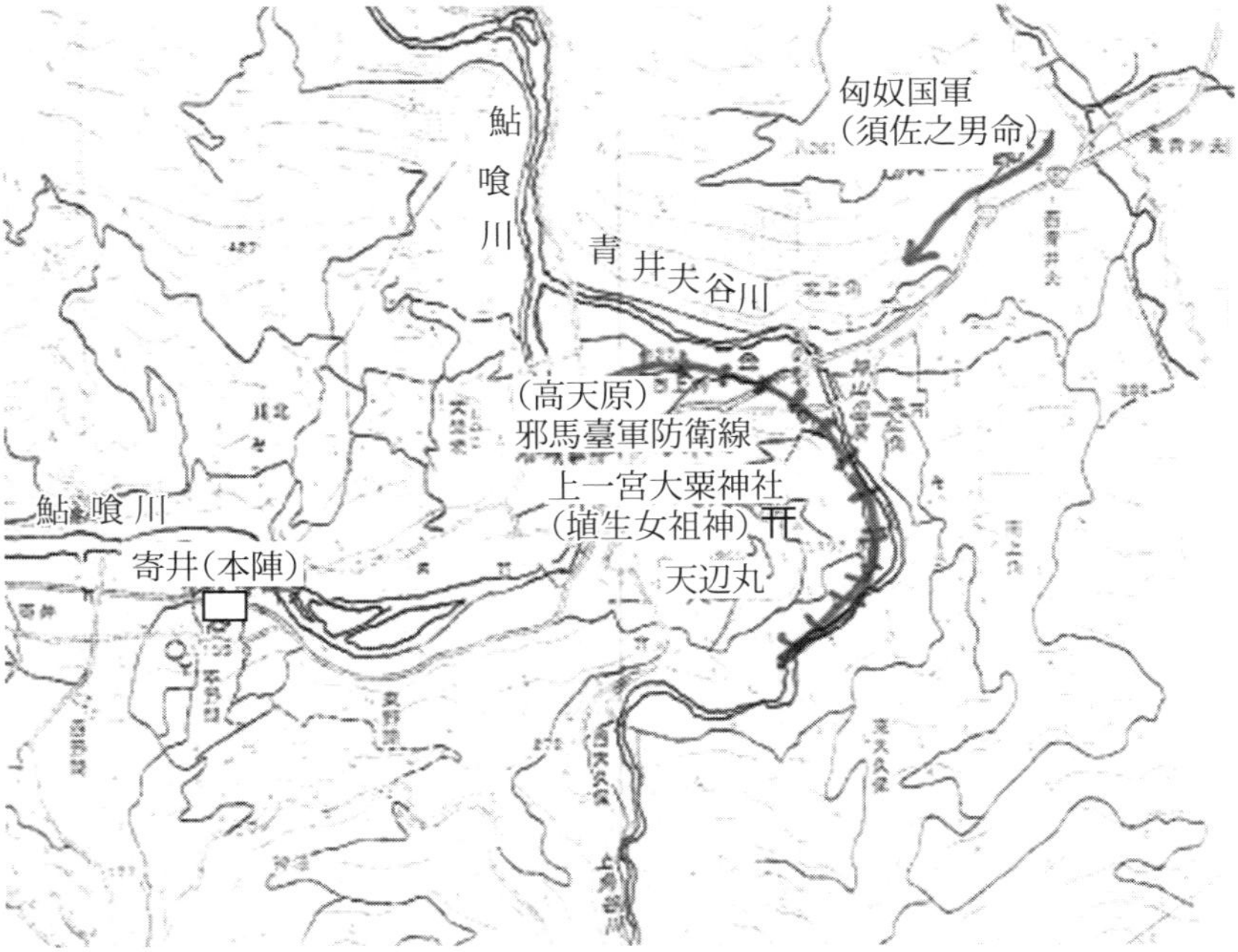

で防衛線を張ったとみられる。

鮎喰川《あくいがわ》は、吉野川の南岸の最下流に注ぐ支流で、四国山地北斜面の名西郡神山町《みょうざいぐんかみやまちょう》奥屋敷に源を発し、神山町上分《かみぶん》、下分《しもぶん》、神領《じんりょう》、広野《ひろの》、徳島市入田《にゅうた》、一宮《いちのみや》、国府を経て徳島市北方で吉野川に注ぐ全長約四十三キロメートルの河川である。神山町の神領・広野では盆地状の低地が形成され、また、徳島市域は縄文時代後期以降の県内最大級の遺跡が連坦《れんたん》し、青銅器の出土も県全体の四十七パーセント（銅剣・銅鐸四十八個のうち二十二個）を占め、さらに天石門別八倉比売神社（大社）を含む官社九社、四国霊場札所六か寺が集中する古代阿波の中枢、王権の発祥地を彷彿《ほうふつ》させる流域である。

上角《うえつの》は鮎喰川本流と支流の青井夫谷川《あおいぶだにかわ》に

挟《はさ》まれた小盆地で、その中央の独立峰（天辺《てっぺ》の丸《まる》・二五五㍍）の麓部には上一宮大粟神社《かみいちのみやおおあわ》（元国史見在社の埴生女屋神社《はにのめおや》）が鎮座し、東面して青井夫谷川下流域を見降す位置にある。また裾部には鮎喰川の支流（上角谷川）が取り巻き、天然の砦《とりで》といえる地形となっている。邪馬臺国軍は広野から神領まで後退し、天辺の丸を砦として東北の麓部に兵を配置して防衛線とし、その約一キロ㍍奥（上流）の寄井《よりい》（現・神山町役場付近）を本陣としたと想定する。

地名の「上角《うえつの》」は「上つ野」で、元は「神つ野《かみつの》」であった可能性が高い。また、寄井は、寄《よ》り居《い》で、まさに本陣を置いた場所の地名が遺《のこ》ったものと思われる。この陣容のなか女王卑弥呼は神領字高根《こうね》（現・悲願寺《ひがんじ》、標高七二〇㍍）を仮宮とし、指揮をとったと想定する。ただ、邪馬臺軍が矢野から上角に後退するまでの過程（徳島市国府町から鮎喰川を遡り、入田、広野の間）について押さえる必要があるが、この流域には須佐之男命を祀る神社が連なり、神話の八俣《やまた》の大蛇《おろち》退治に表れる地名が次々頻出《ひんしゅつ》するのである。

4　須佐之男命の大蛇退治

須佐之男命の大蛇退治の物語に関係すると思われる地名が、なぜ神山町広野を中心に分布しているのか。櫛名田比売《くしなだひめ》—名田河《なだごう》。須佐之男命が櫛名田比売を娶《めと》った須賀《すが》の地—須賀・須賀山・須賀口。

資料41　須佐之男命の大蛇退治の舞台

〇で囲っているところが大蛇退治の舞台　●は須佐之男命を祀る神社

『ふるさとマップ』（徳島新聞社）に加筆

二神から生まれた狭漏彦《さるひこ》―方子（猿）人形の信仰。大蛇《おろち》退治―鬼籠野《おろの》。大蛇の尾から得た太刀《たち》―元山《もとやま》の風の神（鍛冶集団が信仰する神）を祀る高さ二十㍍の女陰石をご神体とする立岩《たていわ》神社。須佐之男命が櫛名田比売を成長するまで「長養《ひだ》した（育てた）」地―「長瀬」「養瀬」の地名など、これらは偶然とはいえない。また、須佐之男命を祀る神社も、鮎喰川流域に沿って八坂《やさか》神社（神山

気延山周辺

町阿野《あの》字川平）、佐手宮《さでのみや》八幡神社（阿野）、八坂神社（阿野字上河内）、柏《かしわ》神社（阿野）、伊予神社（阿野）、八坂神社（阿野字舟底）、八坂神社（阿野字折木）、八坂神社（神領字中津）、天王《てんのう》神社（神領字本小野）等で確かめることができ、神話の本源地故の痕跡と思えるのである。

さて、天照大神の首都（矢野平野）の背後の山地（神山町広野―神領）は防衛上からも極めて重要な地帯となる。その山地が須佐之男命の説話の舞台とすれば、同命の侵略の足跡となる。しかも須佐之男命は勝利者となっている。とすれば、須佐之男命は天照大神の首都を攻め、さらに入田から鮎喰川沿いに広野・神領まで侵攻し勝利した伝承が、大蛇退治の物語であったことになる。

以下でその痕跡を追うと、物語は「肥《ひ》の河上《かわかみ》、鳥髪《とりかみ》」という地に箸が流れ下ってきたところから始まる。肥の河とは、日の河すなわち日神《ひのかみ》（天照大神）の治《し》らす川とみる。鮎喰川《あくひのかわ》にその名残りがあり、気延山《きのべやま》の北麓が「鳥坂《とっさか》」で、坂は上に通じるので「鳥上《とりかみ》（坂）」であった可能性もある。鳥坂のすぐ上流の気延山東陵が日の神（天照大神）を祀る天石門別八倉比売神社である。ここから川を上ると、老夫婦がいて、我は大山津見神《おおやまつみ》の子で足名椎《あしなづち》・手名椎《てなづち》というと。吉野川北岸板野郡、讃岐との境をなす大山が大山津見神の本貫地で、妻の鹿屋野比売《かやのひめ》命が同地に式内社で祀られている。両神とも普通名詞に近い神名であるが、吉野川北岸流域を押さえる首《かしら》夫婦で足名椎・手名椎がこの神の子として語られているのは、大蛇退治が阿波国内の物語であることを示すもの。老夫婦の娘が櫛名田比売《くしなだひめ》。鮎喰川を上る神山町広野の名田河《なだごう》の姫であったか。川筋が幾重に折れ曲がり（櫛は間断なく続く様）まさに、櫛名田の地形に一致する。この地は古墳の石棺材を利用した板碑が多く発見され名田河板碑として町指定文化財となっている。天返《あまがえし》神社あたりが櫛名田姫の葬場かとみられる。

上流には神山町鬼籠野《おろの》がある。鬼籠野の「野」は「地」であって「オロチ（大蛇）」であると立てたのは堀川豊平氏であった。鬼籠野の元山《もとやま》に高さ二十メートルの女陰石をご神体とする立岩《たていわ》神社が鎮座する。風の神シナツヒメを祀り、古代の鍛冶集団の存在をうかがわせる。須佐之男命が大蛇の尾から得た都牟刈《つむかり》の太刀を、この地の鍛冶集団を征した戦利品とみることもできる。神山町には次郎鉱山・東山鉱山・持部鉱山など金・銀・亜鉛を含む含銅硫化鉄鉱床が採掘されていたことでも知られるが、元山の麓部の青井夫には鍛冶精錬等を行っていたことを示すたたら音頭が伝わる。

さて須佐之男命は、大蛇退治のあと老夫婦のもとに帰り須賀の宮を造り、櫛名田姫を妻として、〝あすがすがし〟といって歌を歌う。

　八雲立つ　出雲八重垣　妻籠《つまご》みに　八重垣作る　その八重垣を

阿波には「出雲」の地名は存在しない。しかし名田河の上流域正面が「須賀」で、鮎喰川の本流と支流に挟まれた独立峰が広野富士《ひろのふじ》とも称えられる須賀山《すがやま》である。須賀山は北裾部で鮎喰川本流と鬼籠野谷《おろのだに》川が合流しているため、川幅は広くなり、この一帯だけが四方の山が後退し、天空が拡がる景色となっている。そのため気流の変化によって雲が発生しやすい地形を生んだものと思われる。このような地形から「八雲立つ」「須賀の地」と讃えられたのであろう。実にすがすがしい青須賀山《あおすがやま》の山容である。須賀山の中腹には集落があり、そこでは家屋のことを「御殿《ごてん》」と今もいい、中腹から山頂にかけて祀られる天王神社などのご神体は蛇であるという。書紀の一書の二には、櫛名田姫を「長養《ひだ》して」（育て、生長させて）妻にしたとあるが、須賀山の南北の麓部に「長瀬《ながせ》」「養瀬《ようせ》」の地名もある。「長養の瀬」は偶然とは思えない。須賀山のすぐ下流域は川幅が最も拡がり、古代の舟泊《ふなどまり》跡とみられるが、これを見下す位置にわだつみの少童《しょうどう》神社がある。この神社のお堂には方子《ほうこ》人形が祀られている。方子とは猿の別称で、方子山もある。

須佐之男命と櫛名田姫との間に生まれたのが狭漏彦《さるひこ》（清《すが》の湯山主三名狭漏彦八嶋野《ゆやまぬしみなさるひこやしまの》）、亦の名軽彦《かるひこ》で、サルヒコ→カルヒコ→少童（少童神社）と伝えられ、サルヒコの信仰から方子人形が祀られる

須賀山　須佐之男命が櫛名田姫を娶り〝ああすがすがし〟とうたった須賀の地

ことになったかも知れない。神社境内に露出している石棺は、狭漏彦の可能性もある。以上が本源地の復元である。「出雲」はダミーであったといえる。またこの地（古代船泊）が重要であったことは、「三代実録」貞観十四年（八七二）阿波国船盡《ふなつき》神社に従五位下を授くとあり、すぐ下流域の神山町阿野字歯辻《はのつじ》で祀られ、さらに下流の徳島市入田町天ノ原《あまのはら》には水門神《みなとのかみ》を祀る式内麻能等比古《まのとひこ》神社（現・天神社）が定められている。麻能等《まのと》は水門《みなと》が変化したものかも知れない。

いずれにしても、鮎喰川流域が皇統に通じる天《あめ》の安河《やすかわ》で、天の安河の誓約、須佐之男命の大蛇退治、天照大神の葬儀（天岩屋）の相談をした天の安の河原《かわら》もすべてこの流域の物語といえる。今日遺る阿野《あの》・阿川《あがわ》は「やすの（安の）」「やすかわ（安河）」であったかも知れない。

資料42　国譲り交渉で活躍する大国主神の御子

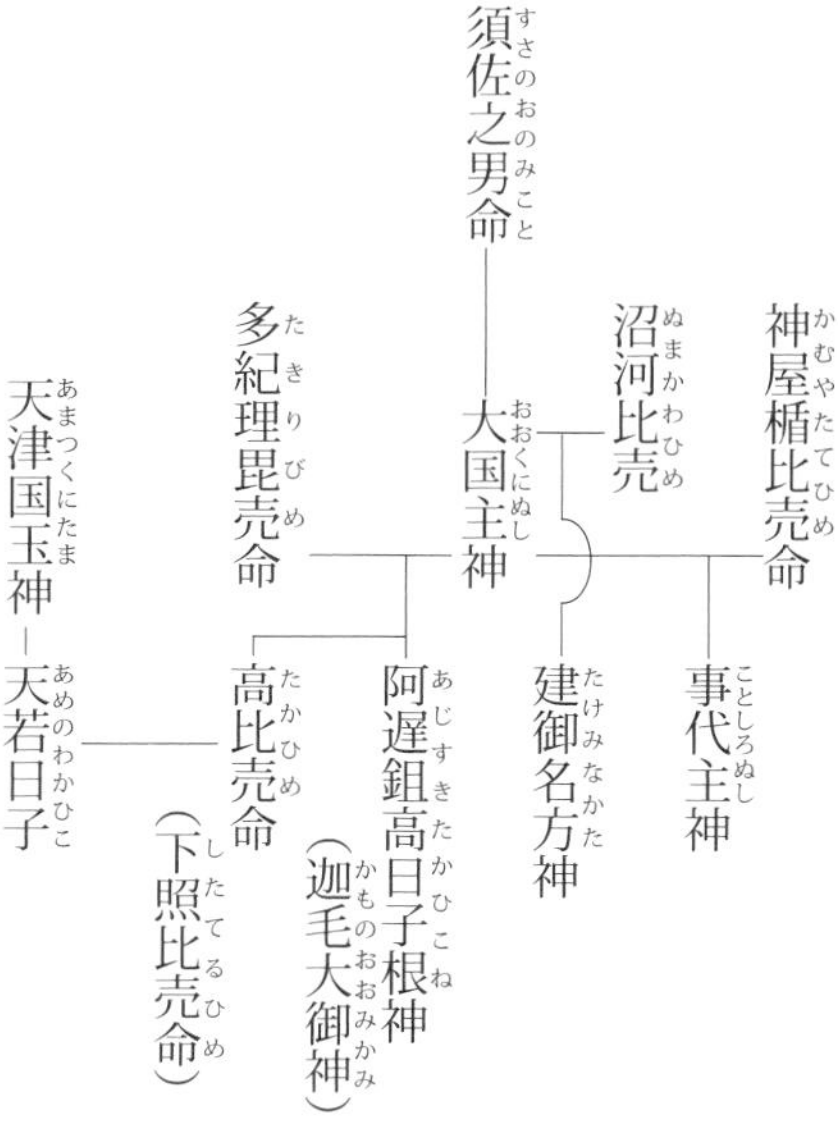

5　国譲り交渉と天孫の降臨

大国主命が国王を名乗る

神山町上角《うえつの》（現・上一宮大粟神社付近）まで後退した高天原軍の中枢は、防戦する一方で反撃して国を奪い返す策を講じたであろう。神話の展開をみると（前節参照）、このあと須佐之男命が追放され、跡目を継いだ大国主命が葦原中つ国の国王となる。次いで天照大神は、葦原中つ国を国譲りするよう（奪い返すよう）天孫らに命じ、国譲り交渉の使者（第一次～第三次）を遣わす。

国譲り交渉では須佐之男命はすでに登場せず、子（大国主命）や孫（事代主命・阿遅鉏高日子根命・建御名方命）に世代交替している。また高天原（天つ神）側も天照大神が詔を発しているが、その後の命令は高御産巣日神《たかみむすび》がほぼ代行し、国譲り交渉も天照大神の誓《うけ》いの御子らが遣わされ、続く天孫の降臨は天照大神二代目の孫にあたる邇邇芸命《ににぎ》である。つまり、国譲り交渉から天孫の降臨までは一世代前後の期間を要していると思われるのである。

ここで倭人伝の記事に目を移すと、卑弥呼のあと男王が立つも国中が服さず、さらに戦いが続いて千余人の戦死者が出たとある。この数は狗奴国の邪馬臺国侵略時の死者を含め、臺与《とよ》が十三歳で女王となるまでの通算とみることもできる。筆者は、戦いは休戦状態の期間も含め十数年続いたと把えている。そして男王が立つとあるのは大国主命であろう。大国主命は、国作《くにづくり》大己貴《おおなむち》命・大物主神・葦原醜男《あしはらのしこお》・大国玉《おおくにたま》神・顕国玉《うつしくにたま》神などの名を持ち、国作りの神としても語られている。「大国玉」とは、国の宝・国王を意味する名である。また、「大国主」も同義で、顕《うつし》国玉神とは、現に生きている国王を意味し、死後祀られる神ではなく、現に生きている国王が神として崇められたことを示す神名である。

記紀に国王として明示していないのは、王家の側から書かれたためで、天照大神のあと、天孫四代の統治の連続性が分断されることを避けたものと思われる。それでも国王としての伝承の断片は伝えられている。古事記神話全体の中で、独立した一章を設け大国主命の出世譚を収めている（第一章資料4『古事記』上つ巻のあらすじ参照）。

古事記本文の全文字数一万三八八五文字中、三〇九九文字（二二パーセント強）が費やされ、これは天孫を含めて例がなく、別格の扱いである。また、神の名義も大国主・大国玉・顕国玉等先に示したとおりで、国王を表す歌も日本書紀に収められている。

崇神天皇の八年、活目《いくめ》が天皇に御酒《みき》を奉り、次の歌を詠んでいる。

この御酒《みき》は　我が御酒ならず　倭成《やまとな》す
大物主《おおものぬし》の醸《か》みし　御酒　幾久《いくひさ》　幾久

崇神天皇に対し、倭の国を成した大物主《おおものぬし》（大国主）の神の贈り物だと歌っている。「倭成《やまとな》す」とは、倭の建国または倭の国の経営を意味するが、言い替えれば倭の国王ということである。また、前掲したとおり、大国主命が王都やまとを「玉牆《たまがき》の内《うち》つ国《くに》」と称《たた》えたのも、やまとの国王として国誉《くにぼ》めであり、倭の王にのみ許される振舞いであった。

大御和神社

大御和神社

矢野平野（天照大神の首都）の一角に式内大御和《おおみわ》神社（国府町府中《こう》）が鎮座する。『阿府志』によると「俗ニ印鑰《いんやく》大明神ト云　祭神一座大己貴《おおなむち》尊・按大和国三輪ト同神也　印鑰神ノ社地ニ天照大神ノ宮アリ俗ニ伯母《おば》ノ宮ト云　大己貴尊ハ日神ノ甥《おい》也…」とみえる。何と大国主命（大己貴尊）を祀る神社の境内に天照大神の宮があったという。この作法は、当地が元《もと》天照大神の支配地であったことを示すもので、大国主命がこの地（天照大神の首都）を新たに治めるにあたって、先王である天照大神を神社の社地内に祀ったものといえる。のちの第十代崇神天皇が、倭国の西端、美馬《みま》の地に入り宮を営むにあたって、先王（開拓神）である倭大国魂神（大国主命）を祀ったのと同じ思想である。この祭祀形態は、大国主命が一時期倭の国王を名乗り当地を治めたことを補強する史料となるであろう。

さらに付け加えれば八倉比売神社の鎮座する矢野神山《やのかみやま》（天照大神神陵・標高一一九《メートル》）の中腹（標高約六十《メートル》）に宮谷《みやだに》古墳が築かれているが、「宮谷」は「みわ（御和）谷」だったのではないか。天照大神に次いで倭を治めた王として大国主命が同じ尾根に鎮まることになったものと推測する。築造は古墳時代初頭で時代も一致する。

神社名の「大御和《おおみの》」の意味について、充分な所見はないが、「大」も「御」も尊称で、「和」は和（倭《やまと》）で和の国・国王を表したものか。あるいは「和邇《わに》」（出自）の「和」のいずれかと考えられる。県南端の奈佐《なさ》湾を見下す大宮山に鎮座していた和奈佐意富曽《わなさおおそ》神社（須佐之男命）の「和」も同義と思える。

なお、奈良県桜井市の大神《おおみの》神社祭神は同じとするが、奈良県は神話時代には関わりのない地域であることから、阿波の大御和《おおみわ》神社が元社であったと考えられる。

高天原の国土奪還策と戦闘

神山町神領《じんりょう》字上角《うえつの》で防衛線を敷き、寄井に本陣を構えた高天原軍の中枢は、大国主軍と対峙《たいじ》することになったが、その戦略は国譲り交渉をする一方で、他の勢力を糾合《きゅうごう》して高天原の首都を取り戻すことであった。その引き入れた勢力として、天孫に道案内のため出迎えた猿田彦命が大麻比古神社（鳴門市大麻町）、高天原から第三の使者として遣わされ、対峙する建御名方の神を破り、国譲り（奪還）を決定付けた建布都の神（建御雷男命）は、建布都神社（阿波市市場町）、天孫邇邇芸命に妃として娘を差し出した母鹿屋野比売命は鹿江比売《かやのひめ》神社（板野郡上板町《かみいたちょう》）に、すべて吉野川北岸下流域で祀られている。高天原軍は、これら吉野川北岸勢力を味方に付け反転攻勢に出たのである。他方国譲り交渉は天菩比命を第一の使者、天若日子を第二の使者として葦原中国の首都に遣わした（第二章　4参照）。

大国主軍との戦いの痕跡については、神山町内の伝説や口承化されたものがあったと思われるが、初臼山《はつうすさん》の伝説は、昔、山の上と山の下で弓矢の戦いがあり、戦死した武人の骨を葬った処が初臼山であるという。

「オフナトさん」の信仰については、神山町固有の習俗である。語源は船戸神《ふなどのかみ》からとみられ、イザナギの命が禊祓をしたとき、投《な》げ棄《う》つる御杖《みつえ》に成れる神として衝立船戸神《つきたつふなどのかみ》が表れたとみえる。道祖神の類で、一般的には村境・峠・橋のたもとなどに祀られ外敵や外来者の進入を防ぐ神として祠が据えられている。神山町の場合も石造の祠や、板状の石を組み合わせた石室、扁平な丸石や球形の

資料43　オフナトさん分布図（・印961か所）と防衛線

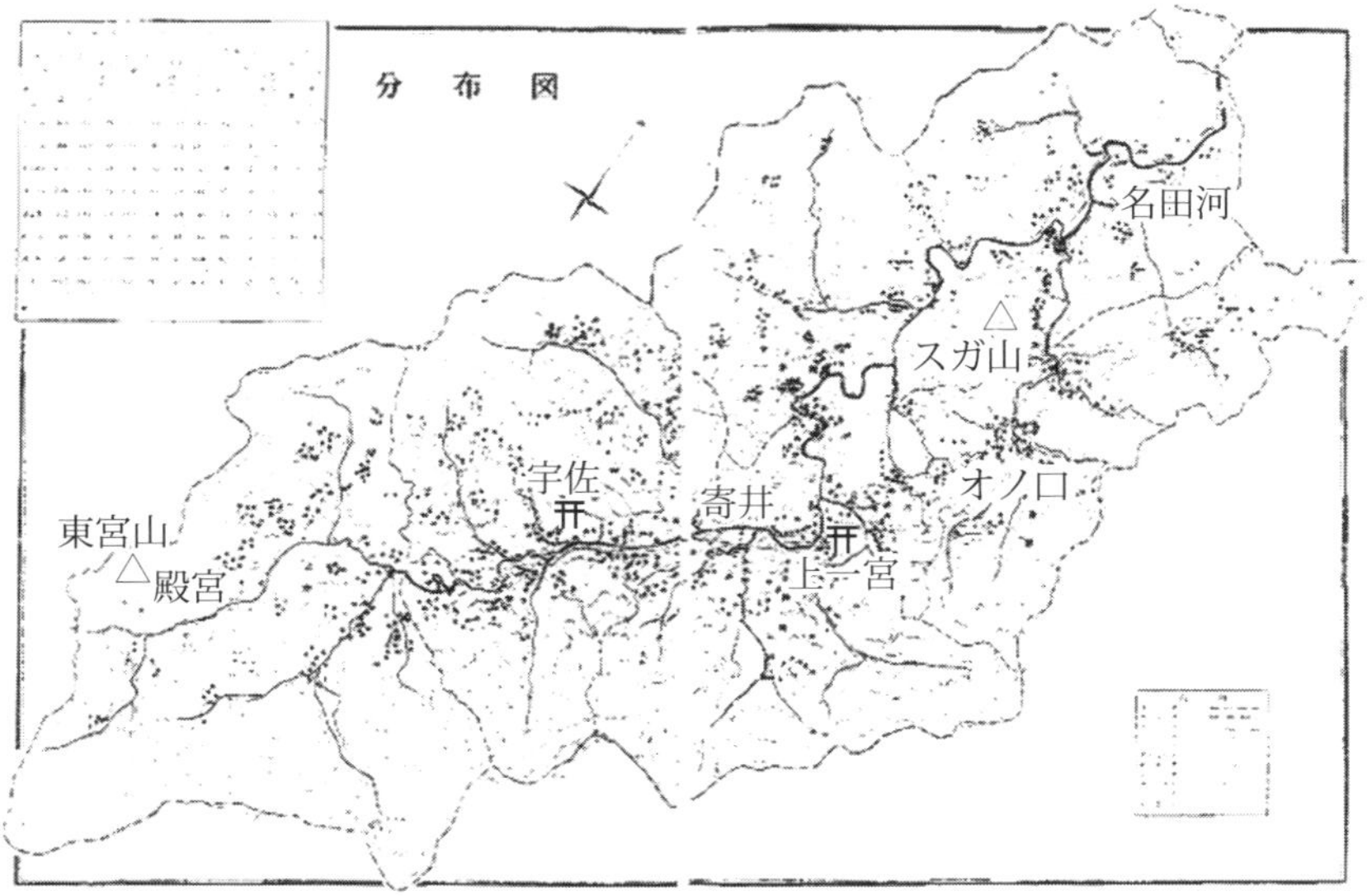

下分鍋岩・左右内小学校の下にある
オフナトさん

石など多様であるが、その数や祀られる場所については驚きを隠せない。昭和五十四年の全町調査では総計九六一基、場所は、部落の入口や出口、旧道の路傍の他、その殆どは家の庭、勝手口、屋敷の入口や門、田の端、水源地などである。（注2）

また、同町では庚神《こうしん》さんの調査も行われ、総数一九八基と報告され（注3）、これも他市町村に比べて多いと思われるが、何よりオフナトさんの数は異常である。それは、町内あげて、また各戸ごとに外来外敵の侵入を防ぐという切迫した過去の歴史（記憶）を想起させるものがある。また祠には年に二回、綿着《わたぎ》や帷子をまるで人に着せるかのように供えるという。『邪馬壱国は阿波だ』の著者堀川豊平氏は、これは駐屯兵に対するまかないだ、と考察した。下流の矢野平野（高天原の首都）から、押し込まれて神山に後退し、神山では在住者も共に兵士と力を合わせて戦い、防戦した歴史の痕跡といえるのではないか。首都にとって、後背の山地（神山町）は国の防衛の面からも最も重要な地域である。当然同国人（天つ神）が居住していたであろう。

「オフナトさん」の分布から、高天原軍は神山の奥地にまで攻め込まれた可能性があるが、第二の砦として宇佐八幡神社周辺の、四方が見渡せる平坦な河岸を選び、すぐ下流の両岸に銅剣を埋納して結界を張り、戦闘と同時に西の峠を越え、穴吹川を下って吉野川北岸勢力に加勢を求めたと想定する。

資料44　宇佐八幡神社周辺　銅剣埋納地

邇邇芸命が目的地とした吾田はどこか

邇邇芸命が高千穂峯からさらに降った

最終目的地については「吾田《あた》の長屋《ながや》の笠狭碕《かささのみさき》」(紀本文)、大伴氏が提出した資料と思われる最も信頼できる紀の一書の四も「吾田の長屋の笠狭の御碕」とある(なお古事記は明記していない)。「吾田《あた》」は、邇邇芸命の妃となった木花之佐久夜比売《このはなのさくやひめ》の亦《また》の名が、「神阿多都比売《かむあたつひめ》」や「吾田鹿葦津姫《あたかしつひめ》」と呼ばれていることから父母神の大山津見神・鹿屋野比売神の本貫地の地名が「吾田」であったことがよみ取れる。そこで、式内鹿江比売《かやのひめ》神社が鎮座する板野郡上板町《かみいたちょう》周辺(吉野川北岸)が「吾田」であることが証明できれば、邇邇芸命の最終到達地を確定することができる。

「吾田」については、神功皇后《じんぐうこうごう》摂政前紀に手掛りとなる記事がある。皇后は、夫の仲哀《ちゅうあい》天皇が神のお告げに従わないで亡くなられたことを傷み、自ら斎宮《いつきのみや》に入り、武内宿禰《たけのうちのすくね》に琴をひかせ、中臣烏賊津使主《いかつのおみ》を審神者《さにわ》として、仲哀天皇に教えられた神がどこの神なのか知りたいと祈られた。この時あらわれた神が「形に現れた吾《われ》は、尾田《おだ》の吾田節《あたふし》の淡郡《あわのこおり》にいる神である」といわれた。また、まだおられますかと問うと「天事代虚事代玉籤入彦厳之事代神《あめにことしろそらにことしろたまぐしいりひこいつのことしろのかみ》がある」と答えられたとみえる。このときの神のことばに「吾田《あた》」が表われ、それは「淡郡《あわぐん》」であると答えられている。意味としては「吾田節」(吾田《あた》の端《はし》)の「淡郡」で、淡郡を含めた周辺一帯が「吾田」であるという解釈が可能である。『釈日本紀《しゃくにほんぎ》』(日本書紀の注釈書)は、この地を阿波国阿波郡の建布都神社としているが「淡郡」(阿波国阿波郡)を指していることは明らかである。

事代主神社　阿波市市場町伊月

また事代主命も阿波国式内社で三社祀られており、厳《いつ》之事代神とは阿波郡伊月村《いつきそん》（現・阿波市市場町伊月《いつき》）の式内事代主神社であることが明らかで、お告げに現れた厳《いつ》の事代が「伊月《いつ》」で表記され、訓読みの「いつき」になったものといえる。

伊比良姫神社

また、淡郡に東接する板野郡上板町が鹿江比売《かやのひめ》神社の鎮座地で、娘が「吾《あ》田鹿葦津姫《たかしつひめ》」と呼ばれていることから、板野郡も「吾田」と呼ばれていたことになる。さらに、神武天皇は、阿多《あた》の小椅君《おばしのきみ》の妹、阿比良比売《あひらひめ》を妃としている。この妃も阿多《あた》（吾田）に住んでいたことになるが、阿波国板野郡藍住町《あいずみちょう》に全国で唯一社伊比良姫《いひらひめ》神社（国史見在社）として祀られている。「アヒラヒメ」と「イヒラヒメ」の違いについては、仙覚《せんがく》の『万葉集注釈』の中で、アは梵語の発語詞也、イは和語の発語詞也と注釈されているように、アとイは入れ替わることが起こるのである。したがって、「アヒラヒメ」は「イヒラヒメ」に、「阿多の（あたの）」は「板野（いたの）」（郡）に変化したものである。

以上のように、阿波吉野川北岸の板野郡と阿波郡は「吾田《あた》」の地であった。これは、高天原軍に協力した勢力（猿田彦・鹿江比売・建布都）の地盤とも一致し、天孫降臨の物語が、徳島市国府町の矢野平野（天照大神の首都）から始まり、鮎喰川上流の広野・鬼籠野《おろの》を経て神領《じんりょう》に後退し、ここから吉野川北岸勢力を糾合して首都を奪い返し、天孫邇邇芸命が穴吹川を下り、北岸の吾田に到達

資料45　天孫降臨行程路（順路）の検討　○内数字は布文（記述）の順序を示す

古事記	①天石位《あめのいわくら》を離れ	②天八重棚《あめのやえたな》雲《ぐも》を押《お》し分《わ》けて	③伊都能《いつの》知和岐《ちわき》知和岐弖《ちわきて》	④天の浮橋に宇岐士摩《うきじま》理蘇理多々《りそりたた》斯弖《して》	⑤竺紫《つくし》の日向《ひむか》の高千穂《たかちほ》の久士《くじ》布流多気《ふるたけ》に天降り坐しき。		⑥天忍日命《あめのおしひ》・天津久米命《あまつくめ》、弓矢・太刀を帯び天孫を先導され	⑦ここは韓国《からくに》に向い笠紗《かささ》の御前《みさき》に真来通《まきとお》りて朝日の直刺《たださ》す国……
日本書紀本文	①天磐座《あまのいわくら》を離《おしはな》ち	②天八重雲《あめのやえたなぐも》を排分《おしわ》けて	③稜威《いつ》の道別《ちわき》に道《ち》別《わ》きて	⑤（その様は）槵日《くしひ》の二上の天浮橋より浮渚《うきじ》在《まり》平處《たいら》に立たして	④日向の襲《そ》の高千穂峯《たかちほのたけ》に天降ります。	⑥膂宍《そしし》の空国《むなくに》を頓《ひた》丘《お》から国《くに》覓《ま》ぎ行去《とお》りてた。		⑦吾田《あた》の長屋《ながや》の笠狭碕《かささのみさき》に到ります。人あり。事勝《ことかつ》国勝《くにかつ》長狭《ながさ》と名乗る。
紀一の一	①天磐座を脱離《おしはな》ち	②天八重雲を排分けて	③稜威の道別に道別きて		④天降ります。⑤筑紫の日向の高千穂の槵觸峯《くしふるのたけ》に致《いた》します。			
紀一の二				③浮渚在平地《たいら》に立たして	①日向の槵日の高千穂峯に降到《あまくだ》りまして	②膂宍の胸副国を頓丘から国覓ぎ行去りて		④事勝国勝長狭を召して訪《と》う

紀一の四	紀一の六
①天磐戸を引き開け	
②天八重雲を排分けて降《あまくだ》し奉《まつ》る	①天八重雲を排披けて降し奉らしむ
⑤天浮橋に到りて浮渚《うきじ》在之《まり》平地《たいら》に立たして	
④日向の襲の高千穂の槵日の二上峯の	②（その処を）日向の襲の高千穂の添山峯《そほりのやまのたけ》という。
⑥膂宍の空国を頓丘から国覓ぎ行去りて	
③天忍日命・大久目、弓矢・太刀を帯び天孫を先導され	
⑦吾田の長屋の笠狭《かささ》の御碕《みさき》に到ります。一の神あり。事勝国勝長狭という。	③吾田の笠狭の御碕に到ります。遂に長屋の竹嶋《たかしま》に登ります。人あり。事勝国勝長狭という。

するという神話の本源地が復元できたことになる。

天孫降臨条六伝の分析

天孫降臨条は、古事記と日本書紀（本文と一書の伝）を合わせて六伝が知られる。うち日本書紀が多くの伝を載せているのには留意を要するが、六伝の元となった史料の出所や、その背景について先ず検討する。

① 古事記

資料46　日本書紀神代巻における異伝数

日本書紀（巻1・2）		本文	異伝（一書）数	計（伝承数）	左に対応する古事記の説話
神代上（巻一）	第1段	○	6	7	高天原（別天つ神）
	第2段	○	2	3	神世7代の神
	第3段	○	1	2	
	第4段	○	10	11	イザナギ・ミ二神の結婚と国土創生
	第5段	○	11(12)	12(13)	神々の生成とイザナギ命の禊祓
	第6段	○	3	4	天照大神と須佐之男命
	第7段	○	3	4	天石屋戸
	第8段	○	6	7	須佐之男命の大蛇退治、大国主命
神代下（巻二）	第9段	○	8	9	国譲り交渉・中つ国平定・天孫降臨
	第10段	○	4	5	海幸・山幸と豊玉比売命，鵜葺草葺不合命
	第11段	○	4	5	神倭伊波礼比古命（神武）の出生
計		11	58(59)	69(70)	

（）内数字は、第５段一書の六の文中に、さらに「一に云わく」として挿入された異伝を加えたもの

古事記は、その序文によると、天武天皇が諸家の持つ伝記等が事実と異なることを嘆《なげ》かれたすえ、旧事《くじ》をよく検討して真実を定め、正しい歴史を後世に伝えようとされたとあるので、主として王家（皇家）の史料を軸にまとめられたと推測される。ただ古事記は、天武天皇の没後、修史事業は棚上げされ、約二十年後の元明《げんめい》朝に至って藤原武智麻呂《むちまろ》が図書頭《ずしょのかみ》（歴史編纂の長）に就《つ》き、その三年後に太安万侶《おおのやすまろ》に撰述させているので、藤原氏による工作が施《ほどこ》されていることを想定しなければならない。

②日本書紀

一方、日本書紀の体裁は、本文とは別に「一書曰」「一云」「或曰」「一本云」などとする異伝（異説）が、全体（三〇巻）で

二五〇件も収められ、そのうち神代（巻一・二）の異説は五八伝と最も多い。

異説を多く載せるのは、書紀の編纂姿勢を示すものとし、集めた史料に異説がある場合、それらをしいて統一せず、異説をあるがままに認めて後世に託そうとしたもの（岩波版日本古典文学大系『日本書紀』上「解説」）、というのが通説である。

しかしこれは皮相的な解釈ではないか。書紀は形式的には幅広く異説を載せ、公平で謙虚な編纂態度を示しているようであるが、真の狙いは、藤原氏が様々の工作の場として利用するため設けたものではないかと思えるのである。異説の中には、古事記の説話を否定する内容のものや、類似する説話や説にならない字句断片を一書として多く載せ、古事記の説話の埋没化を企てているとみられるもの、及び自氏を優位にするための説話等が散見され、それらは天孫降臨条においても例外ではない。

③ 日本書紀の五伝

天孫降臨条は、書紀の巻二（神代下）の第九段に収められている。九段は「国譲り交渉」「中つ国平定」「天孫降臨」「木花開耶姫《このはなのさくやひめ》との結婚」で構成され、本文と異説八伝からなる。うち「天孫降臨説話」を載せているのは、本文と異説四伝の合わせて五伝で、他の四伝にはみられない。そこで書紀の天孫降臨説話五伝について検討する。

○紀一書の六…尾張氏の史料か

主役である火瓊々杵尊《ほのににぎのみこと》が降臨するにあたって、その冒頭に尾張《おわり》氏の系譜が述べられている。瓊々杵尊は天忍穂命《あめのおしほみ》の次男であるが、系譜は、天忍穂命の長男が天火明命で、「その児が天香山《あめのかごやま》、是尾張連《おわりのむらじ》等が遠祖《とおつおや》なり」とし、尾張氏の祖神・天火明命が瓊々杵尊の兄にあたることを強調しているのである。

本来、尾張氏の系譜は、瓊々杵尊の降臨とは何の関係もない。それを敢《あ》えて載せているこの伝は、尾張氏が提出した史料に基づき撰述されたものと考えてよい。

なお、この伝の文脈から、尾張氏（物部氏等の祖）の悔《くや》しさがうかがわれる。わが祖神は瓊々杵尊の兄だと。また、その功績は引けを取らないと原史料で言挙げしていたのではないか。あるいは天火明命は、瓊々杵尊とともに降臨したという伝承を持っていたのかも知れない。

○紀一書の四…大伴氏の史料か

天孫降臨に際し、大伴氏の遠祖・天忍日命《あめのおしひ》及び来目部《くめ》の遠祖天槵津大来目《あめくしのおおくめ》が弓矢を負い、刀を佩《は》いて天孫の前に立ち、強固な守りで降臨に供奉したとする活躍が強調されている。大伴・久米二氏の遠祖の活躍記事は、古事記の天孫降臨条とほぼ同じ内容であるが、古事記が二氏同格の扱いであるのに対し、この伝は大伴氏の遠祖が久米氏の遠祖を従えたと記されている。したがって、自氏を格上に位置付けているこの伝は、大伴氏が提出した史料をもとに撰述されたものといえる。

○紀本文・一書の一・一書の二…藤原氏

紀本文を含む三伝は、すべて藤原氏の思惑が反映されたものといえる。この三伝は、神代上の第五段（神々の生成）と連係させたもので、古事記には現れない剣の神・「経津主神《ふつぬしのかみ》」（藤原氏の守護神として下総国《しもふさ》・香取神宮《かとり》で祀られている）を五段の一書の六で創り出し、同じ一書の六中にさらに「一に云はく」として経津主神の母神を登場させ、次いで一書の七では経津主神の神統譜を創り上げている。霊剣の神の中に女神（母神）というのは全く馴染《なじ》まないにもかかわらず。次にこの五段の経津主神を国譲り交渉の説話（九段）に登場させ、古事記で葦原中つ国を平定した建御雷之男神《たけみかづちのお》（建布都神《たけふつ》）を凌《しの》いで、経津主神がその功績を横取りしているのである。

そのほか、降臨の命令者を、古事記に「天照大神」とあるのを、書紀の本文では「高皇産霊尊《たかみすび》」としたり、藤原氏（中臣氏）の祖の天児屋命《あめのこやね》を「神事を主る《つかさど》宗源者なり」と盛り付けたり、また「高天原」を単に「天《あめ》」と表現するなどして皇家の権威の引き下げを企《くわだ》てているのは、書紀編纂の当時、宮廷で絶対的権力を手中にし、天皇や皇族を陰で操った不比等による工作の跡と見られ、皇家に対する嫉妬と対抗意識が見え隠れする記事となっている。

以上の各伝の背景を踏まえ、六伝の説話を便宜上八分割し、説話の一元化（校定）を試みると、紀の一書の一と一書の二は次のように整理できる。

○紀一書の一

明らかに古事記の降臨条の一部を抜き取り、漢音（唐音）によって表記したものといえる。

したがって校定の対象から除外する。

さきに指摘したように、この伝は藤原氏が経津主神《ふつぬし》の活躍を盛り込むために設けたとみられるもので、そのためか、降臨条は粗略で独自の伝は全く見えない。

また、六伝のうち「竺紫（筑紫）」とあるのは古事記とこの伝だけで、他の四伝にはみられない。したがって、「竺紫」はもともと古事記だけに付されていた地名で、図書頭に就いた武智麻呂が、降臨地阿波を隠蔽するための「竺紫」をダミーとして加筆したものであろう。

○紀一書の二

この伝は、日本書紀本文の後半部分の抜き書きである。しかも粗雑な引用をしているので文脈が乱れ、「浮渚在平地…」及び「膂宍の胸副国…」の句がどこにかかるか撰者自身も理解できていない文章である。したがって校定の対象から外れる。

よって右の二伝を除いた四伝を、校定及び行程路復元の対象とする。

字句解釈

○「天の石位《いわくら》」とは高天原にある神座。イワクラは神霊を招き降す座のことと解釈されている。なお書紀の一書の四は「石位」ではなく、「天磐戸《あまのいわと》を引《ひ》き開《あ》け」と表記されており、高天原の出入口の戸を開けて出発した、と解釈できる。

○「伊都能知和岐知和岐弖《いつのちわきちわきて》、天浮橋に宇岐士摩理蘇理多々斯弖《うきじまりそりたたして》」… 古事記はこのように一字一音表記としている。もとより神話や古伝承等の旧辞《くじ》は、語部《かたりべ》の口承《こうしょう》を文字化しているので、文字化の過程で意味が確定しないものや、特に重要な語句と判断されたものは、一字一音で表記したと考えられる。これを日本書紀では、前句を「稜威《いつ》の道別《ちわ》に道別きて」（神威をもって道をかき分け、又は天孫の降下に伴って霊威湧き起こって）と訳し、下句は「浮渚在平處《うきじまりたいら》に立《た》たして」（浮島があって、平らな処に立って）と解釈している。「ソリタタシテ」の六音を「タイラニタタシテ」の八音に、また「ソリ」を「タイラ」に訳すというのは原伝承の改変解釈か、参考とした史料が異なっていたかと思える。

○「久士布流多気《くじふるたき》に天降り坐しき」（古事記）を、書紀の一書の一は「槵触峰《くしふるたけ》」（神秘な峰）と訳している。また一書の四が、「槵日《くしひ》の二上峯《ふたがみのたけ》」としているのは、古事記とは異なる史料を参考にしたかと思える。このことから、「久士布流多気」は「滝」ではなく「峯《たけ》」（山）を形容したものといえるであろう。

○「膂宍《そしし》の空国《むなくに》」（書紀）… ソシシは背中の骨のまわりの肉。それの無い国。つまり荒れてやせた不毛の地。（大系本日本書紀・上）

○「頓丘《ひたお》から国覓《くにま》ぎ行去《とお》りて」（書紀）… ずっと丘つづきの所を通っての意。頓丘とはひとかさねの丘。「国覓ぎ」とはよい国を求めての意。（大系本日本書紀・上）

○天の浮橋に…

■天《あめ》の浮橋《うきはし》に宇岐士摩理蘇理多々斯弖《うきじまりそりたたして》（記）

■天の浮橋より浮渚在平處《うきじまりたいら》に立たして（紀本文）

■天の浮橋に到りて、浮渚在之平地《うきじまりたいら》に立たして（紀一の四）

書記の「浮渚在（之）平處」は、古事記の「ウキジマリソリタタシテ」を義訓によって訳したかにみえる。それによると、「ウキジマリ」は「浮島アリ」で「浮島があって、平らな処に立って」と解釈される。降臨条はいずれの伝も、天空または山岳地帯の高山から天降りしたかに理解されることから、「浮島」と解釈するのであれば、深い谷川の中程の突出した「浮島」に浮橋を架けて渡り、さらにそこから対岸に渡ったと解釈できる。

古事記の「ソリタタシテ」のソリは身をそらせて、胸を張って威勢よく、と訳されており（小学館版）、前句の「ウキジマリ」を「浮島あり」と訳せば、書紀の解釈とさほど変わらない。

筆者は、古事記の一字一音表記「（天浮橋に）ウキジマリソリタタシテ」を原伝承とみる。その訳は、対岸に渡るために架けた天浮橋にも臆《おく》することなく、威勢よく、堂々とした態度で対岸まで渡り切られた、としたい。

○高千穂峯

■高千穂峯は最終目的地ではない。瓊瓊杵尊は吾田の長屋に天降りし、木花之佐久夜比売《このはなのさくやひめ》と結婚する。その地が最終目的地である。

■記紀とも高千穂峰に「天降り坐しき」「天降ります」とみえるのは、瓊瓊杵尊の出発地である高天原を、天空とする解釈が勝っていたため、天空から初めて地上に降りた意味を持たせた表現にしたと思われる。

■しかし出発地は決して天空ではない。

■ただ高千穂峯は、行程路の中で最も重要な位置又は存在として描かれている。

■高千穂峯は、「久士布流多気《くじふるたけ》（槵觸峯）」「槵日の二上の」「槵日の高千穂峯」「高千穂の槵日の二上峯」と表現されている。

■それは奇《く》しびで神秘な山であり、神の宿る霊妙な聖山を表した名となっている。また山の姿形が二上《ふたかみ》（山頂が二つの峰）であることを示している。

以上のことから、

■高千穂峯は、行程路の中で、象徴的な高山であり、二上の峰を有し、神の宿る奇しき聖山である。また、行程上の中間、又は中継地になる山として、あるいは（一書の六から）瓊々杵尊一行はその地で逗留《とうりゅう》し、高千穂の霊山に祈願し、そこから最終目的地（吾田の長屋）を目指したと解釈することもできる。

○膂宍《そしし》の空国《むなくに》を頓丘《ひたお》から国覓《ま》ぎ行去《とお》りて

各伝ともこの過程が、高千穂峯に到るまでのものか、あるいは高千穂から吾田の長屋までの地理的説明なのか、確信が持てていない文脈となっている。古伝承故、解釈が割れるのは致し方ないが、古事記がこの句を載せていないのは、行程上の位置付けが出来なかったからではないかと思われる。ただ「膂宍の空国」は「荒れてやせた不毛の地」とする解釈があるので、高千穂峯から、いよいよ中つ国に天降りする過程の表現として用いられた可能性が高い。

○降《あまくだ》し処《ところ》を日向の高千穂の添《そぼりの》山《やま》峯という（紀一書の六）

一書の六（物部氏の史料）独自の伝で、瓊々杵尊は高千穂峯に天降りしたのではなく、高千穂峯の麓部に添《そ》うように位置する添山峯《そぼりのやまのたけ》に降り、そこから最終目的地の吾田に向かったと解釈できる説話である。

この伝は、あるいは語部《かたりべ》が口承《こうしょう》してきた原伝承であったかも知れない。他の伝は、高天原天空説の影響をうけ、瓊々杵尊の降臨地は、高山でなければ辻褄が合わないとして、添山峯の句を削り、高千穂峯に天降りしたと綴った可能性がある。ただし、天孫降臨で、高千穂峯は行程路上にあり、語らなければならない霊《く》しき山であったことは、他の伝から理解される。

○以上を校定の作業とし、訳読してみる

天孫瓊々杵《ににぎ》尊は、天の石位《いわくら》を出発し、幾重にもたなびく雲を押し分け、険しい尾根道や山路をかき分けかき分け進み、さらに対岸に渡し架けた浮橋にも、臆《おく》することなく、堂々と渡り切り、霊《く》

資料 47　天孫降臨神話　行程路の推定

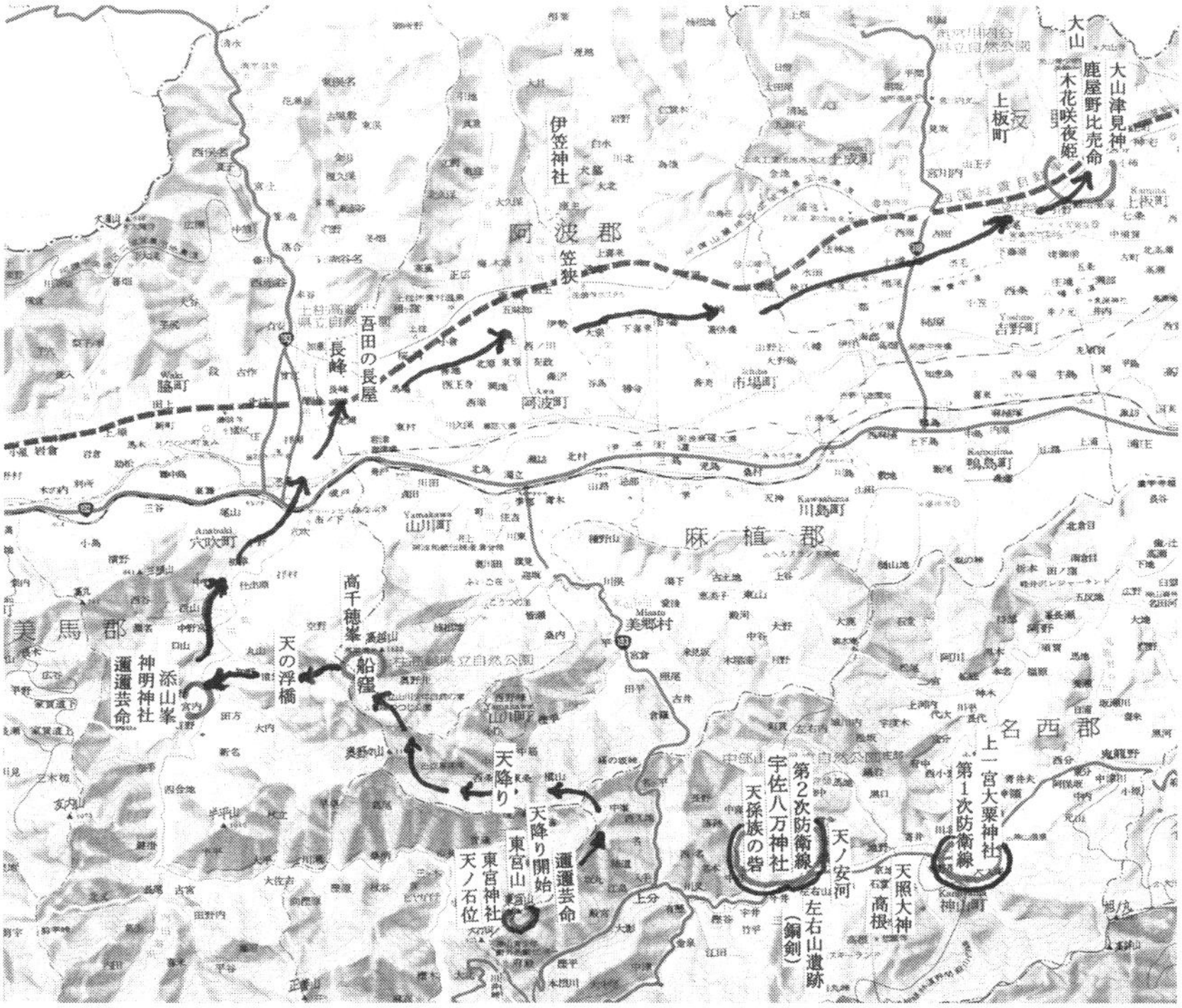

【拡大図】天孫降臨神話の出発地、天の石位《いわくら》（東宮山）から高千穂の峯を経由し添山《そぼりのやま》まで

しき二上《ふたかみ》の高千穂の峯に致《いた》された。（あるいは高千穂峯で逗留《とうりゅう》したあと、高千穂峯の麓の添山峯《そぼりのやま》に降られた。）そこから山の尾根、連なる丘を通って、吾田《あた》の長屋の笠紗《かささ》の御前《みさき》に天降りされました、となる。

行程路の推定

①天の石位…東宮山《とうぐうさん》（一〇九〇《メートル》）山頂の東宮神社（カラー口絵写真参照）
神山町上分《かみぶん》字殿宮《とのみや》の東宮山の山頂近くに鎮座する。県内誌史には安徳天皇が籠《こも》られた、とか土御《つちみ》門《かど》天皇（上皇）が行在所《あんざいしょ》にされたなどの伝説が伝えられるが、東宮山はひときわ目立つ山で、見晴らしもよく、神領・鬼籠野・剣山方面からも望むことができる。峠道も三方に発達している。身を隠しこもれる山ではない。また、土御門天皇も、阿波国内の巡行等は不可能、両伝説とも後世の創作と思われる。また「東宮」という名義も合わない。

　東宮とは、四季の春、易では長男を表し、（皇居の東にあったことから）皇太子の住む宮殿、すなわち皇太子《ひつぎのみこ》を表す。安徳・土御門お二人とも天皇であられ、皇太子ではない。両天皇の伝説とは結びつかない。天孫瓊々杵尊《ににぎのみこと》は、まさに皇太子《ひつぎのみこ》である。「東宮」の名義は軽く扱えないもので、東宮山、東宮神社の由来は深いのではないか。祭神は国常立命・天照大神としているが「東宮」に当たる神が見当たらない。因みに穴吹町口山《あなぶきちょうくちやま》字宮内《みやうち》に鎮座する神明《しんめい》神社（五社三門《いわさか》）は、国常立命・天照大神・瓊々杵尊《ににぎのみこと》を祭神としているが（仁安元年〈一一六六〉文書）、東宮神社の東宮の神（主祭神）は、皇太子《ひつぎのみこ》瓊々杵尊ではなかったのか。

②天浮橋…天行山《てんぎょうさん》・桁山《けたやま》

浮橋は、美馬郡に今も伝わる桁橋の方言である。天行山とは、天空を渡る意味。桁とは、物の上にかけ渡した横木、浮橋のことで、桁山は浮橋のかかる山の意。東宮山を挟んで「天の浮橋」を意味する「天行山」（木屋平）と「桁山」（美郷村）が尾根続きに連なっている。天孫降臨の遺称地名とみる。

③高千穂峰…高越山《こおつざん》（一一二二メートル）。（カラー口絵写真参照）

「高越山」は、「高千嶽」を漢写したもので、高越嶽（山）が高越山となり、漢字読みの「こおつざん」に変化したとみる。

④奇《く》しひの二上の襲の高千穂

神の宿る霊《く》しびの峰（高越山）・山頂の伊邪奈美命の神陵・式内伊邪奈美神社（現・高越神社）。「襲」とは、祖（おや、天孫の大祖・伊邪奈美命）を称えて「祖の高千穂」と呼んだが、祖が漢字読みされ、「そ」となったのではないか。

⑤高千穂の添山峯《そおりのやま》…神明山、白人神社・神明神社（五社三門）

⑥笠沙の御前…阿波市日開谷の伊笠神社の麓

⑦吾田《あた》の長屋…阿波市の長峰、土成町の赤田神社、さきに挙げた北岸の阿波・板野の地
⑧大山津見命《おおやまつみ》・茅野姫命《かやのひめ》・木花之佐久夜比売命…板野郡上板町の大山・鹿江比売《かやのひめ》神社・葦稲葉《あしいなば》神社
⑨ここは韓国に向い…阿讃山脈両側（阿波側・讃岐側）の帰化人の集落
⑩前半の行程路（①〜⑤）

東宮山（天《あめ》の石位《いわくら》）―尾根道を北に進む―木屋平・神山・美郷《みさと》の堺の峠（九〇七メートル）―尾根道を西に進むと県道三ツ木宮倉線に出会う（野々脇峠が境界）―県道を西に進み、林道に入り、船窪つつじ園まで。その間、槙山、中村山、桁山、ボロボロ滝、奥野々山の尾根筋が西から北に連なる。

高越山頂上付近の窪地「船窪《ふなくぼ》」到着をもって「高千穂に到ります。」とし、船窪で逗留《とうりゅう》、行在所《あんざいしょ》とし、高千穂の神（伊邪那美《いざなみ》神）に祈願し、再び船窪から大内谷川《おおうちだにがわ》を下り、浮橋を渡って対岸の添山《そほりのやま》（穴吹町宮内の神明山）に天降り、その地を瓊々杵尊は砦とされたと推定する。

説話は奪われた国土（葦原中国）の奪回である

天孫瓊々杵尊は、阿波剣山地《つるぎさんち》の天行山《てんぎょうさん》、東宮山《とうぐうさん》を経て穴吹谷の宮内邑に天降りした。といっても天孫一族らは阿波剣山地の高地に国を拓き、住んでいたわけではない。県南（那賀・海部）を本拠地とする須佐之男・大国主・事代主らの海人族が、一時期女王（天照大神）に叛《そむ》き、首都の鮎喰川《あくいがわ》下流域に進攻、天孫側は劣勢となり、上流の神山町《かみやまちょう》に後退、ついに天忍穂耳命《あめのおしほみみのみこと》の御子・瓊々杵尊《ににぎのみこと》が

穴吹谷に天降りし、宮内を本陣として、吉野川流域、とくに北岸勢力の大山津見神《おおやまつみのかみ》らの支援を得て、首都を奪還し、天孫三代目の日子穂々手見命《ひこほほでみのみこと》（妃は豊玉姫《とよたまひめ》命で、倭人伝の女王臺与《とよ》にあたる）が王位に即《つ》き、国中が収まるというのが、国譲り交渉と、天孫降臨神話の現実の（事実に沿った）舞台である。瓊々杵尊は、北岸の大山津見命の娘・木花佐久夜比売命を妃とするが、身の安全を確保するため、奥まった宮内邑を逗留地（本陣）としたのである。やがて瓊々杵尊は宮内邑で崩御、神明山《しんめいさん》に古墳が築かれ、葬られたが、その御子である日子穂々手見命も、崩御後、神明山の父の横に、並び葬られたと推定する。二尊の陵は、祭祀が続けられたが、いつしか荒らされ、露出した古墳の石材を利用し、東西約一五メートル、南北約七・五メートルの祭壇を築き、入口も二つ設け二尊の霊が鎮められたのだと思う。瓊々杵尊の陵は、可愛《え》の山稜とある（日本書紀）。小さく愛らしい山稜を形容したものであろうか。また、天孫三代の日子穂々出見《ひこほほでみ》命（山幸彦）の陵は、高千穂の山の西にありという（古事記）が、神明山は高千穂（高越山）の西に位置している。

邇邇芸命と天の浮橋

阿波国内で邇邇芸命を祀る神社は、美馬郡穴吹川流域に鎮座する神明《しんめい》神社である。仁安元年（一一六六）に書写された白人明神由来記に、古社神明として古くから邇邇芸命が祀られていたことが知られる。現在社殿はなく、五社三門《いわさか》と呼ばれる祭祀遺跡が築かれているが、邇邇芸命の神陵跡

天の浮橋（穴吹川）平成 12 年 (2000 年) 撮影

であった可能性もある。

次に「天の浮橋」である。意味は、天地を結ぶ梯子《はしご》、岩石の梯子などの説が知られるが、美馬郡には「浮橋」と呼ぶ独特の方言が古くから知られる。『阿波志』（徳島藩の地誌）の美馬郡の部に、中瀬浮橋・藤生浮橋・京上浮橋など十一か所の浮橋がみえ（「…祖川《いやがわ》に跨《またが》る。板を束ね之を為す…」）、七か所の藤橋（「葛を編み以て飛橋を作る云々」とあり、今日知られる「祖谷のかずら橋」など）とともに列記されている。穴吹川流域は現在でも、板を束ねた橋を対岸に渡し、一方の端をロープで結んである。川が増水すると橋は流されるが、水位が下がれば元通り対岸に架け直すことができる。まさに天の「浮橋」を山地生活に不可欠な装置として、いつからとはなく考案し利用しているのである。阿波誌の他郡の部には見られない独特の表現でもある。筆者はこの民俗としての「浮橋」を、天孫降臨地の傍証の一つに加える。

「襲《そ》」は、先に示した『阿波国風土記』の「天《あめ》のモト山」を語ったものと思われる。天のモト山とは、「歴史（皇統）の始まりの山」を伝えたものであるが、それは単一の山ではなく、延喜式内社の配祀などから、鮎喰川と吉野川に面した阿波剣《つるぎ》山地（四国・剣山脈）を指し、「もとの山」「はじまりの山」「おやの山」などと観念され、元山、本山、宗山、祖山などで表記されたといえる。今日その名残として、徳島県名西郡神山町鬼籠野《みょうざいぐんかみやまちょうおろの》の元山《もとやま》、高知県長岡郡の本山《もとやま》、徳島県神山町神領《じんりょう》の「左右山《そうやま》」「左右内《そうち》」（本来の意味は、宗山・宗地か）、徳島県三好郡の祖谷山《いややま》（阿波志は「祖山」と表記している。もとは、「おややま」であったと思われる。）などの地名が確かめられる。

筆者は、襲の高千穂の「襲《そ》」は、「宗」（そう・中心）または「祖」（そ・おや・もと・はじめ）を引いたもので、「歴史の始まりの山系にある高千穂」または「祖《おや》山である高千穂」と推理する。

次に高千穂嶺《たかちほのたけ》である。

それはやはり、麓からみて高く聳《そび》える山を伝えたものと思われるが、麻植郡《おえぐん》と美馬郡の境に際立つ高越山《こおつざん》と考える。高越山は、邇邇芸命を祀る神明神社とは穴吹川を挟んだ対岸に位置するが、阿波富士とも称され、標高一一二二メートルの秀麗な山容を誇る。まさに高千穂と形容できる高山である。古事記の編者太安万侶はその序文で、「たかちほのたけ」を「高千嶺」とし、「たかちほ」を「高千」で表している。とすれば、高越山の「高越」も「たかち」と読め、「高千」と同音であることから、「たかちほ」に充てることも可能である。また、高千・高越は「はるかに高い」という意味も共通している。これは万葉集などで、あられを「丸雪」、くにを「本郷」、なげくを「痛念」で表す義訓表記法に近いことも共通しているのである。

さて、邇邇芸命は、天降りであるのに、なぜ麓でなく高山に降りたのかという疑問が生じる。これは、天上降臨思想が尾を引いていることのほか、穴吹川流域の特別な事情があるためとみられる。それは先に述べたように、高越山の山頂は地母神・伊邪那美命《いざなみのみこと》の神陵が鎮まる。天孫といえども、この地に入山し、あるいは逗留するにあたっては、ここに鎮まる大地母神を称《たた》え、必ずこの山を語らなければならない。その尊称が「高千穂嶺」であったといえる。（カラー口絵写真参照）

邇邇芸命が、なぜ鮎喰川でなく、穴吹川流域に降臨したかについては、国譲り交渉（実質戦い）により、第一皇子の子である邇邇芸命の身の安全を確保するため、吉野川の中流域まで遡り、戦況をみながら、流域の勢力の糾合を図り、支配地の回復を図ったためと推理する。天孫邇邇芸命の妃が吉野川北岸の木花之咲夜比売《このはなさくやひめ》、またその皇子・山幸彦《やまさちひこ》は流域を下って和多都美宮《わだつみのみや》（徳島市国府町和田）を訪ねたとみえるので、邇邇芸命はやはり吉野川中流域との関わりが深かったといえる。

邇邇芸命の神陵か

①石積遺跡「五社三門」について

神明神社にある石積遺跡の記事については、次のようなものがある。

○『阿波名勝案内』（明治四十一年）によると「社地は石堤を以て是を囲み東西十二間（二一・六メートル）南北四間（七・二メートル）に亘り方形を為せり。石堤は磐境《いわさか》なるべく頗《すこぶ》る古色を帯べり。」（カッコ内は筆者が記入。以下も同じ）とみえる。（カラー口絵写真参照）

○また、『新編美馬郡郷土誌』（昭和三十二年）には、「石堤の巾《はば》五尺〜七尺（一・五〜二・一メートル）、高さ四尺〜六尺位（一・二〜一・八メートル）で、東西十二間、南北四間の長方形をなし、南面を正面として三個所の入口があり巾五尺位（約一・五メートル）わて石堤が切れており、入口の上には板石を架けて門状としてある。石堤内に入れば後の石堤の下に木製小祠が五座配置せられている」と立体的に説明されている。

現在の五社三門と規模、構造は一致しているが、江戸時代の記録はどうか。

○寛政文書（一七九四）には次のように記されている。

「神明山と申す所に長さ八間斗《ばかり》（一四・五メートル）、横幅四間余り（七・三メートル）高さ七尺余り（二・一メートル）に石積みを廻し、辰巳（東南）の方《すみ》に当り五尺斗（一・五メートル）の出入りする口弐《ふた》つ開き申す、いずれも川石にて…」

○『阿波志』（一八一五）には、「…神明山あり山に石垣あり長さ八歩（約十五メートル）古樹叢生、其下《そのした》に石級（石段）あり蓋《けだ》し其《それ》旧址也」とみえる。

明らかに現在の五社三門とは異なる。江戸時代には、石積の長さは約十五メートル（現在は約二十二メートル）、横幅は七・三メートル（現在とほぼ同じ）、石積の高さは約二・一メートル（現在は平均一・五メートル）で、入口（門）は「三門」でなく、東南の隅近くに二か所あったと記されている。

右の記事から、神明神社の石垣は、文化十二年（一八一五）から明治四十一年（一九〇八）までの九十三年の間に、南北（門のある正面石垣の左右）が約七メートル延長され、門は一か所増設されて三か所に、石垣の高さは約〇・五メートル削って一・五メートルに改変されていたことになる。また、五社（祭神五柱）もどうであったか疑わしい。

これまでこの石垣を、ユダヤに関係するものとして、「ソロモン神殿の祭祀と『五社三門』の祭祀はほぼ完全に一致する。」（竹田日恵『超古代日本の秘密』）、「この磐境は、イスラエルにある古代ユダヤ教の礼拝所のアラッドなどとそっくりだ」（坂東誠『古代日本ユダヤ人渡来説』）、「神明神社の礼拝所はイスラエルの古代礼拝所と酷似しています」（香川宜子『日本からあわストーリーが始まります』）などと盛んに取り上げられているが、イスラエル側の比較できる史料が充分でないように思われる。

②神明神社で最も解明すべきは祭壇（磐境）であるが、国内で手掛かりとなる史料は見当たらない。ただ他に例をみない聖域を顕す祭壇、連綿と続けられ厳修されてきた祭祀、七五人の白衣の宮人の奉仕など、神明神社は尋常の聖地ではない。筆者は、こうした祭祀の重厚さは、崇拝の対象（聖地の源泉）からきていると考えている。その対象を絞り込めば、元は貴人（神）の葬場であったと思われる。その貴人とは、神の中の神・天孫であろう。さらに他に例がない荘厳さは、天孫二柱を並

び葬っていたという格別の霊地である。その原姿は、祖神（祖母）にあたる天照大神の石屋戸隠れに習ったのではないか。そのため厳かな石屋を築き、埋葬するとともに、天照大神と同じ石屋戸祭祀を厳修してきたと考える。その後は、前段のように本源が忘れられ、盗掘をうけたが、祭祀の対象として、やがて社殿を持たない石屋戸風の神社となった。氏子等の信仰心は祭祀を続けるうちに、被葬者の祖母にあたる天照大神を合祀し、ついには、五神を祀る五社三門とした。すべて天つ神であろう。今日みる祭壇は、天照大神の石屋戸に通じるところがあるのではないか。これが神明神社の由来であり、祭壇の成り立ちであったと推理するのである。

第三章の（注）

（注1）平山朝治「女王卑弥呼の年代」『季刊邪馬台国』第16号（一九八三年・梓書院）

（注2）『神山のおふなとさん』（昭和五十四年・神山町）

（注3）『神山の庚申さん』（昭和五十五年・神山町教育委員会）

第四章　神武天皇の東征

1　東征説話

神武東征のあらすじ（古事記）を資料49に掲げる。これまで述べてきたように、神武天皇が南九州日向から奈良盆地に東征したという記紀の「東遷」は虚構と考える。

原伝承（旧辞）は、阿波一国内の出来事で初代天皇が即位するまでの物語といえる。

その戦いのあらすじは、神武天皇に戦いを挑んだ登美《とみ》の長髄彦《ながすねひこ》で始まり、割拠する敵の征伐のあと、再び長髄彦との戦いで終わる。その長髄彦に戦を命じたのは、神武天皇より先に天降りし、倭を支配していたとする天孫の饒速日命《にぎはやひ》である。つまり、神武天皇と饒速日命は、皇位を争う関係であったといえる。戦いの結末は、饒速日命が、神武天皇に帰順したため、神武天皇の勝利となる。

舞台は、阿波吉野川下流域である。吉野川南岸の渋野町に本拠を置く神武天皇が、吉野川の北岸を攻め、饒速日命の勢力圏である鳴門市大麻町萩原《はぎわら》から阿波市阿波町までを鎮撫する事件であったといえる。

地名	出来事	地名	出来事
高千穂宮	に坐して議す	吉野河の河尻	阿陀の鵜養《あたのうかい》
日向	より発して筑紫へ		吉野首《よしののおびと》・国巣《くず》
		宇陀《うだ》	に幸ましき　兄宇迦斯《えうかし》・弟宇迦斯《おとうかし》
豊国の宇沙	に到る		二人有り弟は神武軍に従う

資料48　神武東征の段（古事記）

竺紫の岡田宮	に一年坐す
安岐国の多祁理宮《たけりのみや》	に七年坐す
吉備国の高島宮	に八年座す
速吸門《はやすいのと》	亀の甲《せ》に乗り釣りをする渦彦 に遇い海導者とする
浪速渡《なみはやのわたり》	を経て
青雲《あおくも》の白肩之津《しらかたのつ》	に上陸する
日下《くさか》の盾津	登美《とみ》の長髄彦《ながすねひこ》、軍を興して戦う で五瀬命《いつせのみこと》傷を負う
	引き返し
血沼海《ちぬのうみ》	に至り血を洗う
紀国の男之水門	で五瀬命崩りましき
紀国の竈山《かまやま》	に五瀬命の陵
熊野村	に到りし時大熊現る
紀は熊野の神邑《かみむら》	神武軍正気を失い横たわる
高天原から	天照大神、霊剣を落す 高倉下《たかくらじ》その横刀《たち》を奉る 神武、横刀で大熊を祓う 剣は佐志布都神《さしふつのかみ》
天照大神	八咫烏《やたのからす》を遣し引導させる
吉野河の河尻	に到る
宇陀の血原《ちはら》	で兄宇迦斯を斬る
宇陀の高城	久米歌…前妻《こなみ》・後妻《うわなり》
忍坂《おしさか》の大室《おおむろ》	に土雲八十建《つちぐもやそたける》有り
紀は高尾張邑《たかおわりむら》の土蜘蛛《つちぐも》を撃つと	神武軍これを征す
	久米歌…みつみつし…… 撃ちてし止まむ
登美毘古《とみびこ》を撃とうとする時歌う	久米歌…みつみつし　久米の子等が 粟生《あわふ》には…… みつみつし　久米の子等が　垣下に 植えし椒《はじかみ》　口ひびく……
兄師木《えしき》、弟師木《おとしき》を撃とうとする時歌う	楯並《たたな》めて　伊那佐《いなさ》の山の　樹の間よも い行きまもらひ　戦えば……
邇芸速日命《にぎはやひのみこと》、神武に帰順する	
畝火《うねび》の橿原宮《かしはらのみや》に治天下	
阿多《あた》の小橋《おばし》の君の妹、阿比良比売《あひらのひめ》を娶る	
后伊須気依姫《いすけよりひめ》	の家、狭井河《さいかわ》の上に 狭井河よ　雲立ちわたり　畝傍山
神武天皇	御陵は畝傍山の北方の白檮尾の上

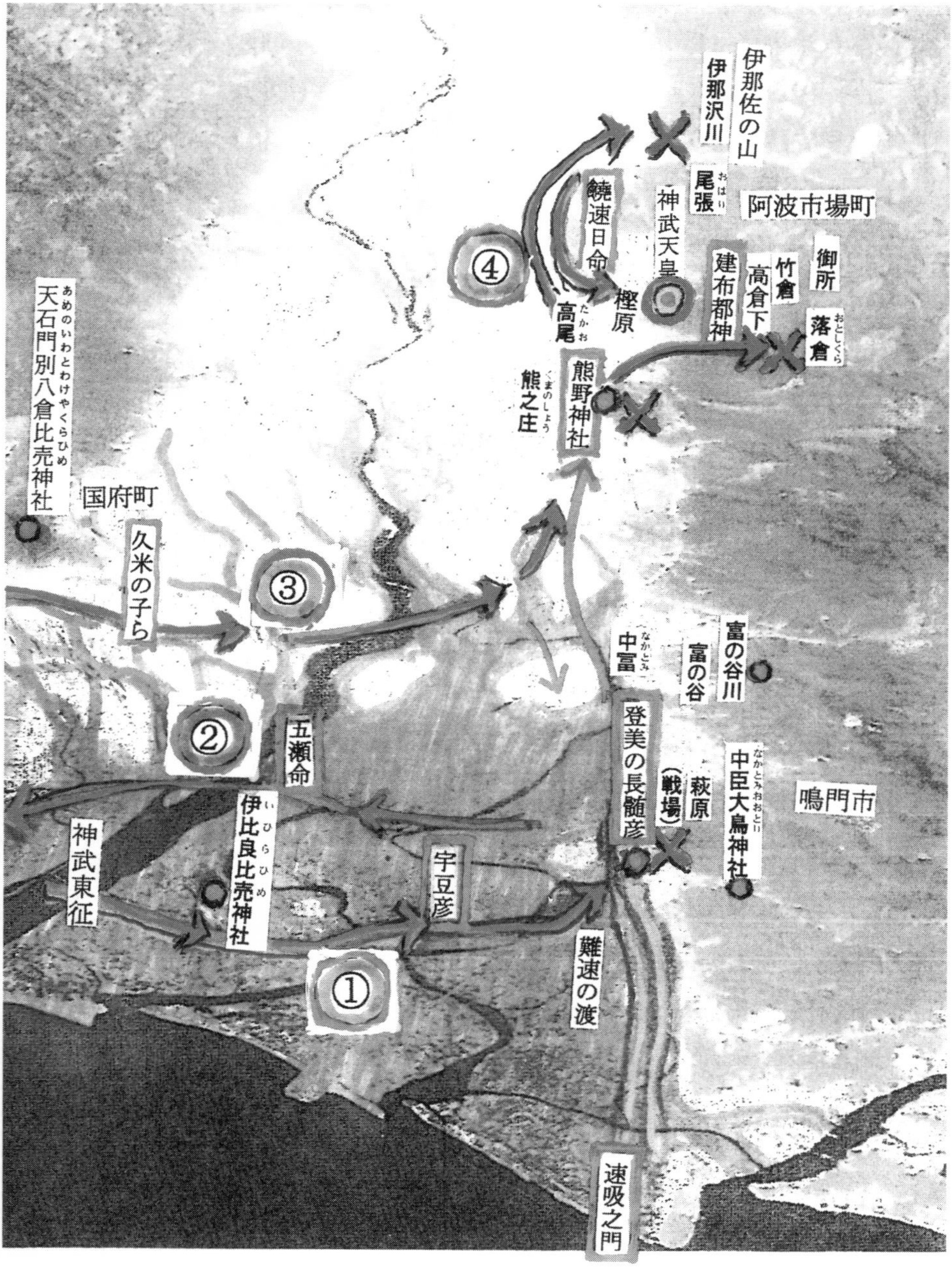
伊那佐の山
伊那沢川
尾張《おはり》
阿波市場町
神武天皇
饒速日命
④
御所
竹倉
高倉下
建布都神
橿原
高尾《たかお》
落倉《おとしくら》
熊野神社
熊之庄《くまのしょう》
天石門別八倉比売神社《あめのいわとわけやくらひめ》
国府町
久米の子ら
③
中富《なかとみ》
富の谷川
富の谷
②
五瀬命
登美の長髄彦
（戦場）
萩原
中臣大鳥神社《なかとみおおとり》
鳴門市
神武東征
伊比良比売《いひらひめ》神社
宇豆彦
①
難速の渡
速吸之門

五王神社
五滝
(竈山《かまやま》)
木ノ川
五瀬神社《いつせじんじゃ》
佐野神社
(神武を祀る)
樫田
大木《おおぎ》(大岐—船泊り)
雄水門
徳島市
徳島市勝占町
天石門別豊玉比売神社《あめのいわとわけとよたまひめ》
吉野川

2　主要な痕跡

主要な痕跡は、次のとおりである。

⑴ 神武と皇位を争う饒速日《にぎはやひ》命の伝承が阿波市中心に遺《のこ》っている。

⑵ 神武軍が熊野の高尾邑《たかおむら》に入ったとき、熊野の神によって眠らされ、それを心配した皇祖神によって、建布都《たけふつ》の霊剣が高倉下《たかくらじ》のもとに降ろされ、それを受け取った神武は邪気を祓《はら》い熊野を討って勝利に向かう。その霊剣の神が全国唯一座で、阿波市の熊之庄の旧高尾村付近に式内建布都神社として祀られている。

因みに、建布都神社は、阿波市市場町《いちばちょう》と土成町《どなりちょう》に鎮座する。どちらが式内社となるか決めかねるが、二社とも本源地に祀られたものとみており、市場町鎮座は国譲り交渉で建御名方神を破ったあと、反抗を押さえるため建布都（霊剣）の武士団が駐留した地。土成町の鎮座は、神武の東征で神武軍が熊野の神に呪いをかけられたため、建布都の霊剣で邪気を祓い神武の勝利に貢献した武士団の駐留地に祀られた神社と推定している。なお、建布都の霊剣はその後も王家を守護する宝器として、また武士団として物部氏が引き継ぐことになる。

⑶ 神武の参謀をつとめた速吸之門《はやすいなと》宇豆比古《うづひこ》の本拠地（鳴門海峡）の内側にあたる吉野川河口部が最初の戦の舞台となるが、その付近にある鳴門市大麻町大谷に式内宇志比古《うしひこ》神社で宇豆比古《うづひこ》が祀ら

れ、その背後の山の西山谷2号墳が宇豆比古の葬場の可能性がある。

(4) 神武の兄五瀬命《いつせのみこと》の足跡が、男の水門《おのみなと》（大岐《おおぎ》）から木ノ川、五瀬命の仮葬儀の地（五世神社）、本葬した竈山《かまやま》（滝つぼのある山）が、五王《ごおう》神社、五滝《ごたき》としてたどれる。

(5) 神武軍と戦った登美の長髄彦の本拠地が鳴門市川端を中心に、富の谷、富の谷川、富吉、東中富、西中臣の地名として遺っている。

(6) 神武軍で功績をあげた久米の子らの子孫とみられる久米姓が、全国一の密度で徳島市西部と石井町（気延山周辺）に集中している。

(7) 神武天皇の祖母または母にあたる豊玉比売命が、全国で唯一阿波国に式内社で祀られている。

(8) 戦の最終局面、饒速日命の本陣の背後の山である伊那佐《いなさ》の山（久米歌）が、阿波市に存在（史料に、元伊那沢を今伊沢に改めた）する。

(9) 神武天皇が妃とした阿比良比売《あひらひめ》命が、全国唯一座で板野郡藍住町に伊比良姫神社として祀られている。

(10) 神武天皇が祭神とみられる阿佐多知比古《あさたちひこ》神社が、徳島市飯谷町《いいたにちょう》に全国唯一座で祀られている。

(11) 神武天皇を支えて擁立し、娘を后として差し出した事代主命の本貫地が阿波国（勝浦郡〜徳島市勝占町）である。

(12) 神武天皇の畝火の橿原の宮及び后の比売多多良比売《ひめたたらひめ》が住いしていたことを示す木簡が、徳島市観音寺遺跡から出土している。

3　出発地

徳島市渋野町佐野の佐野神社あたりを出発地と推定する（神武は幼名を狭野尊《さののみこと》といった）。渋野平野北縁の勝占山《かつらやま》麓部には、天王の森古墳、渋野丸山古墳、新宮塚古墳、マンジョ塚古墳などが連なる。また、東西に流れる川を多々羅《たたら》川と呼ぶが、神武天皇の妃・媛多多良五十鈴媛《ひめたたらいすずひめ》命に因んだものと思われる。妃の父・事代主《ことしろぬし》命は、勝占山の式内勝占《かつら》神社で祀られている（葬場）。神南山《かんなびやま》（現在は「かなび」と呼んでいる）を挟んだ南の八多町《はたちょう》が神武天皇の兄・五瀬命《いつせのみこと》の本拠地である。登美の長髄彦《ながすねひこ》との戦いで負傷し、引き返し、雄水門《おのみなと》を過ぎて崩御する。記紀では、そこから進んで紀国《きのくに》（和歌山県）の竈山《かまやま》に葬られたとあるが、生誕地である徳島市八多町《はたちょう》の五滝《ごたき》が正しい。雄水門とは徳島市上八万町大木《おおぎ》の御所之内《ごしょのうち》付近を指す。大木の「木」は「岐」（き・ふなと・みなと）が変化したもので、本来の意味は大岐（船泊《ふなどま》り）であったとみられる。ここから上流の佐那河内村《さなごうちそん》を流れる川は「木の川」と呼ばれた（阿波志）。この地方の伝承が、紀の国（和歌山県）の木の川に置き換えられたといえる。

大木（大岐）の上流、佐那河内村寺谷には五瀬命を祀る五世神社が鎮座する。現在、「ごせじんじゃ」と呼ばれているが、『佐那河内村史』に収められた神社記録によると、「五瀬神社　祭神　五瀬ノ尊《いつせのみこと》」

とみえる。ここから八多町に抜けると五王神社《ごおう》、五滝へと続く。五世・五王・五滝はすべて神武天皇の兄・五瀬命に因んだものとみられる。竃山《かまやま》（滝つぼのある山）は五滝のある八多山のこと。五滝登り口の五王神社周辺が、五瀬命の葬場とみられる。

4　饒速日命の本拠地

阿波市阿波町の長峰《ながみね》丘稜（旧林村）

『阿波名勝案内』の「林《はやし》村の名称」の項に「昔時本村郷司谷《ごうしだに》と云ふ處に宮居せし神ありて、吉野河邊に梅林を作る、下って人皇九代開化天皇の朝、伊香色雄命日吉谷に宮居し給ひ、梅林の東西を分ちて東林西林と名くと。」みえる。

郷司谷の神名はすでに忘れられているが、その後裔・伊香色雄《いかがしお》命に継承されていることから饒速日命の居住伝承であることがわかる。また、対岸の川島町に全国唯一社の式内伊加賀《いかが》志《し》神社（祭神は伊香色雄命の姉で、開化天皇の后となった伊香賀色許売《いかがしこめ》命）、山川町に饒速日命の孫の天村雲《あめのむらくも》命を祀る全国唯一社の天村雲神社が鎮座することも饒速日伝承を補強する。

旧林村は、『和名抄』の拝師《はやし》郷にあたる。にぎ「はやひ」が「はやし」郷となり、また名勝として称えられた西林・東林も、饒速日命への尊崇の念から、饒《にぎ》（盛んな、たくさん、にぎやかな）林—

「にぎはやし」に変容していったものといえる。さらに、伝承地にある八日山《ようかやま》は「はやひのやま」、「天照寺」も饒速日の尊称である天照国照彦天火明櫛玉饒速日尊《あまてるくにてるひこあめのほあかりくしたま》から名付けられたと思われる。

東接する市場町・土成町《どなり》には、神武征戦の地を証す式内建布都《たけふつ》神社が鎮座するが、この霊剣の神にも、饒速日命の子の高倉下命《たかくらじ》が関わっていることから、現在の阿波市が、饒速日命の本貫地で神武戦の本陣であったといえる。また、饒速日命に仕え、前線で神武天皇に戦いを挑んだ登美《とみ》の長髄彦《ながすねひこ》の本拠地は、下流（東）の板野町奥郷「富の谷《とみのたに》」と、その麓・平野部の「富の谷口」「東中富《なかとみ》」「西中富」（旧中臣村）で、戦場は、板東谷川を挟んだ下流の、鳴門市大麻町萩原一帯であったと考えられる。この一帯は、阿波国内で最も遺跡の集中する地域である。

5　征戦の経過と舞台

神武東征に発つ

神武天皇は、東征に発つ。速吸之門《はやすいなと》に至り、珍彦《うずひこ》に逢う。神武は珍彦を海導者とし、浪速渡《なみはやのわたり》を経て着岸する。

鳴門海峡の大人・珍彦が水先案内をつとめる。鳴門市大麻町《おおあさちょう》大谷の大谷川右岸に上陸する。浪速は大谷から里浦にかけて流れる急流。深い淵が走っていた（岩盤地下等高線図より）。

登美の長髄彦

登美《とみ》の長髄彦《ながすねひこ》が兵を起こし神武軍に戦を挑む。神武天皇の兄・五瀬命が流れ矢に当たって負傷。神武軍は引き返す。五瀬命は崩御し、竈山《かまやま》に葬られる。

長髄彦は、饒速日命《にぎはやひ》の支配地の東端、大谷川右岸で戦を仕掛ける。この地は、一族の祖父及び父の葬場（萩原2号・萩原1号墓に推定）があり、長髄彦にとっては負けられない戦い、激戦であったとみられる。天河別《あまのかわわけ》神社古墳群中の主要墳は、戦死した神武の兄・稲飯命《いないのみこと》と三毛入野命《みけいりぬのみこと》の葬場と推定される。大谷山丘稜（標高七四メートル）の西山谷2号墳は、神武軍の参謀・珍彦の葬場とみられ、麓の式内宇志比古《うしひこ》神社は、西山谷2号墳を遥拝する位置に鎮座している。珍彦《うずひこ》は景行紀で「うじひこ（うしひこ）」とも呼ばれているが、この神社の祭神は珍彦と推定される。なお、西山谷2号墳の石室構造が、奈良盆地の初期王墓のルーツとみられているのは、珍彦とその一族が、「大倭」として国々の市を監督し、彼らの駐留拠点を奈良纒向《まきむく》に置いたことと関係があり、同一規格の古墳が、列島に拡がるのも彼等の仕業とみる。西山谷2号墳からは鮎喰川で製作された土器が出土。

この戦い（緒戦）は、長髄彦の勝利となる。最終戦では、長髄彦は饒速日命の本陣（阿波町）に移り戦うことになる。

再び軍をすすめる

神武天皇は再び軍をすすめる。このとき久米軍団（久米の子ら）を配下に加える。神武天皇は熊野の神邑《かみむら》に到る。また高尾張邑に八十《やそ》タケルが蟠踞《ばんきょ》する。神武軍は、熊野の大熊の毒気に打たれ正気を失い横たわる。この時、高倉下《たかくらじ》が横刀《たち》を持ち神武天皇に奉る。神武天皇が受け取るとたちまち熊野の神は切り払われた。神武天皇が横刀の由来を聞くと、天照大神が心配して建布都の霊剣を高倉下の倉の中に落とし、高倉下が夢でそれを知らされ持ち来ったという。

熊野とは、阿波市土成町の熊野にあたる。神邑は土成町御所《ごしょ》及び宮川内《みやごうち》のこと。高尾張邑《たかおわりむら》とは、土成町の高尾《たかお》（旧高尾村）および西隣の市場町尾張《おばり》をいったもの。この一帯には御所神社古墳、白山古墳群、十楽寺古墳、丸山古墳などが連なるが、神武天皇と同時代で、土着性の強い安楽寺谷墳墓群が熊野の大熊に関係しそうであり、その麓の高尾字熊之庄《くまのしょう》には熊野神社が祀られている。郡誌などでは紀伊国熊野から勧請した神社としているが、全く真逆であろう。高天原から高倉下の倉に降ろされた建布都の霊剣は、土成町に式内建布都神社として祀られ、神武天皇の征戦の地であることを示している。土成町御所山《ごしょやま》に「落倉《おとしぐら》」「竹倉《たけくら》」などの地名が残っているが、高倉下の伝承地とみる。神武天皇に横刀を奉った高倉下は、高天原では天香語山命《あまのかごやま》で饒速日命の子である。その後裔氏族に「尾張連」や「熊野連」がいる。すべて阿波市が本籍地で「尾張」「熊野」の地名も遺っている。

久米の子ら

神武軍は饒速日命の本陣に迫り、正面に構える長髄彦をいよいよ討とうとする。ここで久米の子らが長髄彦を討つ。

みつみつし　久米の子等が　粟生《あわふ》には　韮一莖《かみらひともと》　そねが莖　そね芽繋ぎて

撃ちてし止まむ……

久米氏は大伴氏とともに、天孫の降臨に際して太刀・弓矢で武装し、御前にあって道を開きお仕えしたほか、神武天皇の征戦でも活躍する。したがって天孫の降臨地および神武天皇即位の地には、久米氏の痕跡が残っている筈である。

資料50
久米姓の分布(密度)ベスト8

都道府県名	全国平均を1.00とした場合の倍率(密度)
1　徳島	14.58
2　香川	4.44
3　佐賀	4.39
4　秋田	3.12
5　愛媛	2.82
6　愛知	2.64
7　静岡	1.90
8　長崎	1.75
全　国	1.00

ここで昭和五十五年版の全国の電話帳から久米姓を集計した資料を紹介する（久米勝夫『久米一族の調査研究』）。久米姓は全国で五四六一戸あり、世帯比による久米姓の分布密度は、全国平均を一とした場合、徳島県はダントツ一位で一四・六倍、二位香川四・四倍、三位佐賀四・四倍、四位秋田三・一倍、五位愛媛二・八倍である。戸数では徳島県が五四〇戸で全国の10%を占め、通説が神武の即位地とする奈良県は四十三戸、同じく通説が天孫降臨地とする宮崎県

は四十九戸、鹿児島県は四十六戸である。久米の子らの子孫は、神武天皇の征戦に貢献した一族としてその伝承を子々孫々に伝え、一族の誇りとして久米姓を名乗ってきたであろう。その久米姓が、天石門別八倉比売神社を取り巻く気延山周辺に集中しているのである。筆者は、この偶然ではすまされない久米姓の突出を、天孫降臨地および神武が即位した「倭」の地の有力な傍証とみる。

伊那嵯の山

神武軍は饒速日命の本陣に迫ろうとする。

ここで神武天皇は将兵の心を慰めるため、歌をうたわれた。

楯並《たたな》めて　伊那嵯《いなさ》の山の　樹《こ》の間《ま》よも　い行きまもらひ　戦へば……

伊那嵯の山とは、饒速日命の本陣の背後（北）に聳える阿波町の最高峰・妙体山《みょうたいさん》（七八五メートル）とみられ、山頂に明多意神社が鎮座する。この地域は旧伊沢村であるが、旧地名についての記録が残っている。『阿波郡史』の「伊那佐和庄」の条に、治承元年（一一七七）より源頼朝に随従した伊沢家景が阿波国に向い、当郡（阿波郡）の「伊那佐和庄」に居住し、同三年に采地を賜り、「伊那佐和《いなさわ》」を「伊沢《いさわ》」と改めた、とみえる。つまり、この地の古地名は、「伊那佐和」で、妙体山は「いなさのやま」であったといえる。神武軍が進攻した故地「伊那嵯《いなさ》の山」の発見である。

通説では、神武軍は畿内吉野の山中を往ったり来たり、いかなる敵が山中にいたのかも見えず、全く不可解な行程を繰り返し、物語も継ぎはぎである。長髄彦も、奈良盆地を北西に外れた、とても勢力基盤があるとは思えない生駒山の裏山が本拠地となっている。

さて戦いは、饒速日命が神武天皇に帰順し、終結するが、紀では饒速日命が長髄彦を殺したと記す。首領が帰順した場合、敗軍の将はただでは済まされないが、これは長髄彦が倭から追放されたともとれる。はたして長髄彦の葬場は、祖父や父の鎮まる大麻町萩原（萩原2号・1号墓）の地では許されず、奈良大倭の纒向に運ばれ、ホケノ山古墳に葬られた可能性がある。石囲い木槨《もっかく》という特徴ある石室構造は、その後奈良盆地では継承されていない。なお、石囲い埋葬施設の変遷は、「萩原2号墓—萩原1号墓—石塚山2号墳—ホケノ山古墳…」として考証されている（菅原康夫「萩原2号墓の位置付け」二〇〇七）。

即位

神武天皇は橿原《かしはら》で即位したと記される。橿原は奈良ではなく、阿波市土成町樫原《かしはら》の樫原神社の鎮座地一帯をさす。ただ、鎮撫地で即位することはなく、樫原の地では戦勝の勝鬨《かちどき》をあげ、宴などを開いた後、渋野町に還り、神南《かんなび》の樫田《かした》で即位したとみる。

資料51　饒速日命《にぎはやひ》の系譜

旧事紀《くじき》の系譜

- 天道日女命《あめのみちひめ》
  - 天賀吾山命《あめのかごやま》（天降りし高倉下を名乗り神武を佐ける）
    - 天村雲命《あめのむらくも》
- 登美長須泥彦《とみのながすねひこ》（神武に抵抗し戦う）
- 登美夜比売《とみやひめ》
- 饒速日命《にぎはやひ》（物部氏の遠祖）
  - 宇摩志摩遅命《うましまじ》
    - 伊迦賀色許男《いかがしこお》、伊迦賀色許売《いかがしこめ》に通じる蘇我、物部、葛城氏等の祖

亦の名は
天照国照彦天火明櫛玉饒速日尊《あまてるくにてるひこあめのほあかりくしたまにぎはやひ》

記紀の系譜

- 天照大御神—天忍穂耳命《あめのおしほみみ》
- 高木神—萬幡豊秋津師比売命《よろずはたとよあきつしひめ》
  （高御産巣日神《たかみむすひ》）
  - 天火明命《あめのほあかり》
  - 日子番能邇邇藝命《ひこほのににぎ》
- 大山津見神《おおやまつみ》—木花佐久夜毘売命《このはなさくやひめ》
  - 火照命《ほでり》
  - 火須勢理命《ほすせり》
  - 火遠理命《ほおり》（亦の名は天津日高日子穂穂手見命《あまつひこひこほほでみ》）
- 大綿津見神《おおわたつみ》
  - 豊玉毘売命《とよたまひめ》
  - 玉依毘売《たまよりひめ》
- 鵜葺草葺不合命《うがやふきあへず》
  - 五瀬命《いつせ》
  - 稲氷命《いない》
  - 御毛沼命《みけぬ》　亦の名は　豊御毛沼命《とよみけぬ》
  - 神武天皇　亦の名は　神倭伊波禮毘古命《かむやまといはれひこ》

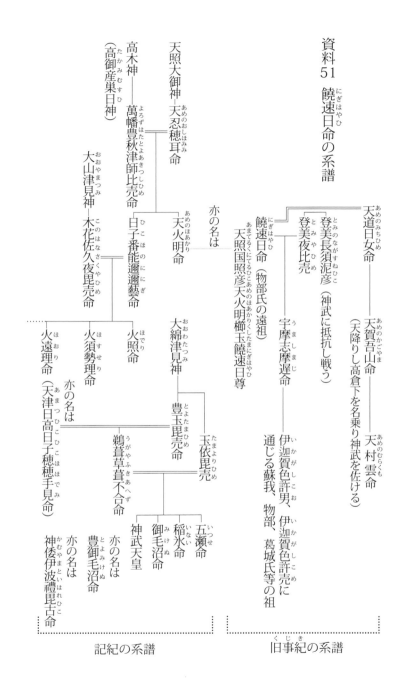

6　藤原氏の出自

饒速日命は登美の長髄彦の妹・登美夜比売《とみやひめ》を妻としたが、そこから蘇我氏・物部氏・穂積氏・葛城氏らの有力氏族がでている。また中臣氏も饒速日命からでている。藤原氏は中臣氏から出で、鎌足の子不比等のみ藤原姓を継ぐことになった。筆者は藤原氏の出自は、登美の長髄彦から出ているとみる。征戦の舞台となった板野・鳴門地域に藤原氏（中臣氏）の痕跡が濃く残るからでもある。『阿波名勝案内』に「木津の大蘇鉄《おおそてつ》＝藤原氏」として、「蘇鉄の下古墳累々……」とみえる伝承や、板野郡出身の粟凡直若子《あわのおおしあたえわくご》が、宮廷に出仕し、不比等の二男房前《ふささき》との間に楓麻呂《かえでまろ》をもうけ、その後板野命婦《みょうぶ》として孝謙《こうけん》天皇の紫微中台《しびちゅうだい》で活躍しているが、若子は房前とは同族と思われ、藤原氏なればこそ、宮廷の中枢で重用されたといえる。時代は降るが、平氏打倒の謀議「鹿ケ谷《ししがだに》事件」の首謀者の一人藤原西光（師光《もろみつ》）も板野郡の出身である。また「類聚三代格」天平三年（七三一）六月二十四日の勅に、「戸座《へざ》」「阿波国　阿曇部《あづみべ》　壬生《みぶ》　中臣部《なかとみべ》　右男帝御宇之時供奉……」はじめ十三世紀まで戸座の官符などがみえるが、奈良平城京で男帝が即位した時は、上記阿波の三氏族出身の稚児（男児）が卜占《ぼくせん》で一人戸座として貢進される。戸座とは、女官である御巫《みかんこ》が月に一度支障が生じた時、替わって天皇の御禊《ごけい》や御祓《おはらい》の神事に仕える職で、その待遇は別格となっている。この定めは、阿波が天皇の母国であることを物語るとともに、中臣氏が阿波国内で雄族として特権を得ていたことを示すものである。

また古くから天皇に仕えた壬生《みぶ》や阿曇《あずみ》氏が阿波の雄族であったことは、宮都が阿波にあった証ともなる。さらに「新鈔格勅符」に大同元年（八〇六）中臣大鳥神に阿波の二戸を奉ったとみえる。神社名から、中臣氏の祖神を祀ったとみられるが、『大日本史』には、板野郡大寺村にあり（土人の説）としている。その地は、さきに挙げた登美の長髄彦の本拠地（富の谷川・西中富）内にある。官社として認められないものの、藤原氏が、ひそかに祖神である長髄彦を、生誕地で祭祀していた痕跡とみる。

7　神武が住まわれた地を示す木簡が出土

神武の后伊須気余理比売《いすけよりひめ》は狭井河《さいがわ》の上で住まわれ、三人の皇子を産むが、神武崩御後、當芸志美美《たぎしみみ》命が三人の命を狙っていることを知り、歌によって皇子たちに知らせようとする。

狭井河よ　雲立ちわたり　畝火山　木の葉《このは》騒《さや》きぬ　風ふかむとす

平成九・十年に発掘された徳島市観音寺遺跡の木簡に、天武天皇の時代以前に行われた「五十戸税」（さと）の表記を持つ「波尓《はに》」「高志《たかし》」「佐井《さい》」（後の郷名）が発見された。「波尓」「高志」は和名抄にみえるが、「佐井」郷はすでに失われている。しかし木簡は、阿波に「佐井」の地名があった

観音寺遺跡木簡　『観音寺遺跡Ⅰ（木簡篇）』（徳島県教委）

六十号木簡

「　波尓五十戸税三百□×
高志五十戸税三百十四束　佐井五十戸税三×
□

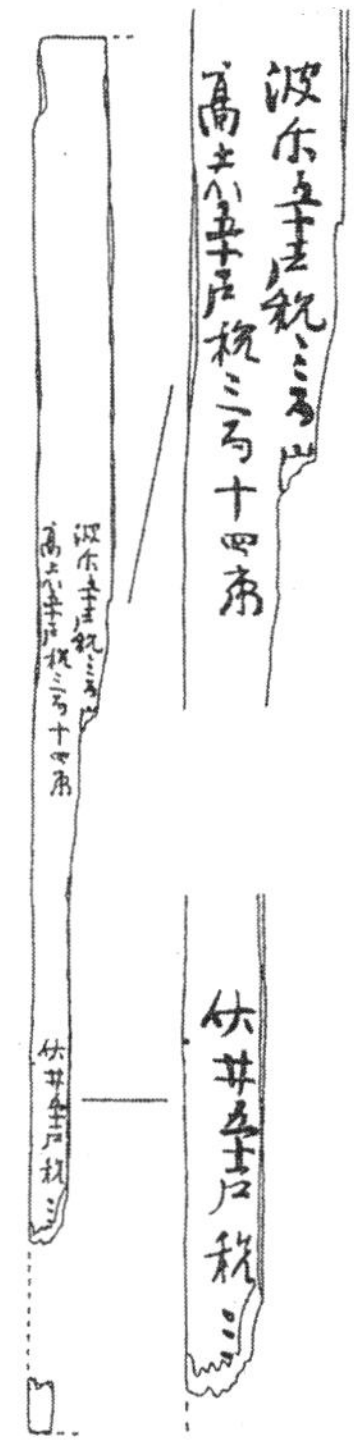

観音寺遺跡木簡

ことを証明した。佐井は、右の歌のとおり、神武天皇と后、三人の皇子（うち第三皇子の神沼河耳命《かむぬなかわみみ》は第二代綏靖《すいぜい》天皇となる）が住まわれた地であった。

樫田・佐野・佐野神社

渋野山の丘陵上に「樫田《かしだ》」と「佐野《さの》」の地名が重なっている。

佐野は、多々羅川《たたらがわ》の支流に沿った南北の谷筋を中心としているが、尾根が突き出た樫田丘陵の麓部に、小祠の佐野神社が鎮座している。祭神は狭野尊《さののみこと》とも称された神武天皇とみられる。また、樫田の地名も神武天皇の「かしはら」に関係するとみられる。

丘陵上の地名に「田」が付くのは不自然である。もとは平野部・丘陵部を含めて「樫原」と呼ばれ、のち平野部が水田に開拓され「樫田」となり、それがいつしか丘陵の地名として残った可能性がある。神武天皇は橿原宮《かしはらのみや》で即位し、崩御《ほうぎょ》後畝傍の尾根に葬られたとあるが、「佐野」「樫田（樫原）」「神南《かなび》」は、すべて神武天皇を称え、その伝承や歴史を永く語り継いできた故に、残った地名といえる。

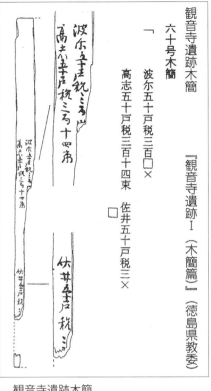

岳父・事代主命、后・媛蹈鞴五十鈴媛命の本貫地

事代主命の娘で、神武天皇の后である伊須気余理比売《いすけよりひめ》（媛蹈鞴五十鈴媛命《ひめたたらいすずひめ》とも称えられる）は、狭井河《さいかわ》の上（「ほとり」または「上流」）に住んでいたが、神武天皇の后となり三人の皇子を生んだ。のち神武天皇が崩御されたあと、異母兄の当芸志美々命《たぎしみみ》が、三人の皇子を殺そうとしていることを知り、これを知らせようと歌をうたう（再掲となるが）。

狭井河よ　雲立ちわたり　畝火山　木の葉さやきぬ　風吹かむとす

この歌から、后が住んでいた狭井河のほとりの家からは、畝火山が見え、（あくまで歌の表現ではあるが）畝火山の木の葉の騒ぎが耳に届くほど近くにあったことが想像される。あるいは住まわれていたのは橿原宮で、その近くには、狭井河が流れていたとも解釈できる。

また、初代神武天皇から第三代安寧《あんねい》天皇までの后は、事代主命の娘及び孫娘である。すなわち、事代主命は、初代神武天皇の即位を実現させ、初期天皇の統治を支えたということができる。娘の伊須気余理比売も、事代主命のもとで育てられたであろうし、事代主命の本貫地も、天皇の外戚として、畝火山及び橿原宮に近く、狭井河の流域にあったと想定できる。つまり神武天皇の宮及び初期天皇の宮跡の特定には、事代主命の本貫地を突きとめることが不可欠といえる。では、事代主命及び伊須気余理比売の本貫地はどこにあったのか。

それは大和国の式内社である率川坐大神神御子《いさかわにいますおおかみのかみのみこ》神社及び率川阿波《いさかわあわ》神社（両社とも現在の奈良市本子守町に鎮座）に伝わる史料や伝記類によって突きとめることができる。率川坐大神神御子神社の祭神は媛蹈鞴五十鈴媛命、率川阿波神社は事代主命、つまり父と娘である。

両神社に伝わる資料のうち、江戸中期にまとめられた『奈良坊目拙解』の抄文とその意訳文を掲げ

資料52『奈良坊目拙解』

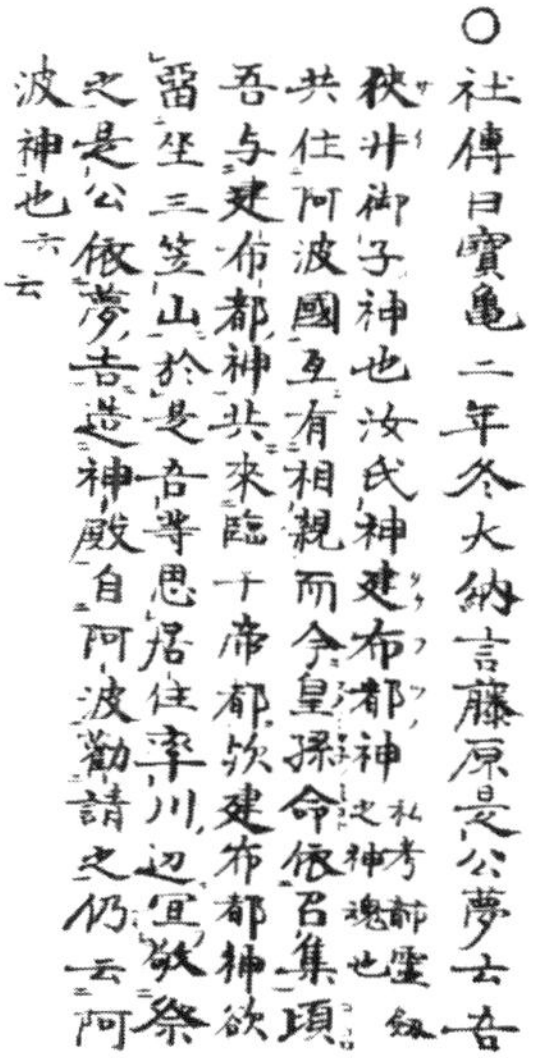
○社傳曰寶亀二年冬大納言藤原是公夢云吾狹井御子神也汝氏神建布都神私考都祁之神魂也共住阿波國互有相親而今皇孫命依召集頃吾与建布都神共来臨于帝都欲建布都神欲留坐三笠山於是吾思居住率川辺宜欲祭之是公依夢告造神殿自阿波勧請之仍云阿波神也云云

奈良坊目拙解 第五 率川阿波神社の項 国書データベースから

『奈良坊目拙解』の要約

宝亀二年（七七一）の冬、藤原是公大納言の夢告げにより、神社を阿波から勧請したと伝える。……吾《われ》は狭井の神の子（事代主神の御子・媛蹈鞴五十鈴媛・神武天皇の后）である。汝（藤原是公）の氏神である建布都神とは、かつて共に阿波国に住み、互いに相《たす》け親しくしてきた。しかしながら、あるとき、皇孫命《すめみまのみこと》（天皇）の招集《おぼしめし》により、吾は建布都神と共に帝都（奈良大倭）に来臨《うつ》ってきたのだが、建布都神は三笠山に留まることを欲《のぞ》まれた。そこで吾は、父と一緒に率川の辺《ほとり》に住みたいと思い、率川の地を慎《つつし》んで浄めたところである。

是公は、以上の夢を見、これを神からの夢告げとして、率川の地に神殿を造営し、阿波から媛蹈鞴五十鈴媛の父である狭井の神（事代主神）を勧請した。よって阿波神というのであると。

であるが、率川阿波神社は、大納言藤原是公《これきみ》への夢告げにより、宝亀二年（七七一）に阿波国より事代主命の霊代《たましろ》を勧請したと伝えている。そして是公の夢に現れた神とは、率川坐大神神御子神社の祭神である娘の媛蹈鞴五十鈴媛で、五十鈴媛は、それより以前、天皇の招集（遷都）により、建布都神とともに阿波から奈良大倭に勧請されたと語られている。この夢告げが誤りであり、また不信な戯言であれば、是公は意にも止めず、神社の勧請を命ずることはない。事代主命及び娘の媛蹈鞴五十鈴媛命が、阿波の神であり、阿波を本貫地とすることを、宮廷の中枢に仕える者として、了知していたからこそ勧請したものといえる。

また、この夢告げから、事代主命は狭井の神、媛蹈鞴五十鈴媛は狭井の神の御子神と呼ばれていたことがわかるが、このことは両神がともに、狭井河のほとりを本貫地（生まれ育った地）としていたことを示すものである。

勝占神社

奈良県の率川阿波神社に、事代主命の霊代《たましろ》を勧請したのは勝占《かつら》神社とみられる。勝占神社の古記録に、往古大和国の加茂美と申す人が香木の鼓《つづみ》を持ち来りて神社に奉納した折、私は事代主命の末葉にて云々と申し述べたことが記されている。すなわち奈良大倭には、明瞭に事代主命を祀る神社が三社あるにもかかわらず、わざわざ阿波国を訪れ、阿波の三社の中から勝占神社をえらび、宝器を奉納している。それは、事代主命の末裔にとって格別の意味があったのであろう。筆者はこれら神社の配祀や古記録などから、勝占神社は事代主命を祀る総元社で、この一帯が事代主命の本貫地、神社は命の葬場跡と推定している。卒川阿波神社も、この神社から分霊を勧請したものと考えられる。

勝占神社は、神路山《かむろやま》（他に鉢伏山《はちふせやま》・勢見山《せいみやま》・片山・勝占山・はずかし峰など鞍部によって名がある）の東頂部の標高七十メートルに鎮座しているが、神路山は、勝浦川に面し、まさに、事代主命を象徴する山で、この山と南の畝火山（渋野山）との間に形成された渋野平野（仮称）が初代神武天皇の橿原宮から第三代安寧天皇の片塩《かたしお》の浮穴宮《ふなのみや》（「片塩《かたしお》」「船越《ふなこし》」の地名が遺る）の敷かれた聖地と推定する。

畝火山の麓の狭井の地

渋野平野は、東西奥行き約三キロメートル、東西のほぼ中間にあたる南北の伊予王子―佐野間が、せいぜい四百～五百メートルと狭い。この谷筋を多々羅《たたら》川が分岐し流れているが、多々羅（地名）及び多々羅川は、神武天皇の后・媛蹈鞴五十鈴媛《ひめたたらいすずひめ》命に因んで名付けられたのではないか。また、事代主命を狭井の神、娘の蹈鞴媛を狭井の神の御子神と伝えているが、これは、この渋野平野があまりにも（南北が）狭いことから呼ばれたもの。また、事代主命の冠詞の「積羽」や「都波」も「狭い（阿波弁では「せば」）を表したもので、今日これを「つみは」や「つば」と読ませているのは誤りである。この地域周辺では、昔から「せば」を名乗る住人と「ひろ」を名乗る家々があり、「せば筋」は事代主命の血筋という風習が残っていたが、これら一連の冠詞は、事代主命の本拠地（渋野平野）に因んだものと思われる。

　したがって、后の家があった「狭井河の上」とは、渋野平野を流れる多々羅川の畔であり、「狭井河よ　雲立ちわたり　畝火山」とは多々羅川の南に位置する渋野山を指す。また、渋野山（畝火山）の東端の丈六寺山は、神武天皇陵跡（畝火山東北陵）に推定される。

　また、多々羅川沿いにある「俵生《たわらお》」が后の家で、「たたら姫」が生まれた地が「たたら生」と伝承され、その後「俵生」に変化したものと思われる。

　さて「狭井」の地名については、これまで阿波では存在しなかった。ところが、平成九・十年、徳島市観音寺遺跡の発掘調査で、国内最古の木簡（七世紀前半）を含む多数の木簡が発見され、その中に、律令制の郷名成立以前の「里」を表す「佐井五十戸税《さいのさとのちから》…」（六十号木簡）が発見された。狭井の近くにあった神武天皇の畝火の橿原宮及び神武天皇の后の住まわれた狭井の地を呼び醒まし、皇都の地をよみがえらせる、まさに奇蹟的な「佐井　木簡」の発見である。

　奈良県（通説）の狭井・狭井河は、三輪山の北に発し纏向川に合流する川だという。ならば神武の后・伊須気余理比売は、畝傍山まで約九キロ《メートル》離れたこの地から、

　　狭井河や　雲立ちわたり　畝火山　木の葉さやきぬ　……

と歌ったというのであろうか。木の葉のざわめきは九キロ《メートル》先までまで届かない。阿波の場合、俵《たわら》生《お》から畝火山までは〇・四キロ《メートル》程度である。後世、記紀の記述をもとに移植された奈良盆地では以上のとおり地理場景の検証によって、創作地としての姿を顕すのである。以上、概論としたい。

資料53　奈良盆地地図

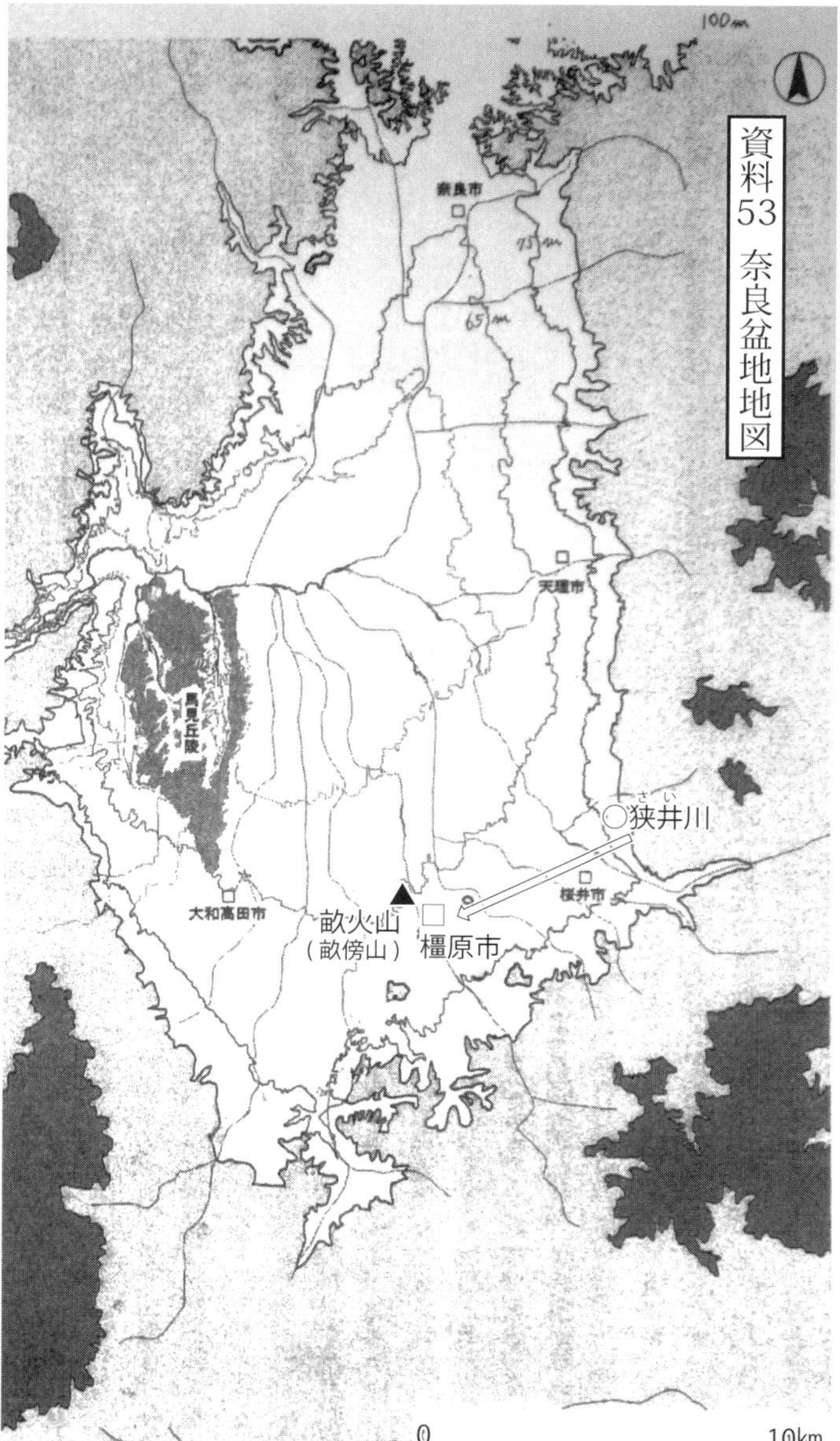

関川尚功「邪馬台国大和説への疑問（1）」『季刊 邪馬台国』126号・2015・梓書院より（遺跡表示を一部削り、地名と矢印を加えた）

第五章　倭（阿波）と大倭（奈良）

1　皇都阿波説

〝やまと〟は宮都の地の地名または国名である。記紀の時代、すなわち七世紀末までの倭《やまと》の地は阿波であった。一方、奈良地方は、もとより大倭《おおやまと》の地である。地方名としての倭は、持統朝に廃止されて律令制の阿波国に改められ、同時に奈良地方は律令制の大倭国として確定された。宮都については、持統朝から元明朝の和銅三年（七一〇）までの間に、阿波から奈良大倭国に遷《うつ》されたものとみられる。以上を仮説とし以下論証を試みることとする。

通説

はじめに「やまと」についての代表的な説を紹介する。

直木孝次郎博士は「記・紀成立過程の一考察」（『飛鳥奈良時代の研究』）の中で次のように述べられている。

……「やまと」という言葉は、古代日本の代名詞のように使われるが、ふつう二つの意味があると考えられている。一つは、いまの奈良盆地あるいは奈良県に相当する地域をさし、律令制下において大和の国となる。もっとも、やまとに大和の字をあてるようになるのは、奈良時代も後半の天平勝宝ないし天平宝字以後のことで、それ以前は大倭あるいは大養徳、さらに古くは倭の字をやまとにあてた。もう一つのやまとは、大和朝廷や律令政府によって支配される日本全体を意味する。……

右は今日の通説といえる。

皇都阿波説（以下「阿波説」）との対立点は、通説が「倭・大倭は奈良地方の地名（宮都の地）」とするのに対し、阿波説は「倭は阿波の地名、大倭は奈良の地名」とするところである（なお、日本全体を意味する「やまと」はここでは取り上げない）。

基本文献となる記紀（本文）、万葉集に表れる地方名としての倭、大倭のか所数を次頁に掲げる。なお、表記は、倭・夜麻登・夜摩苔・野麻騰・日本・山跡・夜末等・大倭・大日本などがみられるが、以下ではとくに差支えないかぎり、やまとは「倭」、おおやまとは「大倭」と表記する。

次の表にあるように、古事記に大倭が一か所表れる。古事記は推古天皇（〜六二八年）までの記事で終っているので、未だ「大倭」は成立していないことになるが。一方、書紀の九か所のうち天武・持統紀を除くと大倭は四か所となる。これは書紀撰述時に成立していた「大倭」を反映させたものとみられているが、総論的にいえば、天武朝（〜六八六）の頃まで、宮都の地が倭であったことが確かめられる。

資料54　記紀本文中の地名としてのヤマト・オオヤマト

古事記本文中のヤマト・オオヤマト

やまと・やまとのくに 表記	か所数
夜麻登《やまと》（一字一音表記）	7
夜麻登能久爾《やまとのくに》など（一字一音表記）	3
倭	9
倭国	2
計	21

おおやまと・おおやまとのくに 表記	か所数
大倭	1
大倭国	1
計	2

(1) 歌謡の中のヤマト・ヤマトノクニの瀕出回数は10回あるが、すべて一字一音の「夜麻登」である。

(2) 一首の中にヤマトが二回出てくる場合（倭建命の望郷の歌）は、これを二か所として計算した。

(3) 表記の分類は岩波版日本思想大系『古事記』（底本は現存最古の完本である真福寺本）にもとづいて行った。

(4) 天皇の和風謚号や姓氏名に使われた倭・大倭は含めていない。

日本書紀本文中一国または一地域の地名と考えられるヤマト・オオヤマト

やまと・やまとのくに 表記	か所数
一字一音のやまと（夜摩苔・野麻騰など）	8
一字一音のやまとのくに（揶莽等能區珥など）	2
倭	35
倭国	20
日本	2
日本国	1
計	68

おおやまと・おおやまとのくに 表記	か所数
大倭	5
大倭国	4
大日本	1
計	10

(1) 日本列島全体を指すと考えられるヤマト（倭・日本など）は含めていない。

(2) 神代上第四段の異伝（一書に曰くが十伝ある）のうち五伝は本文と同じ「大日本豊秋津洲」が見えるが含めていない。

(3) 天皇の和風謚号や姓氏名に使われた倭・大倭・日本（倭直・大倭国造・倭国造等）は含めていない。

(4) 倭の屯田、倭大国魂神、倭の飛鳥河辺行宮、倭河辺行宮、倭京についてはか所数に含めた。

(5) 表記の分類は、岩波版日本古典文学大系『日本書紀上・下』（底本は卜部兼方筆本神代紀二巻、卜部兼右筆本神武紀以下二十八巻）にもとづいて行った。

「やまと」は宮都を表す地名

(1) 神武天皇に、大久米命が、妃を選ぶよう歌をもってすすめる。

倭《やまと》の（夜麻登能）高佐士野《たかさじの》を　七《なな》行く　媛女《おとめ》ども　誰れをし枕《ま》かむ

（訳は小学館日本古典文学全集『古事記　上代歌謡』より。以下同じ）

(2) 倭建命《やまとたける》の望郷の歌（景行記）

倭は（夜麻登波）国のまほろば　たたなづく　青垣　山隠《やまご》もれる　倭し美し（夜麻登志宇流波斯）。

(3) 雄略天皇、一事主大神《ひとことぬし》の段

茲《こ》の倭国《やまとのくに》に吾《わ》を除《お》きて亦　王《おほきみ》は無きを……

(4) 奈良盆地の古地名は大倭

古事記で一か所だけみられる大倭については、さきに挙げた国生みの段にみられる。

次に大倭豊秋津島《おおやまととよあきづしま》を生みき。亦《また》の名は天御虚空豊秋津根別《あまつみそらとよあきづねわけ》と謂ふ。

書紀も、「廼《すなわ》ち大日本《おおやまと》（日本、此をば耶麻謄《やまと》と云ふ。下皆此《みなこれ》に効《なら》へ。）豊秋津洲を生む。」とある。

国生みでの「大倭」は奈良地方の最も古い名義といえるものである。

2　倭の国であることの根拠

奈良大倭が「倭」であったとする根拠はあるのか。

「倭」の地名については、直木孝次郎氏が「〝やまと〟の範囲について」の中で、「和名抄によると…城下郡—に大和郷のあることが明記されている。高山寺本には「於保也万止」、刊本には「於保夜末止」の訓が付されている…」とするとおり、奈良地方は「おほやまと」の地であり、「やまと」地名は存在しない。また直木氏は、岩波版日本古典文学大系の『古事記』の註にみえる「城下郡倭郷を指す」を引用しているが、右のとおり「倭郷」は存在せず、古典文学大系本の創作とみられる。

次に諸学者が、倭を奈良地方のこととする根拠として、崇神紀（日本書紀の崇神天皇条）で倭の地に倭大国魂神《やまとおおくにたまのかみ》を祭ったとする記事をあげている。

◯崇神紀六年…天照大神を以《もっ》ては、豊鍬入姫《とよすきいりひめ》命に託《つ》けまつりて、倭《やまと》の笠縫邑《かさぬいむら》に祭る。…亦《また》日本大国魂神《やまとのおおくにたまのかみ》を以ては、渟名城入姫《ぬなきのいりひめ》命に託《つ》けて祭らしむ。然るに渟名城入姫、髪《かみ》落ち體痩《やすか》みて祭ること能《あた》わず。

◯崇神紀七年十一月…長尾市《ながおち》を以て、倭《やまと》の大国魂神を祭る主《かむぬし》とす。（訳文は岩波古典文学大系『日本書紀・上』による）

しかし、奈良大倭には倭大国魂神社は存在しない。そこで諸学者は延喜式神名帳にみえる大和国山辺郡の大和坐大国魂神社《おおやまとにいますおおくにたま》（現天理市の大和神社）を当て、これをもって奈良地方が倭の国であった根拠としている。二、三例をあげる。

○……記・紀にもしばしば姿をあらわす三輪神社・倭大国魂神社（大和神社）もこの地域にある（直木孝次郎「〝やまと〟の範囲について」中の狭義のやまとの条『飛鳥奈良時代の研究』）。

○……初期のヤマト王権の祭祀と密接な関係があったと思われる三輪山の神オオモノヌシを祭る大神《おおみわ》神社や、さらにヤマトの国魂神を祭る大和神社などがある（白石太一郎『古墳とヤマト政権』の中で右の直木氏の説を引きかく述べている）。

○『日本書紀』の崇神天皇六年の条にみえるつぎの説話も興味深い。大和の国魂神を、崇神天皇の娘とするヌナキイリヒメにまつらせたけれども、髪はぬけおち、体はやせおとろえて、よく神をまつることができなかったという（上田正昭『倭国の世界』）。

○……崇神天皇の御代　…　倭大国魂を祀る大和神社は山辺郡朝和村新泉（現天理市）に鎮座ましますの大和坐大国魂神社三座であることは余りにも著名なことである（志賀剛『式内社の研究』第一巻）。

なぜ「倭」「大和（大倭）」をかくも簡単に読み替えできるのか。また、上田正昭氏は原典である崇神紀の「倭大国魂神」は示さず、これを「大和の国魂神」に改変するという技巧で切り抜けている。倭の国の根拠となる神社が見当たらない苦肉の策とみられ、奈良倭説（確定説）がいかに思いこみによって成り立っているかがうかがえる。これで奈良地方は、最も古い地名が「大倭」とみられること（国生み条）、倭の地名は存在しないこと（和名抄）、倭の国に存在する筈の神社が存在しないことの三点が否定材料として揃ったことになる。

3　倭の国魂神社が阿波に鎮座

さて、崇神《すじん》天皇が倭《やまと》の国に祀らせたとするその神社は、阿波国美馬《みま》郡に「倭大国玉神《やまとおおくにたま》大国敷《おおくにしき》神社二座」として鎮座する。諸学者が倭の国の原拠として取り上げている倭大国魂神社が、奈良大倭ではなく、阿波国に鎮座しているのである。阿波が倭の国であったことを如実に示す証蹟である。国魂神社とは、本居宣長が「各その国處《くにどころ》に、経営《くにつくり》の功徳《いさお》ありし神を、如此《かく》申して祀《まつ》れるなり」（古事記伝）と述べているように、その土地を拓いた神（地主神）のことである。統治者が新たな土地を治め、あるいは統治の安寧を図るため、その地を拓いた地主神を祀るという信仰である。折口信夫も「天子様（天皇）が「倭を治めるには、倭の魂を御身体に、お付けにならなければならない。」と説いているとおりである（折口信夫全集第三巻「古代研究」）。したがってこの神は、土地（その神の開拓地）と一体不可分、というより土地そのものであるため、他国に移遷されるなど動く神ではない。

因《ちな》みに、宮地直一文学博士は「上代史上に於ける国魂神（上）」の中で、「大和の大国魂神が遠く淡路と阿波との二所に祀らるるのは、ともに神威の発現によるものらしく」として、大和国から遷《うつ》したと論じている（大正十四年『歴史地理』第四十六巻）。これは全くこの神の性格が理解できていない論説である。

倭大国魂神社が阿波国に鎮座することは、第十代崇神天皇の宮都が阿波に敷かれたことを表しているが、唐突でにわかに信用できないという読者も少なくないであろう。その不意は、三十二年間古事記研究に心血を注ぎ、不朽の大著『古事記伝』（一七九八年完成）を著した本居宣長も味わったとみられるのである。

本居宣長は、宇都志国玉神《うつしくにたまのかみ》の解説で

故《か》れこの名は、この神に限らず、倭《やまと》の大国魂神、高市郡吉野大国御魂神社、山城国久世郡水主坐山背大国魂命神、和泉国日根郡国玉神社、摂津国東生郡生国魂神社、兎原郡河内国魂神社、伊勢国度会郡大国玉比売神社、度会乃大国玉比売神社　…　対馬上縣郡嶋大国魂神社など、各其《その》国處に、経営《くにつくり》の功徳《いさお》ありし神を、かく申して祀れるなり　…

（本居宣長全集第九巻四二一ページ。送り仮名は平仮名に改めた）

と述べている。

それは諸国の式内社の中から十二社の国魂神社を選びだし、国名・郡名・神社名（同一国内の二社目は郡名・神社名）という統一した書法で列記しているが、冒頭の倭大国魂神だけは国名・郡名を記さず、神名だけとなっている。読者がこれを読めば、倭大国魂神社は、国名・郡名は付されていないものの、それに続く高市郡の国魂神社の国名（大和国）が省かれているため、文脈から奈良大倭に鎮座しているものと理解されてしまう。これは作意である。宣長は、当然阿波国の倭大国魂神社を了知していたが、それを素直に受け入れられず、扱いあぐねてこのような歴史を歪める表現になったものと思われる。これまで諸学者（通説）が、この阿波国の国魂神社を外して膨大に積み上げてきた論考は、砂上の楼閣ではないのか。神社を知らなかったでは済まされない。宣長と同じ態度をとってきたのではなかったか。

4　大和坐大国魂神社（大和神社）と宇豆彦

通説の自在な論理

大和坐大国魂神社《おおやまとにいますおおくにたま》（天理市に鎮座）で明らかなことは、大和《おおやまと》（大倭）氏が代々祭主をつとめてきたことである。滝川政治郎氏は「倭大国魂神と大倭氏の盛衰」（昭和四十二年国学院大学紀要第六巻）の中で、文武元年（六九七）十一月に、遣新羅使に任ぜられた大倭忌寸五百足《おおやまとのいむきいほたり》が、和銅七年（七一四）二月、「以従五位下大倭忌寸五百足為氏上。令主神祭。」とみえ、また神祇令集解の仲冬上卯相嘗祭条に「釈伝。…大倭社。大倭忌寸祭」とあることなどから、五百足が大倭氏の氏上《うじのかみ》となり、大和坐《おおやまとにいます》大国魂《おおくにたま》神社の祭主をつとめ、その後も大倭氏が祭祀を世襲したことを明らかにされている。

大倭氏の出自については、神武東征条にみえるが、弘仁六年（八一五）にまとめられた『新撰姓《しんせんしょう》氏録《じろく》』（畿内氏族の戸籍簿にあたる。以下「姓氏録」）によると、速吸之門《はやすいなと》を縄張りとする宇豆彦《うづひこ》より出ている。宇豆彦は海導者となり、神武東征の功績によって大倭国造に任じられ、大倭直の始祖になったと伝えている。つまり大倭氏は、自らの祖神である宇豆彦を大和神社で祀っているのである。

一方、倭大国魂神は、崇神天皇の時代までは、皇居内で祀られていたが、疫病等が流行したので、崇神天皇は、もしや神祭りが原因かと様々の神事を行われ、また神意をうかがって倭大国魂神の祭

資料55『新撰姓氏録』

○大和宿禰《おおやまとのすくね》　出レ自二神知津彦命一也。神日本磐余彦天皇。従二日向地一向二大倭洲一。到二速吸門一時。有二漁人一乗レ艇而至。天皇問曰。汝誰也。対曰。臣是国神。名宇豆彦。聞二天神子来一。故以奉レ迎。即牽二納皇船一。以為二海導一。仍号二神知津彦一。一名椎根津彦。能宣二軍機之策一。天皇嘉レ之。任二大倭国造一。是大倭直始祖也。

大和宿禰《おおやまとのすくね》　大和国神別。出レ自二神知津彦命一也。臣是国神。名宇豆彦。

大倭直《おおやまとのあたい》（祖）名宇豆彦。……神知津彦。一名椎根津彦。……能宣二軍機之策一。天皇嘉レ之。任二大倭国造一。是大倭直始祖也。

大倭連《おおやまとのむらじ》　摂津国神別。神知津彦十一世孫御物足尼之後也。

主を求め、市磯長尾市《いちしのながおち》に祀らせたものである（崇神紀）。

前者は、神武天皇が褒美として与えた領地（大倭）の経営神、後者は崇神天皇が自ら治める倭で祀った神で、二社は由来も鎮座地も全く異なる。ところが通説は、この二社を結び付け、長尾市は宇豆彦の子孫にあたるとし、神社名及び姓氏名は、国号の変更によって倭から大倭に、さらには大和に改称されたとするものである。たしかに倭、大倭はさきに挙げた地名だけでなく、姓氏についても、後に示す「倭・大倭姓の攪乱《かくらん》」のとおり表記に一部乱れがある。この乱れについては、①誤記か、②撰述当時の国名や姓氏名を遡《さかのぼ》って書き入れたものか、③意図的な改竄《かいざん》か、等の検証が必要と考えるが、通説はこの乱れを自説の都合に合わせて使い分け、「倭＝大倭＝奈良」とするのである。

宇豆彦と長尾市は繋がらない

通説が、大和神社の前身を倭大国魂神社とし、祭主の市磯長尾市も宇豆彦の子孫であるとするのは単に結び付けているだけである。これは阿波国に鎮座する倭大国魂神社を覆い隠すことで成り立つ説でしかない。また市磯《いちし》については、滝川博士が指摘するように、第五代孝昭天皇の第一皇子の天押帯日子命《あめおしたらしひこ》が壱師君《いちしのきみ》の祖《おや》とある（古事記）ことから、長尾市は孝昭天皇から出《い》で、倭大国魂神の祭主に占《えら》ばれたことがうかがえる。したがって、宇豆彦（大和神社）とは繋がらず、通説は成立しない。因みに孝昭天皇は観松彦香殖稲《みまつひこかえしね》天皇と諡《おくりな》名されているが、全国式内社中、観松彦天皇を祀るのは阿波国の御間都比古神社唯一座である。鎮座地の名東郡《みょうどうぐん》佐那河内《さなごうち》村は、神山町に東接する旧称佐那縣《さなのあがた》で、天照大神の御田《みた》である「天狭田《あまのさだ》・長田《ながた》」（書紀）の地に推定される。佐那河内村の地形は東西に細長く、畳々と続く棚田はまさに「狭田・長田」をほうふつさせ、山上からの湧水によって美味な米処としても知られてきた。香殖稲《かえしね》天皇の諡名《おくりな》は見事というほかはない。

5　速吸名門の宇豆彦

次に宇豆彦について糺《ただ》しておきたい。

宇豆彦は、速吸之門を縄張りとする海人族《あまぞく》の大人《うし》である。この門《と》を明石海峡とする説と豊予《ほうよ》海峡とする二説が知られるが、神武東征経路に合わせただけでいずれも根拠に欠ける。記は速吸門《はやすひのと》、紀では速吸之門《はやすひなと》、速吸名門《はやすいなと》と表記されているが、正直学者の良心を疑う。速吸名門はまぎれもなく阿波の鳴門を指しているのではないか。少なくとも候補にあがってしかるべきである。「速吸」とはイザナギの神の禊祓《みそぎはらい》条にもみえるが、潮流が激しく吸い込まれていく様を表している。まさに鳴門の渦潮である。列島の海域で他に「速吸」と形容できる海流などはない。

因みに三海峡は『大日本地名辞書』によると海峡幅は豊予が約十三キロ、明石は三・八キロ、鳴門は一・三四キロで、潮流の速さは、明石は四海里半（時速八・三キロ：筆者注以下同じ）、鳴門については、「本邦潮流速力の最強は鳴門にて、一時間七海里乃至八海里半（十三〜十六キロ）なり、風候によりては七海里以上十一海里（〜二十キロ）に達することあり。」とみえ、明石海峡の二倍から二・四倍の速さである。豊予海峡はそのランクにさえ載っていない。

次に「名門《なと》」であるが、鳴門そのものの名に他ならない。古い表記にも「鳴戸」「鳴渡」が知られるが、速吸の「なと」が鳴戸・鳴門と漢写され、やがて漢字の訓《よ》みが勝って「なると」と呼ばれるようになったとみて全く無理はない。書紀の禊祓《みそぎはらい》条で、速吸名門を「潮既《しおすで》に太《はなは》だ急《はや》し」とみえるのは、鳴門海峡以外に該当する海峡はない。速吸名門で釣りをし、あるいは亀の背に乗って近付いてきたとの伝説で語られる「宇豆彦《うづひこ》」は、ダメ押しである。鳴門の渦潮からその名を取っていることは明らかである。

宇豆彦が鳴門海峡の海人《あま》の長《おさ》であれば、阿波にその痕跡が残っていい筈である。はたして『三代実録』の貞観六年（八六四）「四月二十二日戊寅　阿波国名方郡人従八位上海直豊宗。外少初位下海直千常等同族七人賜姓大和連。」とある。宇豆彦の子孫が奈良遷都後も本貫地の阿波で活躍していた明らかな記録である。また、宇豆彦は鳴門海峡を挟んで淡路島も縄張りとしていたことが神社からも裏付けられる。淡路国式内社の大和大国魂神社である。大倭の官名を持つ宇豆彦が淡路を縄張りとしていたため、のちに国魂神として祀られたもの。ただ、淡路では大倭が国名とはならなかった。奈良大和の場合は、磯城・山辺地方の開拓者である宇豆彦（大倭直《おおやまとのあたい》）は国魂神として祀られ、やがてその地は大倭郷となり、七世紀末にこれが昇格して大和国に採択されたものである。

倭・大倭姓の攪乱

①宇豆彦（神武東征で活躍した神）
☆神武記（割注）倭国造等の祖（おや）
☆神武紀（本文）倭直部の始祖
新撰姓氏録　大倭国造。これ大倭直始祖
旧事紀「国造本紀」大倭国造。即ち大和直の祖

②市磯長尾市（倭大国魂神社の祭主となる）
崇神紀七年（本文）市磯長尾市を倭大国魂神社の祭主とす。
垂仁紀三年（異伝）倭直の祖長尾市
垂仁紀七年（本文）倭直の祖長尾市
☆垂仁紀二十五年（異伝）倭の大神・大倭大神・大倭直の祖長尾市宿禰

③吾子籠（倭の屯田を掌る）
仁徳即位前紀（本文）倭の屯田を掌る倭直の祖麻呂、その弟吾子籠
允恭紀七年（本文）倭直吾子籠

☆雄略紀二年（本文）大倭国造吾子籠宿禰

右の三件の記事は、「倭」（王都）の地が何処にあったかを決定付けるものである。この中に大倭が見えるのは誤りで攪乱《かくらん》因子でもある。①は宇豆彦が賜った地方名かつ姓《かばね》、②は倭大国魂神の祭主となった長尾市の姓、③は倭の王たる天皇が直轄《ちょっかつ》する倭の屯田《みた》を掌《あずか》る姓の名である。

筆者は☆印の表記が、藤原氏の改竄《かいざん》の跡とみる。

神武東征条で、宇豆彦に与えた領地を奈良「大倭国造」と正しく表記すれば、倭と大倭が別の国（二国）であることがわかってしまう。そのため記紀では、「倭国造」と改変し、二国となることを避けたのである。したがって宇豆彦は、こうした改変をうけていない姓氏録や旧事紀の伝える「大倭国造」が正しいといえる。以下不比等はこのような意図のもとで、長尾市を垂仁紀の異伝の中で大倭に改め、吾子籠も雄略紀で大倭国造とするなどの攪乱を企て、事実（阿波・倭—奈良・大倭）とは真逆の表記をまぎれ込ませたものとみている。

また、天武紀十二〜十四年の賜姓記事も、倭から大倭に改称したとは断定できず、通説に反して倭姓は存続されるのである。その結果、記紀に表れる倭・大倭の地名や姓氏は、後世、研究者等が奈良大倭と解釈するようになり、やがて事実とは正反対の奈良倭説を生むことになったものである。工作者不比等の勝利といえる。

6　三世紀、大倭（氏）が国々の市を監督する

阿波の海人族の大人《うし》である宇豆彦が、淡路及び奈良大倭を開拓し、大倭国造の祖として活躍したことは姓氏録の大和宿禰（大和国神別《しんべつ》）条ばかりでなく、倭人伝の記事とも符合する。倭人伝に、「租賦《そふ》を収《おさ》む。邸閣《ていかく》あり。国国市《いち》あり。有無を交易し、大倭をしてこれを監《かん》せしむ。」（訳文は岩波文庫本・中国正史日本伝（1）による）とみえる。大倭《おおやまと》は、倭の大人《うし》、官吏の名で、女王卑弥呼の名代《みょうだい》として、国々の市を監督する権限を持っていたとみられる。平野邦雄氏は「ヤマトの国号」（『史論』第二十五集・一九七二年東京女子大学）の中で、大倭国の成立を天武十二年（六八四）から十四年の間とし、その後の国名表記の時期を、大養徳国《おおやまとこく》が天平九年（七三七）、もとの大倭国に復したのが天平十九年（七四七）、大和国が天平宝字元年（七五七）と考証されたうえで、「大倭…の国名が成立（天武十二〜十四年：筆者注）する以前に、それらを冠する氏姓はまったく存在しない。」とされた。

それは姓氏録の大和宿禰条の「大倭」を否定することを意味するが、平野氏の説に反して「大倭」は、三世紀の邪馬台国の時代、すでに存在していたのである。倭人伝の「大倭」は大いなる倭（邪馬臺《やまと》を代表する者か、または列島の広域を監督する倭の大人《うし》）の意味で使われていたと思われるが、こうした海人族ならではの役職「大倭」は、右にあげた阿波の鳴門の海人の大人、宇豆彦とその一族を指すとみてよい。

筆者は、宇豆彦一族が中心となって列島の国々の市を監督し、列島における東西の市の拠点を奈良盆地の纒向に置き、同時に彼等の駐留本部としたことで、纒向が大倭氏の開拓地と目され、これが大倭地名の由来になったとみている。

倭人伝に「女王国（邪馬台国：筆者注）の東、海を渡る千余里、また国あり、皆倭種なり。」（訳文は同前）とみえる。倭人伝は、対馬—壱岐島間（約百キロ）を千余里としているが、女王国の東…の条は、邪馬台国九州説、大和説ともに当てはまらず、両説を否定する地理となっている。阿波が邪馬臺《やまと》国（倭国）で、その東、約百キロメートル海を隔てて国があり、皆倭《やまと》国と同じ国人《くにびと》（倭種）が住んでいる、という意味である。これが「大倭」の由来であり、したがって「大倭」は、三世紀にはすでに奈良地方の古名で、阿波「倭」が開拓した、大いなる倭の構想が観念された副都であり、これがその開拓氏族（宇豆彦の子孫）によって伝承され、やがて律令制の「大倭国」に昇格したものといえる。

7　阿波に遺る崇神天皇の痕跡

単に国魂神社だけではない。さきに歴史の舞台特定の方法論を示したが、崇神天皇に関係するとみられる痕跡の一端を次に示す。

(1) 崇神天皇の母は資料56のとおり伊迦賀色許売命《いかかしこめ》で、饒速日命《にぎはやひ》に通じ、弟の伊迦賀色許男命《いかかしこお》は物部氏の祖である。また伊迦賀色許売命の孫が武内宿禰《たけうちのすくね》でその子孫は蘇我《そが》氏、葛城《かつらぎ》氏、平群《へぐり》氏、桜井氏など二十七氏族に及ぶ。彼等は奈良盆地の有力氏族として知られるが、その紐帯となる伊迦賀色許売命が、式内伊加加志《いかがし》神社として阿波国麻植《おえ》郡《ぐん》で祀られている。全国唯一社であり、右の奈良盆地の有力氏族のルーツ（本籍地）をたどればすべて阿波国に帰着するのである。なお、対岸（吉野川

資料56 崇神天皇関連皇統譜

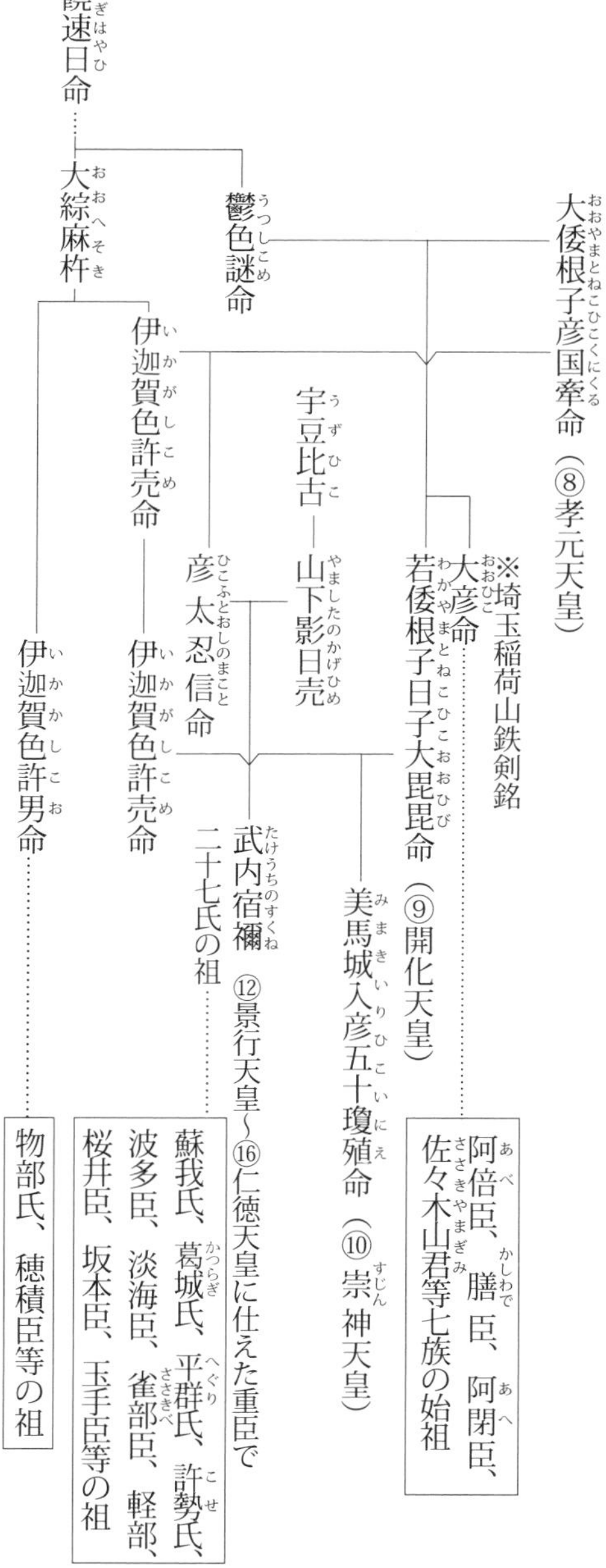

北岸）の阿波郡（旧阿波町）が、祖神である饒速日命と伊迦賀色許男命の伝承地で、イカガシ姉弟の本拠地も阿波町である。また、この神と一体不可分の建布都《たけふつ》の霊剣（神）も、阿波郡で式内建布都神社として祀られ、孫となる天村雲神《あめのむらくも》（天孫本紀）も、麻植郡に式内天村雲（伊勢の渡会《わたらい》氏の祖神）神社として、全国で唯一座祀られているのである。

(2) 宮跡の推定地は、旧美馬郡半田町天皇《はんだちょうてんのう》の河岸段丘上でここからは吉野川を見下す、まさに磯城《しき》の水垣宮《みづかきのみや》の地形に一致する。

(3) 九代までの天皇の皇居は、吉野川中流域の阿波郡どまりであったが、崇神天皇は物部氏を外戚にすることで西の上流域の美馬《みま》郡にまで進出。御間城《みまき》天皇と称えられたのは、美馬郡にまで入ったからで、新たな支配地故に倭大国魂神を祀る必要が生じたものである。倭大国魂神は、それまでは天照大神とともに皇居内に祀られていたという（崇神紀六年）。この二神は、倭（阿波国）を崇神天皇より先に支配していた神で、天照大神と、その後一時期阿波の全域を支配した大国主命である。魏志倭人伝に卑弥呼のあと男王が立ったが国中治まらず内乱となる、との記事がこれに該当する。その後天孫は、吉野川北岸の饒速日命を中心とする勢力と連合し、大国主命の勢力を鮎喰川《あくいがわ》流域から勝浦川《かつうらがわ》以南に後退させ、皇位を継ぐのである。

したがって、第十代崇神天皇までは、倭（阿波国）の王である天照大神と、次に一時期倭を支配した大国主命を、国魂神として皇居内に祀ってきたのである。崇神天皇が、支配領域を天照大神以来の西部の美馬・三好地方まで拡げるに及んだとき、その地の開拓神を祀る必要が生じてきた。その地は大国主命の勢力の撤退後、饒速日命（物部系）の勢力（阿讃積石塚分布圏にほぼ合致する）が進出していたが、やがて彼等を配下にし、美馬郡の半田町天皇《てんのう》に、磯城の水垣宮を造営し、一時期住まわれたとみられる。よって、このとき祀った倭大国魂神とは、さきにこの地を支配した大国主命の神霊を指し、饒速日命ではなかろうと思う。

垂仁紀の異伝に、物部一族の大水口《おおみなくち》宿禰に倭大国魂神が憑依《ひょうい》した云々とあるが、筆者はこれを信用しない。この異伝は、崇神紀の本文で、天皇が心血を注いで行った祭祀と、それによって五穀が稔《みの》り百姓《おおみたから》が潤った治世の皇沢《こうたく》を否定し、骨抜きにするもので、その中に、天照大神の祭祀にからめて、伊勢神宮の起源をもぐり込ませている。筆者は、伊勢神宮の起源は、持統天皇の時代とみており、この異伝及び天武紀の伊勢神宮の記事等は、不比等が差し挟んだものとみている。

なお、美馬郡より以西は、現在でも「そら」と呼ばれるが、旧郷名の美都《みつ》郷もあり、「そらみつ倭」とはこの地方を称えたもの。また、あきづ島倭は、阿波郡秋月《あきづき》郷のあたり、東接する土成町樫原《かしはら》の神武天皇を祀る樫原神社周辺を称えた詞と思われる。

(4) 崇神紀に天照大神を笠縫邑《かさぬいむら》に祀ったとあるが、倭大国魂神社（美馬町字東宮上）の東隣が旧郡里《こうざと》村で伝統の和傘の産地である。石川県の輪島塗りの起源が縄文時代の石川県真脇遺跡との見解が見られるように、郡里《こうざと》の和傘も笠縫邑に遡る可能性があり、また笠縫の大人《うし》を祀ったとみられる式内

資料 57　稲持遺跡

稲持遺跡の竪穴住居跡

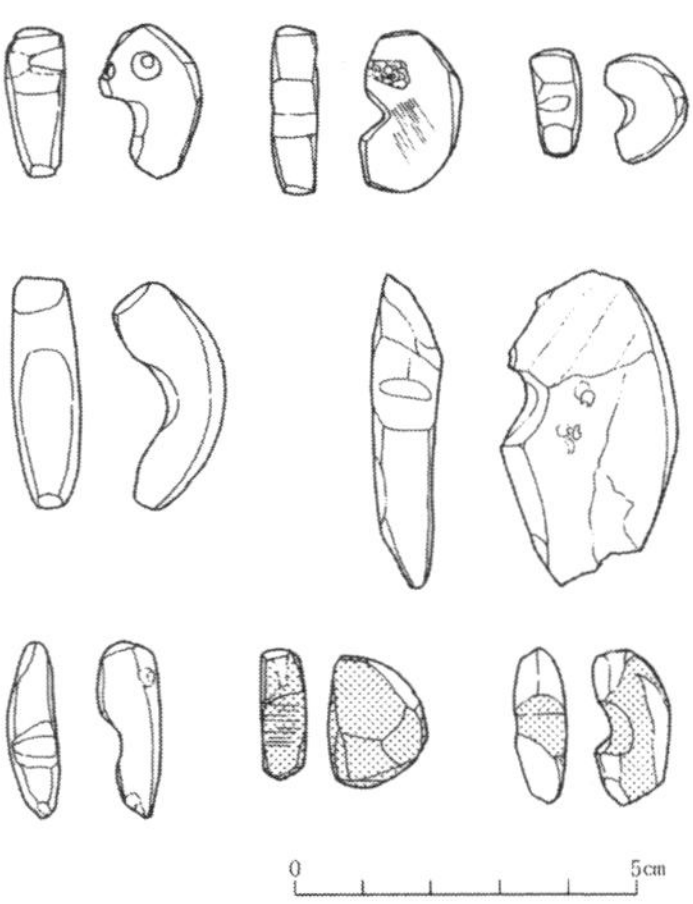

稲持遺跡の勾玉および未製品

菅原康夫『日本の古代遺跡　徳島』保育社

天津賀佐比古《あまつかさひこ》神社も鎮座している。旧事紀の「天神本紀」に笠縫部等の祖天つ勇蘇《あまつゆそ》や天都麻羅《あまつまら》の名が見えるが物部氏に関係するとみられる。

(5) 天皇の妃は荒川戸畔《あらかわとべ》の女《むすめ》とあるが、美馬町荒川地区に数基の荒川古墳群が知られており、妃方の荒川一族の葬場の可能性もある。また、一書に、あるいは大海宿禰《おおしあまのすくね》の女とあるが、荒川古墳群に隣接して海原《かいばら》古墳群が知られる。大海一族の葬場とみられ、二人の妃方の痕跡といえる。

(6) 崇神天皇の和名は御間城入彦五十瓊殖命《みまきいりひこいにえのみこと》である。御間城は美馬郡に通じる。イリヒコのイリは「入る」のほか、親愛を込めたたたえ名（田中卓「日本古代史の復権」）とする解釈もある。さて五十瓊殖《いにえ》命であるが、字義から解釈すれば、多くの勾玉《まがたま》を支配した天皇となる。半田町の西隣の三加茂町に弥生時代から勾玉を製造していた稲持《いなもち》遺跡が知られ、県内を中心に広範囲に流通していたことが明らかとなっている（菅原康夫『日本の古代遺跡・徳島』）。勾玉製造の終期はわかっていないものの、崇神天皇はこの地の勾玉の生産を支配したことにより、「五十瓊殖持ち《いにえもち》」と称えられ、これが変化して「稲持《いなもち》」になったのではないか。以上、概論としたい。

第六章　遷都はいつ行われたか

1　香具山と飛鳥の諸宮

飛鳥岡本宮

舒明《じょめい》天皇が、香具山《かぐやま》に登りて望国《くにみ》したまふ時の御制歌

やまとには　群山《むらやま》あれど　とりようふ　天の香具山　登り立ち　国見をすれば

国原は　煙立ち立つ　海原は　かまめ立ち立つ　うまし国そ　あきづ島　やまとの国は

この歌は、万葉集巻一の二番目に配列された舒明《じょめい》天皇（在位六二九～六四一年）の有名な国見《くにみ》の歌である。大意は「大和には群がる山々があるが、よく形の整った天の香具山に、のぼり立って国見をすれば、廣い国からは煙が立ちに立ち、廣い海からはかまめがしきりに立つ、よい国なるぞ、あきつ島大和の国は。」（土屋文明『萬葉集私注』）というもの。

舒明天皇は、天智・天武天皇の父君で、住まわれた飛鳥岡本宮《おかもとのみや》は奈良県高市郡明日香村岡の「飛鳥京跡」に比定されているので、右の国見歌は、奈良県橿原市の香具山（標高一五二㍍）から歌われたということになる。

ところがこの歌によると、海原にはかもめが飛び立っている（海原波　加万目立多都）とあり、奈良盆地ではあり得ない景色がうたわれていて驚く。舒明天皇の時代、王都は奈良盆地に営まれていなかったのではないかと思わせる歌である。しかも万葉集の二番目に登載された歌から。

通説はこの句について、「海原」は香具山周辺の埴安池《はにやすのいけ》や耳成池《みみなしのいけ》の水域を表現したものだとし、「かまめ（鷗《かもめ》の古形）」は、ゆりかもめの類は内陸深く侵入することがある、などと説明しているが、いかにも苦しい解釈である。

資料58　舒明期の奈良・飛鳥、藤原京

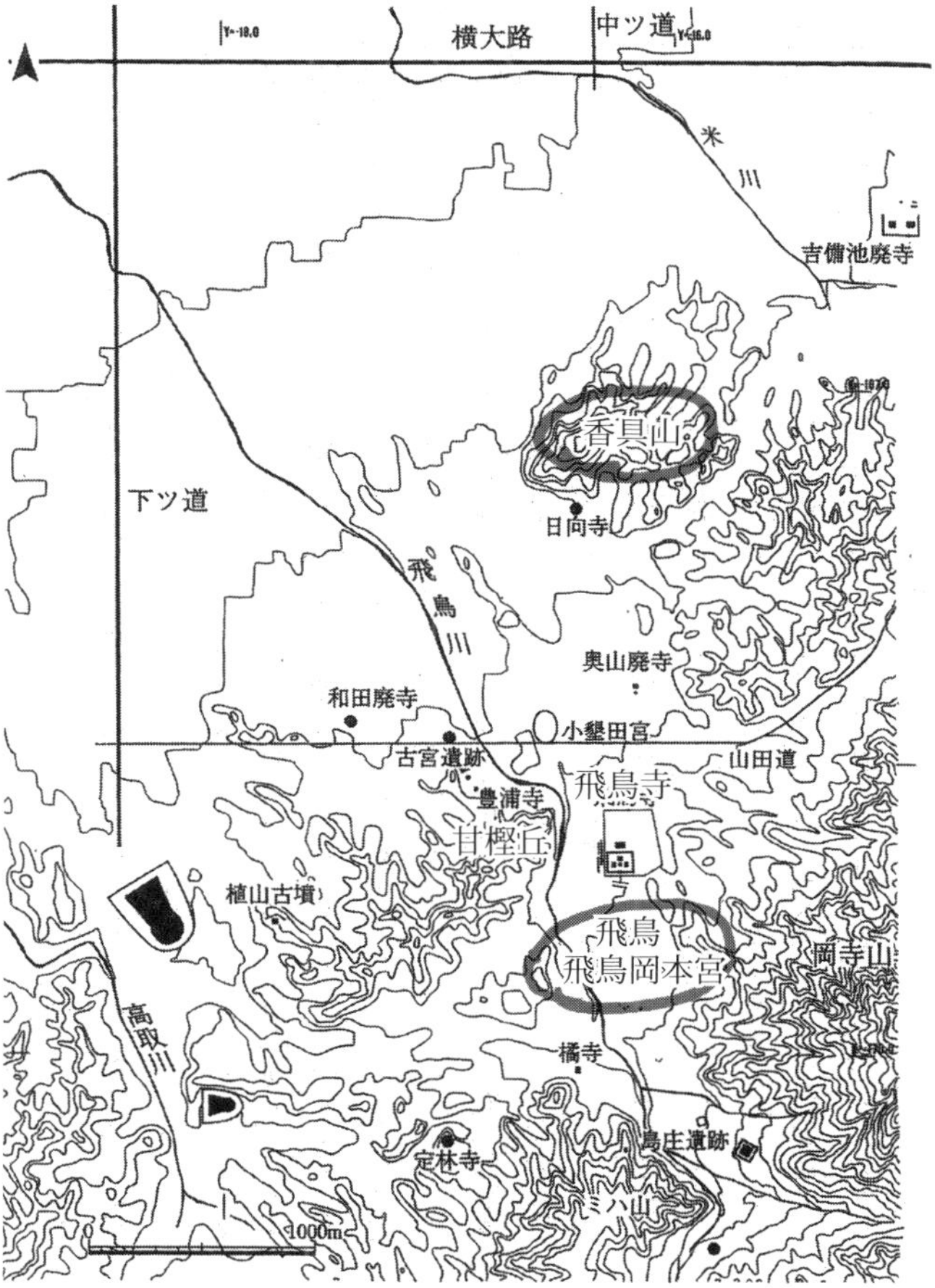

豊島直博、木下正史編『飛鳥・藤原京』吉川弘文館　89ページ

国見歌は、天皇が高山に登り、国の四方を眺め、五穀豊穣を予祝する歌といわれているが、この歌から伝わってくる情景は、日常的に見られる王都の平和でのどかな景色である。仮に海鳥《うみどり》であるかもめが生駒山地《いこまさんち》を越え、内陸の奈良盆地に迷い込んだとして

も、そのような不自然で、稀に見る珍事や現象を、国見歌に盛り込むことはしないであろう。また、歌は四方を望《のぞ》み、「国原（の景色）」と「海原（の景色）」を列《つら》ねた対句の構成になっているにもかかわらず、国原の景色の中に海原を取り込むという解釈は、やはり誤りではないか。

この歌を素直に解釈すると、舒明天皇の治めた飛鳥岡本宮は、海に面していたか、あるいは海が望める地勢であったことになり、奈良盆地の飛鳥ではなかったことになる。こうした解釈に対し、専門学者（通説）は、これまでの膨大な遺跡調査等をもとに全面否定し、笑止とするか、また、文献史料の場合、多少の不整合は起こり得るので、「短絡」として片付けられそうである。

しかし筆者は、この歌に対する通説の解釈は誤りと考えており、そのまま放置することは出来ない。古代歌謡は、三次元の史料として歴史の解明に不可欠である。一首ごとに発信者が異なり、それらは言魂《ことだま》として畏敬《いけい》をもって扱われ、そのため殆どの場合、後世の改変を免《まぬか》れた史料であり、また、複数の眼による歴史の証人でもある。歌によっては、時代・人物・場所が特定され、立体的な地理情景を提供してくれ、それによって、記紀等の歴史記録の欠陥、すなわち、その成立過程において行われた政治的加筆や潤色、捏造《ねつぞう》記事を炙《あぶ》り出してくれる史料となり得る。舒明天皇の国見歌も、その例外ではないと思える。そのため「海に面した飛鳥岡本宮」を探究する価値は残されている。

次に奈良盆地の飛鳥に関する歌をもう一首（万―九九二）挙げる。

大伴坂上郎女《おおとものさかのうえのいらつめ》の元興寺《がんこうじ》の里を詠ふ歌一首

故郷《ふるさと》の　明日香《あすか》はあれど　あをによし　奈良の明日香を　見らくしよしも
（古郷之　飛鳥者雖有　青丹吉　平城之明日香乎　見楽思好裳）
訳・古い都の明日香はそれなりによいが、奈良の明日香を見るのは実によいことよ。
（桜井満訳注『万葉集（上）』）

坂上郎女は、壬申乱で天武側に就いて戦功をあげた大伴安麻呂《やすまろ》の娘で、初め天武の第五皇子穂積《ほづみ》親王に嫁し、親王が没した（七一五年）後、不比等の四子麻呂の寵《ちょう》をうけ、別離後、異母兄の大伴宿奈麻呂の妻となった万葉時代の代表的女流作家で、平城遷都（七一〇）以前から天平勝宝二年（七五〇）頃まで作歌したとみられている。

また元興寺《がんごうじ》とは、もと法興寺《ほうこうじ》で、崇峻《すしゅん》天皇（在位五八七〜五九二年）の時代に飛鳥に建立されたとみえ、我が国最古の本格的寺院にして「仏法の元興の場」とみなされたことから、平城遷都後の養老二年（七一八）、新京の平城京に新たに元興の場を建立して新《しん》元興寺とし、元の元興寺を本《もと》元興寺と呼んだものである。

さてこの歌は、新・元二つの飛鳥を比べ歌ったものであるが、通説は「古郷《ふるさと》の飛鳥」を高市郡明日香村の明日香（飛鳥）とし、「平城《なら》（奈良）の明日香」を新京の平城京に充てている。しかし奈良盆地には二か所の飛鳥はなく、平城京を指して飛鳥と呼ばれた例はない。通説が古郷《ふるさと》の飛鳥（元興寺の里）を奈良県の飛鳥と決め付けて解釈する限り、この歌を解くことは出来ない。歌は複雑なものではなく、率直に解釈すると、「平城《なら》の明日香」は奈良県明日香村の飛鳥で、「古郷《ふるさと》の飛鳥」は、奈良県明日香村の飛鳥の古郷《ふるさと》にあたる元の飛鳥ということになる。では元の飛鳥（元興寺の里）は何処にあったかということはさておき、歌の訳は（大伴坂上郎女は）、遷都によって奈良の平城京に遷ってきたが、ある時、明日香村の飛鳥を訪ねたところ大変気に入った。その時、夫であった穂積親王と暮らした元の都の飛鳥をふと思い出し、ああ、古郷《ふるさと》の飛鳥も良かったのに…と懐かしんで歌ったと解釈できる。

以上、二首から読み解けるところは次のようになる。

万―二　・舒明天皇の岡本宮は「海が望める王都」であったようだ（奈良盆地の飛鳥ではない）。

万―九九二・平城京の時代、飛鳥は奈良の飛鳥とその古郷《ふるさと》にあたる元の飛鳥があり、元の飛鳥は元興寺の里と呼ばれていたようだ。

作歌の時期は七世紀後半と八世紀の前半で異なるが、はからずも二首が伝えるところはほぼ同じで、飛鳥は奈良盆地のほかに元の飛鳥があったということである。

飛鳥の地勢

飛鳥時代（七世紀前半～末頃）の飛鳥の範囲は、限定的にみれば東西〇・八㌔、南北一・五㌔ほどの小地域となる（日本の古代遺跡7『奈良飛鳥』）。これは奈良盆地全体（東西約十四㌔、南北約二十七㌔）

から見ても狭小で、盆地東南部の隅にあって、三方が山や丘陵に囲まれた地形である。奈良盆地における初期の王朝なら、防衛上、山や丘陵に囲まれた地形を王宮の地とする合理性は認められるが、王権が確立され、列島を俯瞰し、律令制の試行期を迎えた飛鳥時代の王朝が、盆地の中軸線から外れ、伸び代のない東南隅の袋小路にはたして宮を構えるのであろうか。

三世紀、奈良盆地における王権の発祥地ともいわれる纏向《まきむく》は、東の山地を背に、三方視界が開け、縦横の交通路と版図の拡張性を備えた地勢にあるが、その発展した主体が、四百年後に飛鳥の押し詰められた空間に王宮を構えるというのは、いかにも考えられない選択である。奈良の飛鳥とは何だったのか。通説が唱える飛鳥遺跡の性格を再検討する必要がありそうだ。

飛鳥浄御原宮

飛鳥には、王宮のほか、飛鳥時代に建立されたとする定林寺や川原寺・橘寺・坂田寺等の多くの遺跡が、発掘調査によって確認されている。これらの寺院については、朝鮮三国の工人や技術者が関与したとみられており、特に飛鳥川の西を流れる高取川流域に居住区が与えられた東漢《やまとのあや》氏を主流とする帰化人が、飛鳥の開発に大きく関ったとみられる。彼等の上位者や技術者・僧・工人等は、倭朝廷から厚遇を受け、また彼等の提案も取り入れて飛鳥の地を特別区とし、寺院や工房、皇族の子弟のための学問所、迎賓館や苑池、造都に向けた実験的施設の建設等が進められ、その痕跡が、今日見る飛鳥遺跡ではないかと筆者は推測している。

飛鳥の王宮についても、これまで唱えられてきた数か所の推定地が、ほぼ一か所にしぼり込まれている。林部均氏は、「飛鳥におかれた正式な王宮（岡本宮・板蓋宮・後岡本宮・浄御原宮）は、「…一九五九年から継続して発掘調査が行われている飛鳥宮（伝承飛鳥板蓋宮跡＝飛鳥京跡）にすべて所在したと考えるのが適切であろう。」（『飛鳥の宮と藤原京』二〇〇八年・吉川弘文館）とし、王宮は「飛鳥京跡」に、下層からⅠ期（岡本宮）・Ⅱ期（板蓋宮）・Ⅲ期（後岡本宮・浄御原宮）にわたってほぼ継続的に造営されてきたと述べておられる。

飛鳥宮は六宮が知られ、うち二つの宮（河辺行宮・川原宮）は未発見である。また、右の正式な四宮も同一の造営地であるというは驚きである。飛鳥時代までの王宮は、建物の老朽化や火災、穢《けが》れの思想、衛生問題等から、ほぼ代ごとに遷《うつ》されており、飛鳥の四宮（岡本宮・板蓋宮・後岡本宮・浄御原宮）も宮名が異なることなどから、それを同一敷地内とみるのは矛盾があり、また、その疑問は浄御原宮造営の歌からも増幅される。

壬申《じんしん》の年の乱の平定《しづ》まりにし以後《のち》の歌二首

万―四二六〇・大君《おおきみ》は　神にしませば　赤駒《あかごま》の　腹這《はらば》ふ田居《たい》を　都と成しつ

右の一首、大将軍贈右大臣大伴卿の作

万―四二六一・大君は　神にしませば　水鳥《みづどり》の　すだく水沼《みぬま》を　都と成しつ

作者未詳

一首目の作者である大伴卿（大伴御行《おおとものみゆき》）は、壬申の乱で一族の馬来田《まくた》・吹負《ふけい》らとともに大海人《おおあま》皇子（のちの天武天皇）側に付いて戦い、勝利後天武天皇に仕えた忠臣である。訳は「天皇は神でいらっしゃるから、赤駒が腹這っている田を立派な都になさったことだ。」（桜井満）とあるように、天皇に対する御行の驚きと畏敬の念が伝わってくる歌である。おそらく御行は、壬申の乱中で、大海人皇子を「神ではないか（人業《ひとわざ》ではない）」と感じることが幾度かあり、そうした畏《おそ》れや敬う心が下敷きとなって「大君《おおきみ》は神にしませば（皇者　神尓之座者）」との表現に至ったのではないかと推測される。

日本書紀によると、天武天皇は壬申の乱の勝利（六七二年七月）後、「是年、宮室《おおみや》を岡本宮の南に営《つく》る」「即冬《そのふゆ》に、遷《うつ》りて居します。是を飛鳥浄御原宮《あすかのきよみはらのみや》と謂《い》ふ。」とあり、翌天武二年（六七三）二月には浄御原宮で即位式を行っている。

したがって、浄御原宮の造営地を飛鳥京跡とする通説は、書紀の「岡本宮の南に営《つく》る」という記述を無視した説である。また、浄御原宮は、右の歌から、水鳥が集まる水沼地で、馬の腹が水面に付く程の水田地帯を（誇張でしょうが）都としているので、造営地は人工物のない未開の更地《さらち》であったことになり、本格的な建物遺構が重層する「飛鳥京跡」は当てはまらず、通説は否定されることになる。飛鳥時代は、六つの王宮が造営されたが、その候補となる遺跡が一か所のみという奈良の飛鳥は、王都として致命的である。

筆者は、奈良盆地の飛鳥は、先に挙げた地勢的条件等から、王家の別荘地であったのではないかとみている。それは、当初から計画されたものではなく、東漢氏らの提案等を取り入れて、王家や有力豪族との関わりを持つ寺院や学問所、庭園・苑池等が形成されていき、その中核となる「飛鳥京跡」は、離宮を兼ねた迎賓館として、三度の建替えと増築が施されたものではないかと捉《とら》えている。

奈良県飛鳥が、飛鳥京跡でないとすれば、王都飛鳥は何処なのか。歌が伝えた、海が望める王都の香具山・古郷《ふるさと》の飛鳥の地を提示する必要がある。

古郷の飛鳥

古郷《ふるさと》の飛鳥・舒明天皇がうたった香具山は、阿波の小松島市であったと推定する。小松島市大林町《おおばやしちょう》は、昔飛鳥といわれていたとの伝承が残っている。徳島藩の地誌『阿波志』によると「飛鳥祠大林村に在《あ》り又日吉《ひよし》祠天満《てんま》祠蛭子《ひるこ》祠牛頭《ごず》祠八幡祠あり…」とみえ、飛鳥神社が村内第一の神社であった。現在は日吉《ひよし》神社に合祀され、飛鳥神社の幟《のぼり》が保存されているが、これらは「飛鳥の地」の痕跡と思われる。

次に香具山は、徳島市と小松島市との境に跨《また》がる日峯山《ひのみねさん》で、徳島市側の山塊は今も籠《かご》・外籠山《そとかごやま》の地名を伝えている。香具山は「カグヤマ」とも「カゴヤマ」とも呼ばれていたことが『仙覚抄《せんがくしょう》』(一二六九年）によって知ることができるが、徳島藩の寛永年間（一六二四〜四四）の文書には「勝浦郡内籠野山並大神子…」、宝暦六年（一七五六）の小浜家文書に「籠山《かごやま》」「籠野山《かごのやま》」とみえることから、古くは「かごやま（香具山）」であった可能性が高い。

日峯山と舒明天皇の香具山を結び付けるものとしては、日峯山南麓の小松島市中田町広見《ちゅうでんちょうひろみ》に鎮座する式内建嶋女祖命《たつしまめおやのみこと》神社がある。この神社は、滋賀県南高嶋郡の式内波尓布《はにふ》神社の古記録に、天平十三年（七四一）阿波国建嶋女祖命神社から波爾山比売《はにやまひめ》命を勧請《かんじょう》したとみえることから、祭神が埴《はに》土の神であることが明らかになっている。ただし、イザナギ・イザナミ二神が生んだ象徴神の埴山比売《はにやまひめ》や埴安比売《はにやすひめ》の神ではない。神社名に「女祖《めおや》」という天皇の母などに用いられる尊称と、実在神を表す「命《みこと》」、さらに「建《たつ》」（戦いに関与した）が付されているので、該当するのは唯一孝元天皇の妃埴安媛《はにやすひめ》命である。

埴安媛命は、崇神天皇に反乱を企てた武埴安王《たけはにやすおう》の母で、安王の妻がこっそり香具山に登り頂上の埴土を取って領巾《ひれ》に包み、「これは倭の国の物実《ものざね》（倭の天皇の御霊に代わるもの）」といって崇神天皇を呪詛《じゅそ》しようとした。このとき、天皇の魂にも相当する香具山の埴土を守っていたのが埴安媛命であった。乱は鎮圧されるが、香具山の埴土を守った埴安媛命が、妃の尊号を冠し、建嶋女祖命神社として唯一阿波国に祀られていることは、日峯山・籠山山塊が、舒明天皇が登った万葉集の香具山であったことを証明する。

資料 59a　飛鳥京の推定　（NPO 法人阿波国古代研究所 H.30.10.5）

天皇	宮名	公用期間 西暦	宮の推定地	参考
第34代 舒明《じょめい》	飛鳥岡本宮	630-636・火災	徳島県小松島市中田町千代ヶ原	香貝山（日峯龍山山塊）を背に南面する桂林寺〜小松島西高校付近に推定。
	田中宮	636-639	小松島市中田町千代ヶ原	建嶋女祖命《たけしまめおやの》神社、千代ヶ原、池ノ内、千代の松原
	百済大宮《くだらのおおみや》	640-642	徳島県板野郡板野町大寺	
第35代 皇極《こうぎょく》	小墾田宮《おわりだのみや》	642	徳島市田宮町	田宮天神坊付近に推定。
	飛鳥板蓋宮《いたぶきのみや》	643-645	小松島市田野町芝田	恩山寺を背に東面する芝田小学校付近に推定。
第36代 孝徳《こうとく》	豊碕宮《とよさきのみや》	645〜	徳島市名東町	豊崎八幡神社付近に推定。
	難波長柄宮《ながえのみや》	652〜	大阪市中央区法円坂	
第37代 斉明《さいめい》（重祚）	飛鳥板蓋宮	655・火災	小松島市田野町芝田	芝田、仮屋、天王谷川、恩山寺山、恩山寺、芝田小学校付近に推定。
	飛鳥川原宮	655	小松島市大林町宮免・岩戸	宮免、岩戸、元飛鳥神社付近に推定。立江寺
	後《のち》飛鳥岡本宮	656・火災	小松島市中田町千代ヶ原	岡本宮跡の西隣に推定。 八幡神社、千代の松原
第38代 天智《てんち》	近江大津宮《あふみのおおつのみや》	667-671・火災	①鳴門市大津町・木津町に推定。 ②鳴門市櫛木の小海《おうみ》に推定。	
天武-草壁皇子《くさかべ》	嶋宮《しまのみや》	〜689	小松島市坂野町島ノ内	嶋ノ宮神社付近に推定。 嶋ノ官神社、三田、橘
第40代 天武《てんむ》	飛鳥浄御原宮《きよみがはらのみや》	672-686	小松島市大林町本村	大林町本村に推定。 立江寺、飛鳥神社、現福寺、八坂神社、清原姓
第41代 持統《じとう》	飛鳥浄御原宮	686-694	小松島市大林町本村	
	第一次藤原宮	694-697	徳島県吉野川市鴨島町	
第42代 文武《もんむ》	第一次藤原宮	698-707	吉野川市鴨島町	
第43代 元明《げんめい》	第二次藤原宮	704-710	奈良県橿原市高殿町	
	平城京	710〜	奈良市佐紀町	

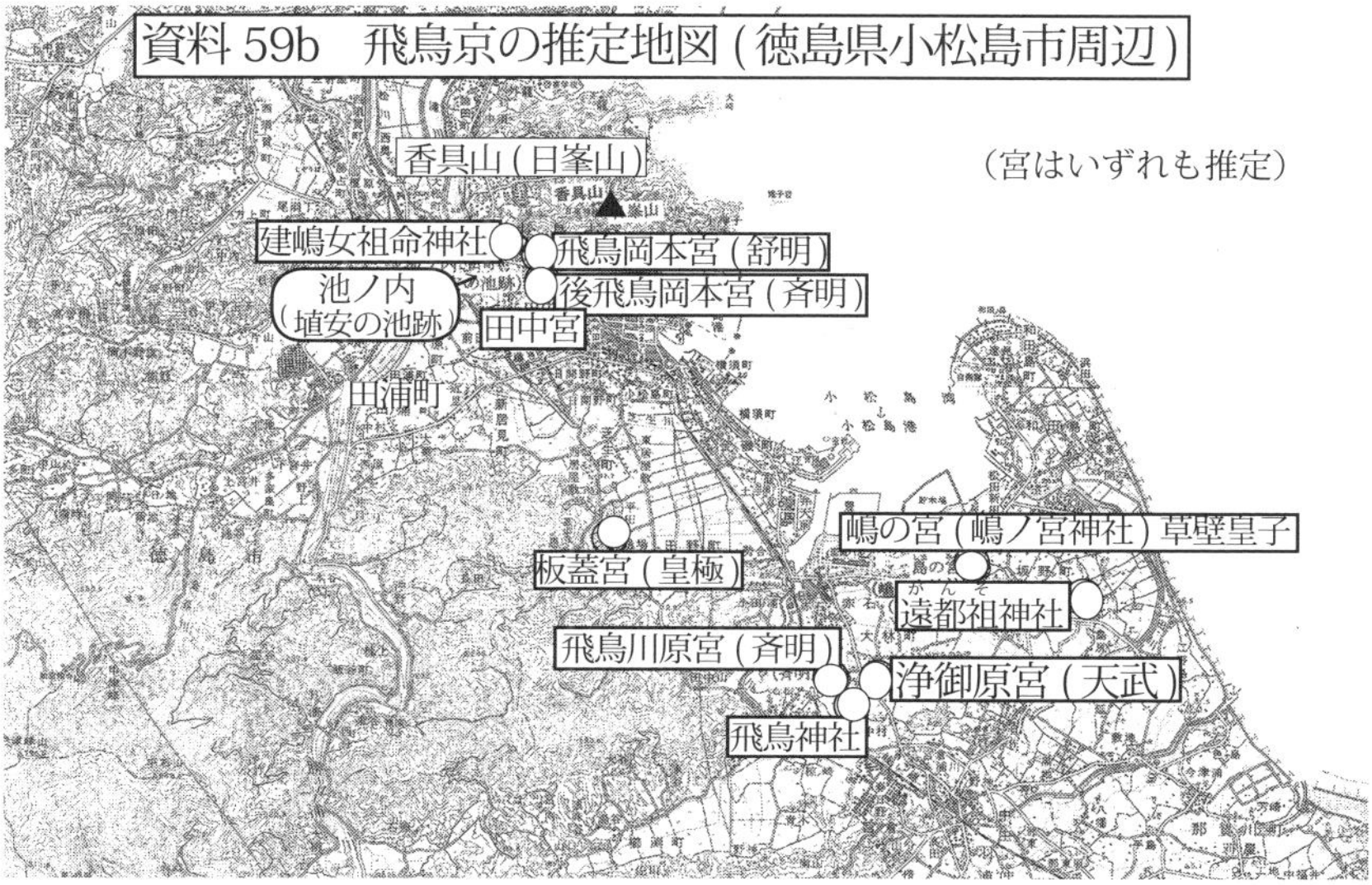

資料59b　飛鳥京の推定地図（徳島県小松島市周辺）

また、万葉集（一九九、二〇一）で香具山宮（飛鳥宮）と一対として歌われる埴安《はにやす》の池も、天皇の御魂を象徴する香具山の埴土と、それを守った埴安媛命からそのように呼ばれたもので、その伝承とみられる「池ノ内」の地名も神社の近くに遺っている。

舒明天皇が、日峯山中腹から四方を眺めたとすれば、西には国原、南には国原と、東に向かって海原（小松島港・天然の良港として知られ開港にも指定された重要港湾）が広がり、国原の炊煙とともに海原にかもめが飛び交う景色が望《みさ》けられるのである。

舒明天皇の岡本宮は、神社の東、日峯山の麓から南に伸びる丘陵であった千代の松原（現・八幡神社参道）のほとりに営まれたと推定する。『徳島の地理』（寺戸恒夫編著）一〇三ページによると、日峯山の麓から桜馬場《さくらのばば》まで約八〇〇メートル、幅約四〇〇メートルの舌状の段丘が伸びており、現在でも千代《ちよ》の松原の中軸線が最も標高が高く、

資料60　小松島平野の地形とみなとの位置

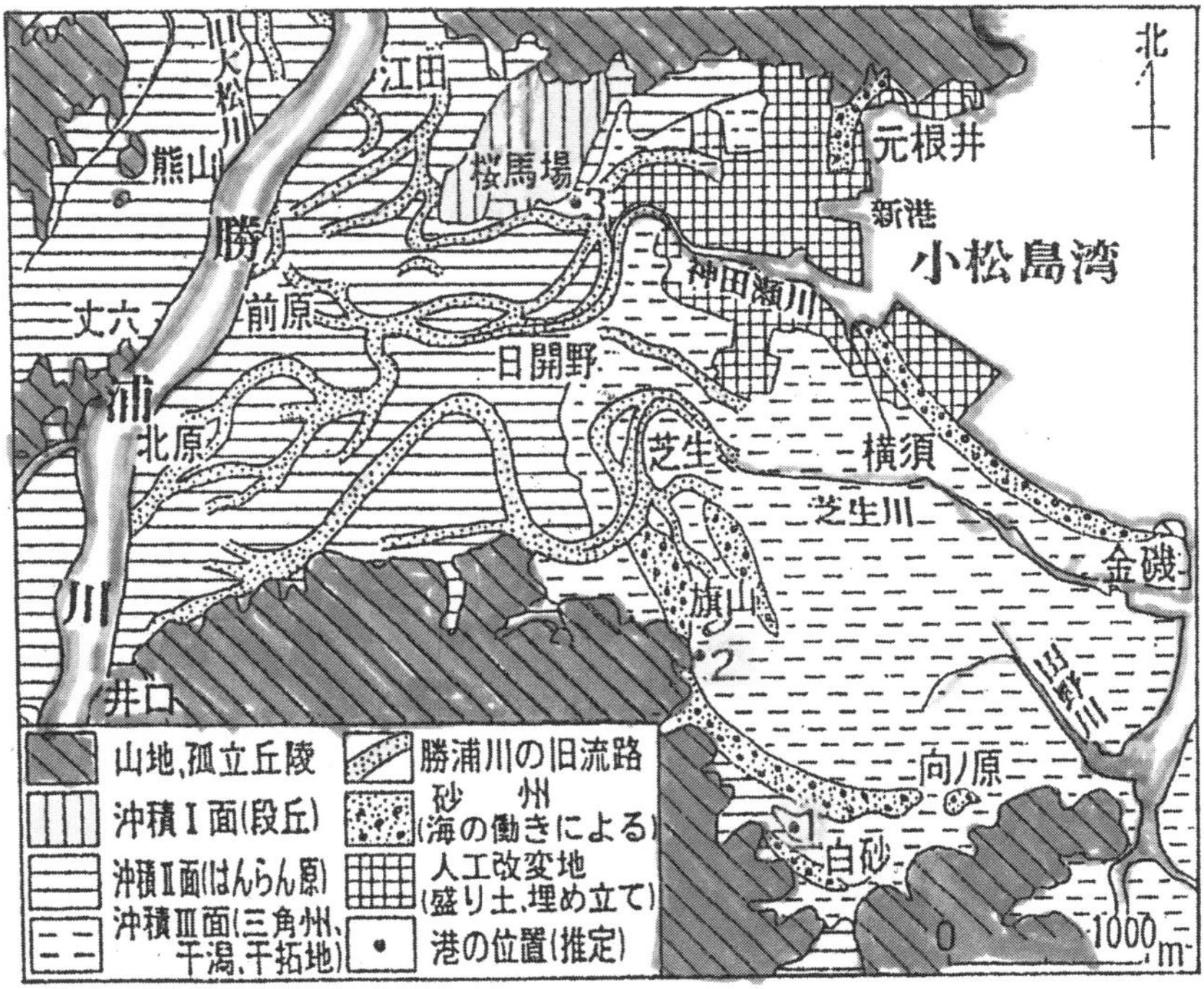

寺戸恒夫『徳島の地理』徳島地理学会 103 ページ

宮名の岡本宮（岡のほとりの宮）とも整合する。奈良県飛鳥の岡本宮推定地（飛鳥京跡）周辺に岡は存在しないが。

なお、地名の「千代ヶ丸」や「千代ヶ原」は、斉明天皇（天智・天武天皇の母）が皇孫にあたる建王《たけるのみこ》が八歳で夭折《ようせつ》したのを悲しみ、「万歳千秋《よろづとせちあき》の後《のち》に（我が死後は）、要《かなら》ず朕《わ》が陵《みささぎ》に合せ葬《はぶ》れ」といわれたことから、斉明天皇のゆかりの地（後飛鳥岡本宮《のちあすかおかもとのみや》の地）を「千代ヶ丸」「千代ヶ原」と語り伝えてきたのではないか。

また、建嶋女祖命神社の小字名「広見《ひろみ》」も、舒明天皇の諱《いみな》である

「広額《ひろぬか》」（息長足日広額天皇《おきながたらしひひろぬか》）の額《ぬか》が略されてやがて「広見」に誤写され、南方の小松島平野の「田浦」の地名も「田村皇子」と呼ばれた舒明天皇に関係する可能性もある。

嶋宮

嶋宮《しまのみや》は、天武天皇が壬申の乱で勝利し最初に入った宮で、その後浄御原宮に遷ってのち、草壁皇子《くさかべ》に伝領されたとみられている。

通説の嶋宮（跡）の所在地は、奈良県高市郡明日香村島ノ庄で、石舞台古墳の西北方向近くとされる。その由来は、蘇我馬子《そがのうまこ》の邸宅の跡地を利用したともいわれ、馬子が邸宅内に池を掘り、その中に島をつくったことから「嶋大臣《しまのおおおみ》」と呼ばれ、これが嶋宮の名の由来になったともいう。

草壁皇子は天武天皇と鸕野皇女《うののひめみこ》（のちの持統天皇）の間に生まれ、次期天皇とみられていたが、天武天皇が崩御されて三年後（六八九）、二十八歳の若さで急死する。万葉集には草壁皇子にささげられた挽歌二十七首がおさめられているが、生前、皇子が住まわれていた嶋の宮の歌も多い。また、これら皇子の死を悼《いた》む悲しみの歌からは、とても自然死とは思われない響きを放つ。

そこで万葉集から、嶋ノ宮をうたった歌を抽出し通説の嶋ノ宮（跡）説を検証する。

一七一　高光《たかひか》る　わが日の皇子《ひみこ》の　万代《よろづよ》に　国知らさまし　島の宮はも

一八一　み立たしの　島の荒磯《ありそ》を　今見れば　生《お》ひざりし　草生ひにけるかも

一八五　※荒磯とは「あらいそ。海中や海岸に露頭している岩のこと。」
水伝《みなつた》ふ　磯《いそ》の浦廻《うらみ》の　岩つつじ　茂《も》く咲《さ》く道を　また見なむかも
※磯とは水中、水辺の岩石。岩の多い水辺。浦廻は岸の曲がって入り込んだところ。

一七七　朝日照る　佐《さ》田《だ》の丘辺《おかべ》に　群《む》れ居つつ　わが泣く涙　やむ時も無し

一七九　橘の島の宮には　飽《あ》かねかも　佐《さ》田《だ》の丘辺《おかべ》に　侍宿《とのい》しに行く

三〇二九　貞《さだ》の浦《うら》に　寄《よ》する白波《しらなみ》　間《あひだ》なく　思ふをなにか　妹《いも》に会《あ》ひ難《がた》き

三一六〇　沖《おき》つ波《なみ》　辺波《へなみ》の来寄《きよ》る　貞《さだ》の浦の　この時過《さだす》ぎて　後《のち》恋ひむかも
※沖つ波は沖に立つ波。辺波は岸辺の波の意。「へ」は海の岸辺。

嶋宮《しまのみや》の初見は天智十年（六七一）である。天武天皇と皇子の草壁《くさかべ》皇子が住まわれた。この宮の由来を、「蘇我馬子の邸宅跡を利用し、宮名も馬子が造った池の中の島から名付けられた」とするのは、いずれも後世に考えられた説にすぎず、もとより根拠はない。そもそも蘇我馬子は推古朝の六二六年に没している。天武天皇が利用される六七一年までの間に四十五年も経過している。また、一豪族の邸宅を王家が接収したとでもいうのであろうか。生前、悪業を働いた馬子の池の島が、王家の宮の名の由来になったというのもこじ付けとしか思えない。日本書紀の推古三十四年（六二六）には、馬子が「乃《すなわ》ち庭の中に小《いささか》なる池を開《は》れり。仍《よ》りて小《いささか》なる嶋《しま》を池の中に興《つ》く。故《かれ》、時《とき》の人、嶋大臣《しまのおおみ》と

資料61　当時の嶋の宮周辺の地形

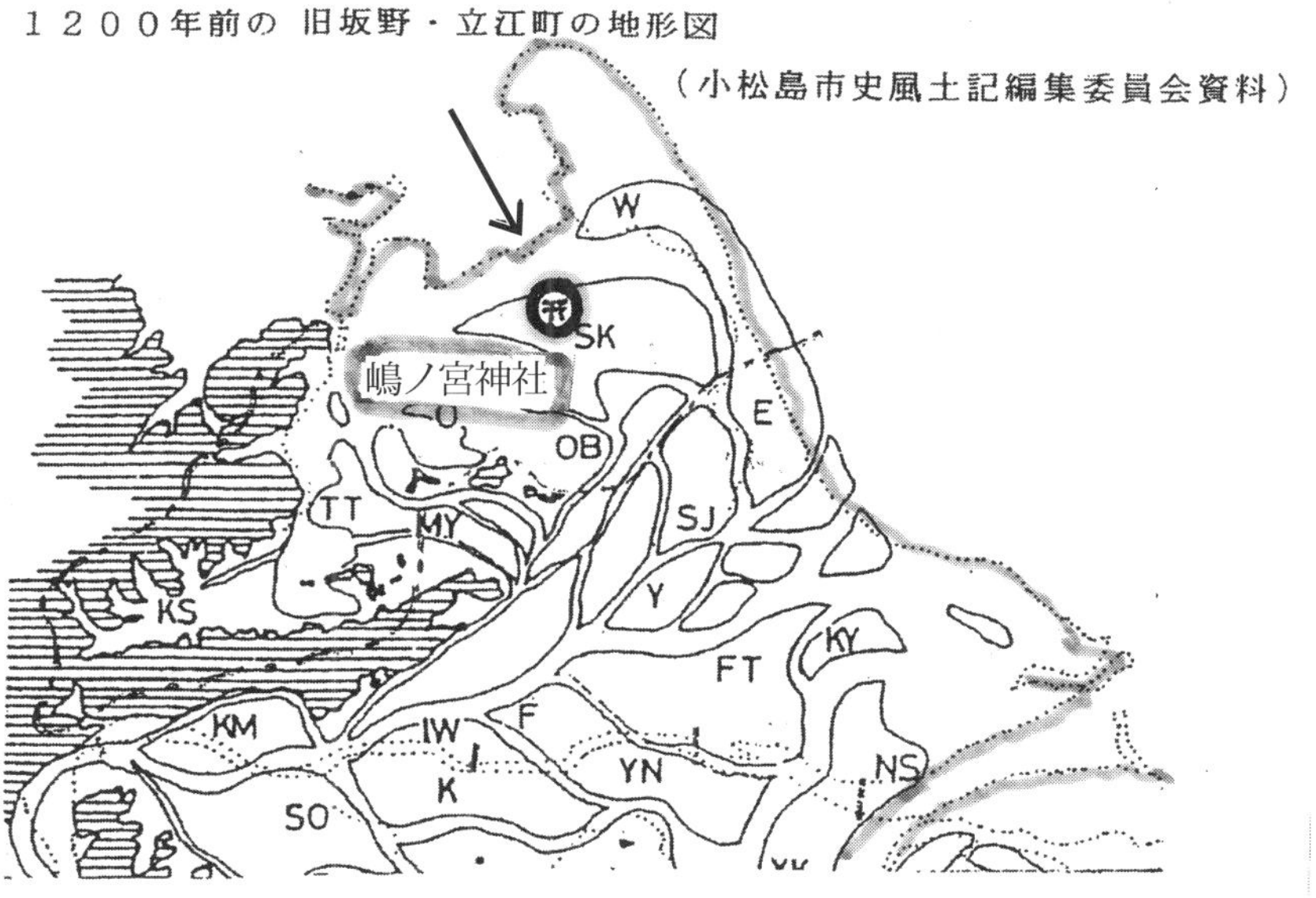

立花秀夫「地名に見る小松島の姿２（旧立江・坂野町）」より
神社の表示（矢印も）は現在の嶋ノ宮神社の位置から見当を付け著者が加筆

いう。」とある。「小《いささか》なる嶋」に過ぎないものを。

さて前段にあげた万葉集七首から、嶋宮とは海岸に近く泊《みなと》があったことがうかがえる。荒磯や磯の浦廻、さだの浦はそのことを表しており、また佐田《さだ》と呼ばれる丘があり、橘が茂り、さだの浦からは沖に波が立ち、岸辺には白波が打ち寄せてくる海に面した宮であったといえる。通説は、この嶋の宮を奈良盆地の南斜面を形成する飛鳥の山中に充てている。空疎というほかはない。

後段に天武・草壁父子が御《すまい》した嶋の宮（推定地）の地図を掲げた。徳島県小松島市坂野《さかの》町の嶋ノ宮《しまのみや》神社がそれである。太古那賀川の流れと黒潮の沿岸流に

資料62　嶋ノ宮神社周辺地図（小松島市坂野町）

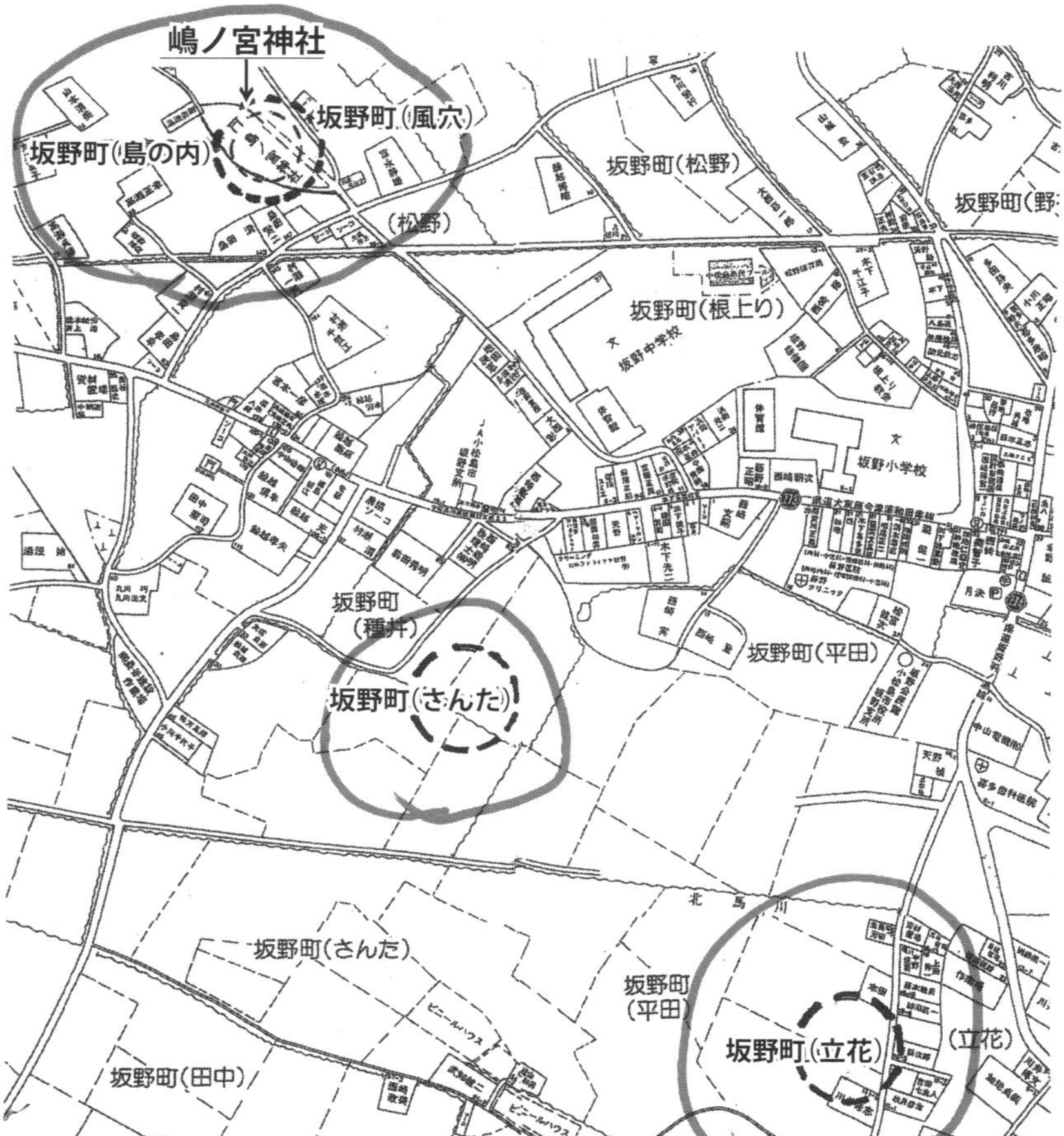

よって形成された砂洲の丘の上にある。神社の東寄りの小字は「さだ」である（「さんだ」と伝える人もいるが）。また、「橘」の小字もある。嶋の宮歌にある「さだの丘」や「さだの浦」「橘」が不思議と一致する。嶋ノ宮神社の南方の大林《おおばやし》町は「あすか」と呼ばれていたとこ

ろで、江戸時代まで「飛鳥神社」が鎮座していたことは『阿波志』によっても確かめられる（現在、なぜが「日吉神社」に改められている）。嶋ノ宮神社の東には遠都祖《がんそ》神社が鎮座する。元《もと》の都《みやこ》はこの地にあった（**遠**い昔の**都**の本貫地―**祖**の地）ということを後世に伝えるために祀られた神社かも知れない。

この海岸から天皇をはじめ大宮人《おおみやびと》は、「飛ぶ鳥」の如く奈良大倭に渡っていった（遷都）ことを暗示する。阿波国風土記逸文に、「ソラヨリフリクダリタル　山ノオホキナルハ　阿波国ニフリクダリタルヲ　アマノモト山ト云《いひ》、ソノ山ノ砕《くだ》ケテ　大和国ニフリツキタルヲ、アマノカグ山ト云フトナン申《まをす》。」が伝えられている。

高天原の神々の依命により、天孫が地上に天降った地は阿波（アマノモト山）であり、現在（八世紀前半）知られる奈良大倭の香具山（すなわち天皇が治める奈良の都）は、阿波の元の都から遷したものにすぎない、と阿波人が言挙《ことあ》げしているのである。

因みに香具山が移される前、舒明天皇が国見した香具山は、嶋ノ宮神社の西北、大神子《おおみこ》・小神子《こみこ》海岸に面する日峯山《ひのみねさん》・籠山《かごやま》である。この山は、もとは山全体が籠山（香具山）と呼ばれていたと思われる。その一方で、皇極・斉明天皇（重祚《ちょうそ》）が格別香具山を愛し双槻宮《なみつきのみや》や天ノ宮を営んだことから、斉明天皇の諱《いみな》である天豊財重日足姫尊《あめとよたからいかしひたらしひめのみこと》の重日《いかしひ》（「重日」は重祚、すなわち日―帝位―をかさねる）を称え、後岡本宮《のちおかもとのみや》に接する籠山の南の山塊を「日峯《ひのみね》」と呼ぶようになったとみられる。

資料63　明治後期の勝浦郡地図にみる大神子《おおみこ》周辺の字名

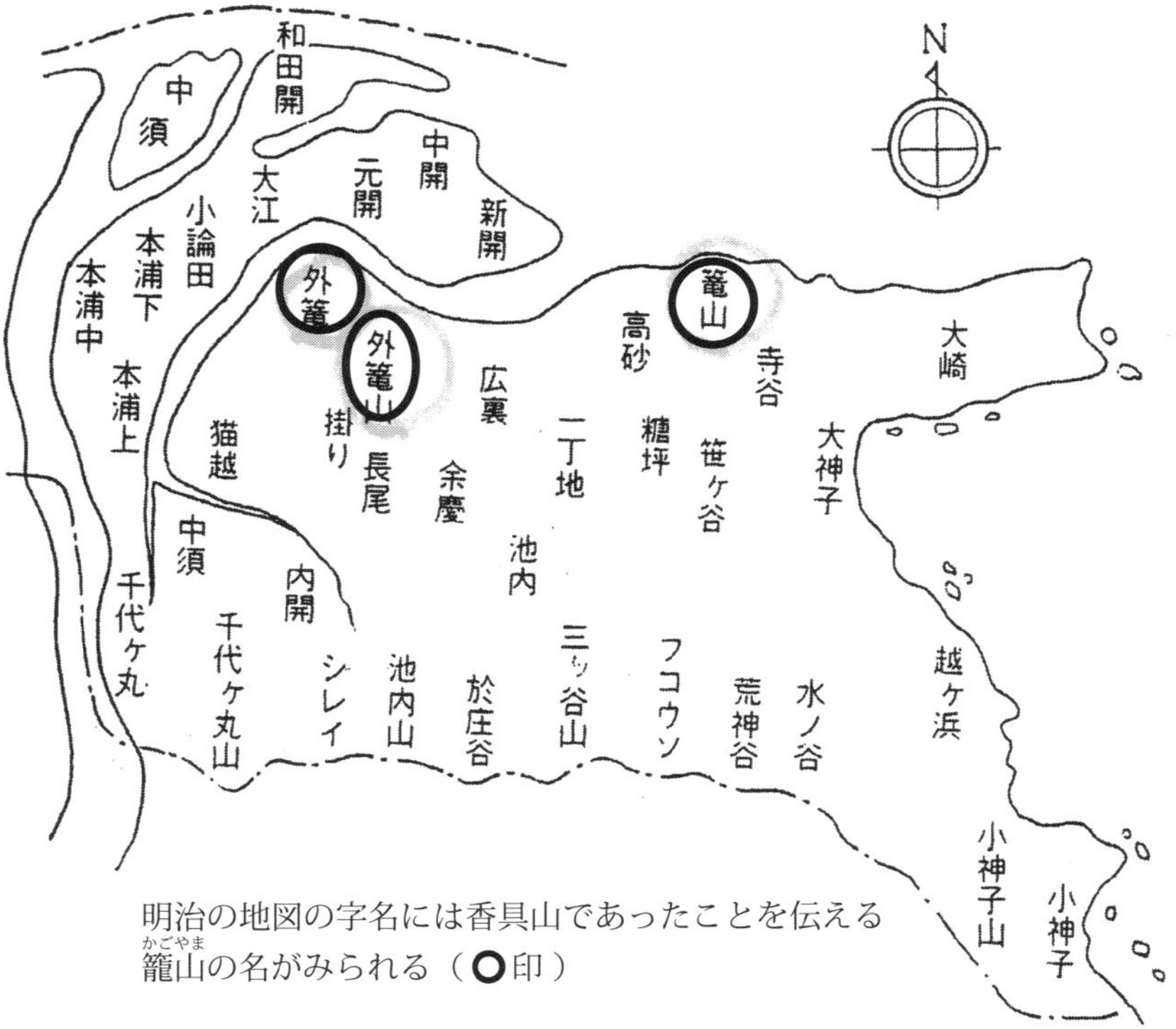

明治の地図の字名には香具山であったことを伝える籠山《かごやま》の名がみられる（○印）

また、籠山東南に位置する徳島市八多町《はたちょう》には、皇極天皇の時代に天に祈願して大雨を降らせ、民を潤した祭地に祀られた式内速雨《はやさめ》神社のほか、東接する多家良町《たからちょう》は、斉明天皇（財皇女《たからのひめみこ》）の諱《いみな》が由来とみられ、上宝《かんだから》・中宝《なかだから》・下宝《しもだから》の小字も残っている。上宝に接する小字にめずらしい「占台《うらだい》」があるが、天武天皇がはじめて占星台《せんせいだい》を建てたとする場所を示している可能性がある。

以上、地理場景が再現できる歌謡を数首掲げた。海原やかもめが見える舒明の歌、水鳥の集う水田を宮とした浄御原宮の歌、そして草壁の嶋宮の歌、いずれも奈良盆地のことではない。

こうした奈良盆地を否定する「奈良盆地ではあり得ない」という材料は、記紀・万葉の全体にわたって数多く見うけられるのである。

2　倭高安城の移転と廃止

これまで述べてきたとおり、天皇家の発祥の地及び神話の舞台は阿波である。神武東征は阿波国内の皇位争いで、大倭《おおやまと》には遷《うつ》っていない（第四章）。歴代天皇は阿波に都したが、諸国の発展は本州島が群を抜き、列島を統治するには四国は内海を隔てた小島で都城を敷くには不適であることが顕著となった。

阿波から本州への遷都は、幾度か試みられはしたが完遂されず、本格化するのは天武天皇の崩御後である。以下の年表（書紀・続紀の抽出）から、高安城《たかやすのき》が、倭《やまと》（阿波）から奈良大倭《おおやまと》に移された記事の確認と、平城遷都までの経緯を読み解く。

倭国高安城は、六六三年、倭軍が白村江《はくそんこう》（韓国錦江河口付近）の海戦で惨敗した後、唐・新羅軍の侵略に備え築造した国内の防衛施設で、天智六年（六六七）に築かれた。書紀は、この年の十一月「倭国《やまとのくに》の高安城《たかやすのき》・讃吉国《さぬきのくに》の山田郡の屋嶋城《やしまのき》・対馬国《つしまのくに》の金田城《かなだのき》を築く。」とある（次頁資料65）。通

資料64　遷都年表　倭国《やまとこく》高安城から大倭国《おおやまとこく》の烽《とぶひ》へ

天皇・紀年	日本書紀・続日本紀の記事	倭国（阿波）から大倭国（奈良）への遷都
天智二（六六三）	・日本・百済軍、白村江で唐・新羅軍に惨敗。	
天智六（六六七）	①倭国の高安城《たかやすのき》・讃吉国の山田郡の屋嶋城《やしまのき》・対馬国の金田城《かなだのき》を築く。	・倭国高安城は、阿波国美馬郡脇（倭城）町に比定。
天智九（六七〇）	②高安城を修理し、穀《もみ》と塩を蓄える。	・高安城（大滝山）の讃岐側に「塩江」「安原」「上俵」の地名が遺る。
天智十（六七一）	・天智天皇薨去。弟の大海人皇子出家、吉野に入る。	・吉野は、みよしの（三好郡）三野町加茂野宮。
天武元（六七二）	③壬申の乱…近江軍、高安城内の穀等を悉く焼く。	
〃	・大友軍、粟津岡に追われ、大友皇子山前に隠れ自らを絶つ。	・大友軍敗走の地は鳴門市大津町の「粟津」。 ・自決の地は鳴門市「山崎」の地を推定。
〃	・大海人皇子勝利し、嶋の宮に御す。	・嶋の宮は、阿波国小松島市坂野町の嶋ノ宮神社付近。
天武二（六七三）	・天武天皇（大海人皇子）即位、飛鳥浄御原宮。	・浄御原宮は、小松島市大林町（もと飛鳥と呼ばれ、江戸時代まで「飛鳥神社」が祀られていた）に推定。
天武八（六七九）	・初めて関を龍田山・大坂山に設け、難波に羅城を築く。	・生駒・大坂山に初めての関とある。とすれば壬申の乱の不破関や鈴鹿の関の記事は不審。
持統六（六九二）	・藤原宮地鎮祭	・第一次藤原宮。阿波国吉野川市鴨島町に推定（藤原宮は国史上二度造営されている）。
持統八（六九四）	・藤原宮に遷り居します。	
文武天皇即位（六九七）	・持統譲位・文武即位	
大宝元（七〇一）	④倭国の高安城を廃止し、その貯蔵品を大倭国・河内国の二国の烽に移す。	・この年、明らかに倭国から大倭国に移している。

慶雲元（七〇四）	・初めて藤原宮地を定む。宮の敷地内に入った住宅千五百五戸の百姓に、身分などに応じて布を賜う。	・第二次藤原宮（奈良大倭国）―橿原市高殿町周辺の藤原宮上層遺構。
慶雲四（七〇七）	・二月、初めて諸王諸臣の五位以上の者に詔を下し、遷都のことを議論させる。	・国史上初めての遷都会議である（奈良盆地内での遷都なら行わないであろう）。
元明天皇即位	・六月、文武天皇急死（二十五歳）	
和銅三（七一〇）	・初めて平城に都を遷す（始遷都于平城）	・阿波倭から奈良大倭へ遷都の完了。初めて平城（奈良盆地）にというのは重要な記事である。
和銅五（七一二）	⑤河内国高安の烽を廃止し、初めて高見烽と大倭国春日烽を設け、平城に連絡を通じさせるようにする。	・奈良盆地の東西の山に初めて見張台（烽）を設けている。平城京が盆地で初めての都城であったか。

説は高安城を生駒《いこま》山地（奈良県生駒郡と大阪府八尾市の境）としているが、その後の高安城の記事を追うと、大宝元年（七〇一）に倭《やまと》高安城を廃止して大倭国《おおやまとこく》・河内国の二国の烽《とぶひ》に移す（④）とあるので、倭高安城生駒山地説は成立しない。明らかに「倭国」と「大倭国」（奈良県）は別の国である。

これは阿波（倭国）から奈良（大倭国）へ、平城遷都に向けての措置といえるであろう。因みに奈良盆地の通信防衛施設は、倭高安城の造営から十二年後の天武八年、ようやく「初めて関を龍田山・大阪山に設け」たとある。このことは、倭国高安城が通説の生駒山地でなかったことを示す。そして⑤のとおり、平城遷都の二年後、初めて奈良盆地の東西の峯に烽が設けられ、平城宮への通信施設系統が整うのである。奈良盆地が宮都の地となった歴史は、新しかったといえる。

なお天智六年（六六七）三月、都を近江《おうみ》に遷すとあり、その八か月後、倭の高安城・讃吉《さぬき》の屋嶋

城などを築くのであるが、この近江の宮は、柿本人麻呂の歌（万―二九）には

…倭《やまと》を置きて　あおによし　平山《ならやま》を越え　何方《いかさま》に　思ほしめせか　あまざかる　鄙《ひな》にはあれど
岩走《いわばし》る　淡海国《あふみのくに》の　さざ浪《なみ》の　大津宮に　天の下　知らしめけむ　天皇の…

と荒れはてた都「淡海の大津宮」をうたっている。

この大津宮は滋賀県大津市錦織《にしごり》一丁目の大津宮遺構に充てられているが、怪しい限りである。飛鳥の後岡本宮《のちおかもとのみや》から滋賀県大津市に遷った場合、通信手段は全く取りようがない。倭国の高安城や讃吉の屋嶋城は何のために築いたのか。またそれまでの都城を放置しては、天皇自らが敵前逃亡の謗《そし》りを免れないのではないか。

さらに淡海《あふみ》（阿波の海）を近江に読み替えているのも不審である。滋賀県の旧国名「近江」は和名抄に記すとおり「ちかつあふみ（知加津阿不三）」であって、淡海（あふみ）ではない。

記紀には淡海・近江が五十一か所（古事記十一か所・日本書紀四十か所）みえるが、淡海（阿波の海…讃岐東部の海岸地帯と鳴門市）を都合に合わせて滋賀県の近江に置き替えている。

資料65　「あふみ」が滋賀県及び琵琶湖ではないことを示す歌二首

○万―三二三九・近江《あふみ》の海　泊八十あり　八十島の　島の崎崎
あり立てる　花橘を　上枝《ほつえ》に　黐《もち》引き掛け　中つ枝に（以下略）

○万―一五三　・鯨魚《いさな》取り　淡海《あふみ》の海を　沖放けて　漕ぎ来る舟
辺付きて　漕ぎ来る舟　沖つ櫂《かい》　いたくなはねそ
辺つ櫂　いたくなはねそ　若草の　夫《つま》の思ふ鳥立つ

琵琶湖には多くの島（八十島）は存在しない。また、万―一五三は淡海大津宮に居す天智天皇の后倭姫《やまとひめ》命が歌った歌である。琵琶湖で鯨《くじら》漁はあり得ない。場所は讃岐東部から鳴門の海で度々行われていた鯨漁を歌ったものであろう。

「おうみ」の地名は、鳴門市の櫛木《くしき》の北泊《きたどまり》に「小海（おうみ）」、香川県東かがわ市の引田《ひけた》に「小海（おうみ）」があるが、壬申の乱で天智の皇子・大友皇子が粟津岡《あわづのおか》に追われ、「山前《やまさき》」で自決したとあり（日本書紀）、その地が鳴門市大津町に東接する粟津《あわづ》（旧粟津村）とそこから山地部に入った「山崎《やまさき》」（鳴門インター入口付近）とみられることから、天智天皇の淡海の大津宮は、鳴門市大津町付近か、北灘町粟田に推定される。

倭の高安城（比定）は阿讃山脈の大滝山《おおたきやま》（九四六メートル）で、美馬市脇町からは数本の旧山道が遺《のこ》っている。脇町の脇は倭城《わき》（岩利説）から起ったとされる。また山頂の西照《にしてる》神社には、かつてふしぎな発光現象が起こったとの伝承も伝えている。のろし火の伝承かもしれない。一方の讃岐側には安原《やすはら》、安原東、安原上・下の地名がある。安原の上（高所）を「高安《たかやす》」と呼んだ可能性があり、ま

資料66　倭国高安城比定略図

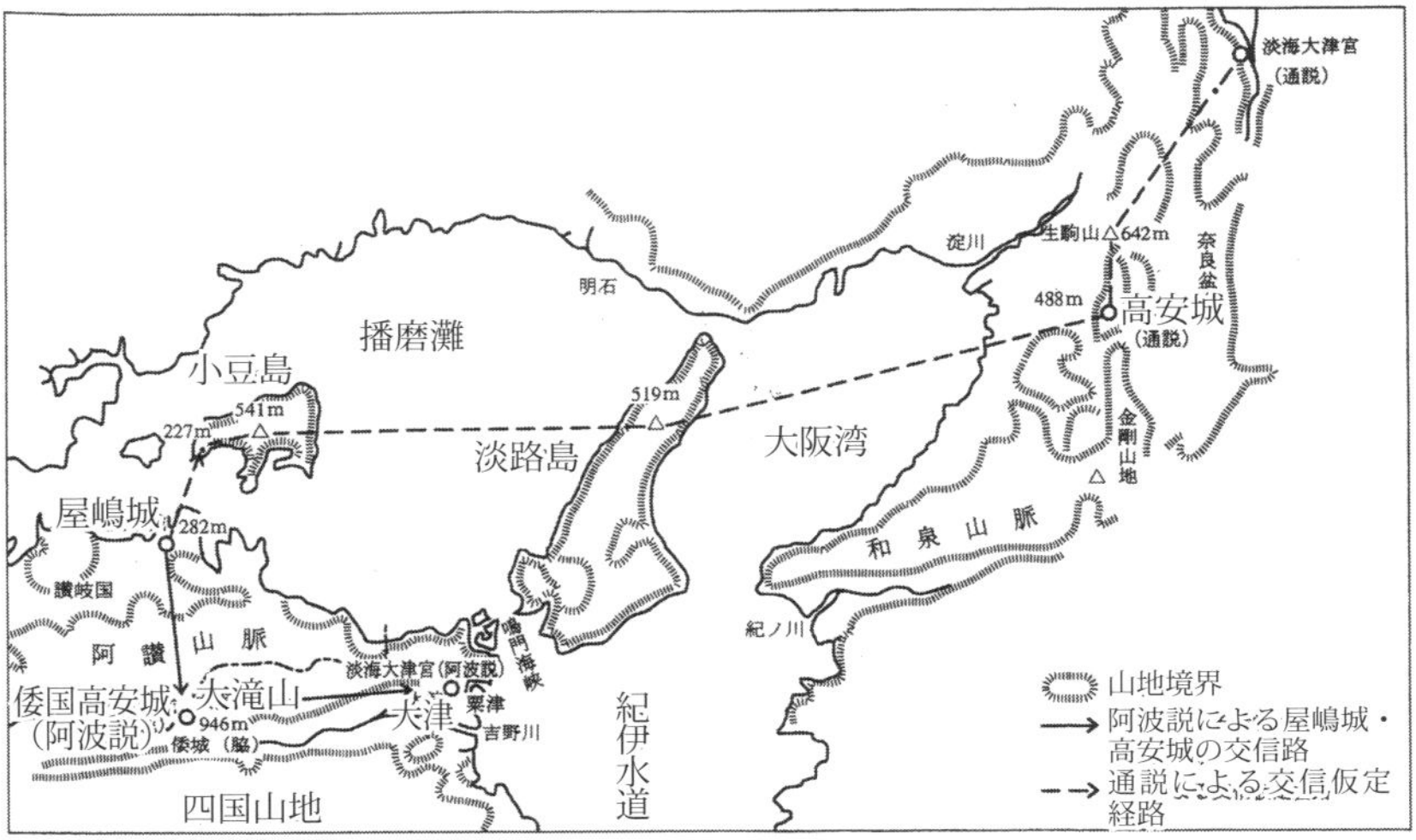

阿波説に従い讃岐・屋嶋の城を高安城と比定すれば、屋嶋に城を築いた意味がみえてくる

た、天智九年（六七〇）「高安城に穀《もみ》と塩《しお》を積《つ》む。」とみえるが、安原上東には「上俵」、安原上には「塩江《しおのえ》（現塩江町）」の地名まで遺《のこ》っている。

讃《さぬ》吉《き》国《こく》屋嶋《やしま》城については、平成十四年までの発掘調査で現在の香川県高松市の屋島の山頂部に城門や水門、城壁、建物遺構等が発見されているが、大滝山（高安城）との狼煙《のろし》による直接交信が可能な地理的関係にある。

倭高安城が、奈良生駒だというなら何故四国の屋島に城を築いたのか。屋島と生駒との間には淡路島があり、通信連絡を通すことは不可能である。

3　第一次・第二次藤原宮と平城遷都

なぜ王都を移し替え、皇祖の地を隠蔽したのか

持統紀（六八六〜）、不比等は、唐帝国の文明と軍事的圧力を目の当たりにして、列島全域の律令制統治が急務不可決と考えた。そこで、海をまたいで新益京《しんやくのみやこ》の地鎮祭を行った（六九一）が、持統は遷都に決心がつかず、倭（阿波国内）にとどまりたいと、翌年倭の藤原宮地で地鎮祭を行い、二年後の六九四年、藤原宮（阿波・吉野川市鴨島町）に遷ってしまう。不比等は、六九七年持統に譲位を促し、文武天皇を立て、娘宮子を文武の夫人として入内《じゅだい》させ、遷都をすすめようとする。

大宝二年（七〇二）持統が薨去《こうきょ》。喪が明けた慶雲元年（七〇四）、半ば中断していた新益京の本格的造営に着手するため、予定敷地内の立ち退き補償を行い、宮名も藤原宮（国史上は二度目の藤原宮）と改め造営を始めた。が、資材搬入ルートは伸び、かつ低湿地で工事は難航する。慶雲四年、初めて上級官僚を集めて遷都の議論をさせるが、その四か月後、文武天皇が二十五歳で薨去。遷都に乗り気でなかったための不比等の仕業かとも推測される。

七〇七年元明即位。不比等は、先帝の藤原宮から占地を平城に変更し、遷都を促すが天皇は急ぐ必要はない、として反対する。が不比等に押し切られついに遷都の詔を発し和銅三年（七一〇）「始めて平城《なら》に遷都す」となる。

なぜ歴代天皇はこれほどまでに遷都に反対したのか。通説に従えば奈良盆地の中央部から北部へ、わずか二十キロの移動である。が、これこそ阿波から奈良大倭への遷都でなかったのか。そのため国史上初めての遷都会議まで行っている。歴代天皇が畏怖《いふ》し逡巡《しゅんじゅん》したのは皇祖天照大神の神勅《しんちょく》、すなわち「豊葦原《とよあしはら》の水穂国《みずほのくに》はわが皇子《みこ》の治める国」として与えられた阿波国を棄て、神勅に背くことになるからであったと思われる。また、天皇の神聖性の根元である高天原を棄て、歴代天皇が宮都を営んだ百敷《ももし》きの倭《やまと》を離れることは、皇家としての歴史を棄てるに等しく、天皇の権威をむなしくする。そのため、持統・文武・元明各天皇とも、遷都天皇となることを避けたかったのである。

阿波から奈良へ、平城遷都までの年表

（●日本書紀の記述　○筆者の注釈）

天武元年（六七二）

● 七月、大海人皇子《おおあまのみこ》（のち天武）壬申乱で勝利し、九月嶋宮《しまのみや》に入る（小松島市坂野《さかの》町嶋ノ宮神社）。

● 是年、飛鳥浄御原《あすかのきよみはら》を造営し遷る（小松島市大林《おおばやし》町本村）。

○ 天武天皇は、中央集権による律令政治を軌道に乗せるためには、地勢上、阿波から奈良への遷都が必要と考えていた。ただ自ら遷る意思はなく、準備を進めていけばよいとの方針であった。

天武二年（六七三）

● 二月、即位（天武天皇）、● 十二月、大嘗祭

天武四年（六七五）
●一月、初めて占星台《せんせいだい》を建てる（徳島市多家良《たから》町占台《うらだい》）。
●諸改革を実施。
●四月、初めて風神を龍田《たつた》の立野《たつの》に、大忌神《おおいみのかみ》を広瀬の河曲《かわわ》にまつらせる。
天武五年（六七六）
●四月、龍田の風神・広瀬の大忌神を祭る。
○風神祭は風水の害なきを祈る祭・大忌祭は五穀豊穣《ほうじょう》を祈る祭で、阿波から奈良へ、将来の遷都を見越して奈良盆地を浄め、豊穣の地とするため、奈良県生駒《いこま》に両神を祀り、以後天武十四年（六八五）までに十六回の祭祀を行った。
●是年、新城《にいき》（奈良盆地での造都）を計画する。後年予定地の視察も行う。
天武八年（六七九）
●十一月、初めて関を龍田山《たつた》（奈良県生駒郡）・大坂山（同葛上郡）に置いた。
○河内―大和間の交通の要衝に設けたもので、この段階で奈良盆地は未だ都城としての備えが出来ていなかったことを示す。つまり関の設置も遷都に向けたインフラ整備である。
天武十二年（六八三）
●複都制（都は二か所三か所あってもよい）を宣言し、初めて難波宮の造都を計画する。

天武十三年（六八四）

●十月十四日、大地震襲来、諸国・伊予・土佐等の官舎・倉屋・寺塔神社等が破壊され、田畑が陥没、多数の死者を出した（南海・東南海地震か）。

○宮都阿波は壊滅的な被害が出た。現在の小松島市・徳島市・鳴門市・板野郡に造営されいた官寺も倒壊したであろう。しかしこの記事は、四国の伊予・土佐の被害は挙げているが、阿波の記載はない。阿波の被害は、宮都の被害となるため、表現を「諸国」に改めたものであろう。

朱鳥《あかみどり》元年（六八六）

●九月九日、天武天皇崩御《ほうぎょ》。

持統元年（六八七）

●十月、天武天皇の葬場として檜隅大内陵《ひのくまのおおうちりょう》の築造にかかった（奈良県明日香村野口）。

○不比等は、持統や天武の皇子に奈良への遷都を覚悟させ、観念させるため、奈良盆地南東部での築造を断行した。その後の持統は、いよいよ奈良盆地（大倭《おおやまと》）に遷都すべきか、阿波（倭《やまと》）にとどまるべきか葛藤が始まる。不比等は先手先手を打ち、外堀から内堀へ迫る。

持統二年（六八八）

●十一月、不比等が主導して大々的な葬儀を挙行し、天武天皇の亡骸《なきがら》を大内陵に埋葬した。

○この時点で、持統や有力氏族に実権はなかった。天武の崩御直後に起った大津皇子《おおつのみこ》事件以降、不比等が宮廷の主導権を握ることになる。

持統三年（六八九）

●一月、天皇、吉野宮《よしのみや》に行幸した（阿波三好郡三野町加茂野宮王地《みのかものみやおおち》）。

○持統天皇は在位中、三十一回も吉野宮に行幸したが、持統は、藤原氏がやがて宮廷を支配し、王権・皇位権を壟断《ろうだん》することを予見していたであろう。その心の傷の癒《い》やしのための三十一回といえる。

●四月十三日、草壁《くさかべ》皇子二十八歳で急逝（天武と持統の子）。

持統四年（六九〇）

●一月、持統天皇即位。

●十月、高市《たけち》皇子、藤原宮地を視察。十二月、天皇自ら視察。

○不比等は持統の在位中に奈良遷都を目論《もくろ》んでいた。右の十月、十二月の記事は加筆。

持統五年（六九一）

●十月、使者を遣わして新益京《しんやくのみやこ》の地鎮祭を行う。

○不比等は、奈良盆地に南北の条坊区画を備えた新益《あらまし》の京《みやこ》（本格的な都城）を計画し実施に踏み切った（奈良藤原宮跡下層遺構に推定される）。

持統六年（六九二）

● 一月、天皇、新益京の大路《おちじ》を視察する。

● 二月、天皇、諸官に命じ、この三月三日を以って伊勢に行幸するので、すべて心得て諸《もろもろ》の衣物《きもの》を備えよ、と。陰陽《おんみょう》博士沙門法蔵と道基の進言である。この命令に対し中納言三輪《みわの》朝臣《あそん》高市麻呂《たけちまろ》は直言して伊勢行幸を諫《いさ》められた。

● 三月、高市麻呂は自らの職を賭《と》して重ねて諫めたが、天皇は三月六日、伊勢行幸を強行された。この行幸に柿本人麻呂は随行を許されなかった。

○（筆者は）この行事が伊勢神宮の創建（天照大神のご分霊である鏡を奉納して上棟式に臨んだか）と考える。これは不比等の策略で、天皇の守護器（三種の神器）の一である鏡を、奈良遷都のための一連の移遷として、天皇の御傍から引きはがし、遠隔で化外の伊勢に遷すものであった。

● 五月二十三日、難波王らを遣わして藤原宮の地鎮祭を行った（阿波吉野川市）。

○ 持統は伊勢から帰朝後、不比等に騙《だま》されたことを覚《さと》った。奈良遷都のためといいながら、鏡の奉安地がなぜ伊勢なのか。天皇を守護する神器（鏡）が、奈良遷都後、皇居内には奉《まつ》られず、参詣に数日間を要する伊勢に引きはがされるという反逆である。

○ この時、持統の心は固まった。奈良への遷都はしないと。天照大神からいただいた豊葦《とよあし》原水穂国《はらのみずほのくに》・阿波を棄てることは出来ない。そこで難波王に命じ、藤原宮（阿波吉野川市鴨島《かもじま》町《ちょう》）地を定め、地鎮祭を行ったのである。不比等との対立である。

○万葉集（五〇）藤原宮の役民の作る歌（人麻呂作とみられる）は、当時の政情をよく表しており、王都のあらゆる民が進んで奉仕し、田上山《たなかみやま》（大麻山《おおあさやま》・田上郷《たなかみごう》）から伐り出した檜の柱を桧《ひのき》（大麻町字桧）に集めて綱を付け、上流の泉谷川《いずみだにがわ》（上板町）をのぼって鴨島まで、上流に向って引き継いで行くなかに、彼らの祖先神までもが現れて加勢し、都をあげて持統天皇を称《たた》え、祝福するという歌である。

持統八年（六九四）

●十二月六日、天皇は浄御原宮（小松島市大林町）から完成した藤原宮（吉野川市鴨島町）に遷られた。

文武元年（六九七）

●八月一日、持統天皇譲位し、軽皇子が十五歳で即位する（文武天皇）。

●八月二十日、不比等の娘宮子が入内《じゅだい》し、文武天皇の嬪《ひん》となる。

○不比等は持統天皇を譲位させたあと、文武天皇を操《あやつ》り、奈良遷都を実現させせようとした。

この時不比等は四十一歳（私説は四十七歳）で文武とは二十六歳の差であった。

慶雲元年（七〇四）

●十一月、始めて藤原宮地を定める。宮の敷地内に入った住宅千五百戸の百姓に、身分などに応じて布を賜う（奈良盆地内における立退き補償である）。

○八年前の「持統六年（六九二）　藤原宮地鎮祭」「同八年藤原宮に遷り居ます。」（阿波吉野川市鴨島町）とは場所も規模も異なる「藤原宮」である。歴史上藤原宮は二か所営まれたことになる（通説は同一のものとしている）。

○これは持統五年の「新益京」の建設で完成した条坊街区に続けて宮の中枢施設を「藤原宮」としてこの年（慶雲元年）に着手したものであろう（奈良藤原宮跡上層遺構に推定）。

慶雲四年（七〇七）

●二月、初めて諸王諸臣の五位以上の者に詔を下し、遷都のことを議論させる。

○国史上、初めての遷都会議である。通説のいう奈良盆地内での遷都ならそのような必要はなく、海を越えるかどうか（阿波↓奈良）の重大案件であったのだろう。

●六月十五日、文武天皇二十五歳で急逝。

○文武天皇はおそらく遷都に反対したのだろう。不比等は文武（娘婿）に期待をかけ、何があっても奈良への遷都を実現しようと考えていたが、持統に続いて「遷都の詔」を引き出すことは出来なかった。文武天皇の急逝はおそらく不比等の仕業であろう。

○これまで天武天皇没後から、天武の皇子である大津皇子（二十四歳）・草壁皇子（二十八歳）・高市皇子（四十三歳）・弓削皇子（二十八歳）が早逝または不審死をとげてきたが、いずれも不比等の仕業であろう。文武・持統天皇の死もその疑いがある。

●七月十七日、阿閇皇女《あべのひめみこ》即位（元明《げんめい》天皇）

和銅元年（七〇八）

●二月十五日、天皇は即位以来、遷都は急ぐ必要はないと表明してきたが、不比等に押し切られ「平城への遷都をすすめる」と詔を発する。

●九月二十八日、天皇は春日離宮から藤原宮に還《かえ》られた。

○行幸で大倭国添上《おおやまとこくそうのかみ》・下《しも》郡の今年の調を免じたとあるので春日離宮は奈良大倭にあった。

●十二月五日、平城宮の地鎮祭を行う。

和銅三年（七一〇）

●三月十日、初めて都を平城に遷した（始遷都于平城）。

○通説のいう奈良県橿原市高殿町周辺の藤原宮から、奈良市北方の平城京への遷都なら「始遷都于平城」とは表現しないであろう。

○万葉集（七八）

和銅三年春三月、藤原京より寧楽宮《ならのみや》に遷《うつ》りましし時、神輿《みこし》を長屋の原に停《とど》めて、古郷を廻《かえり》望みて作らす歌

飛ぶ鳥の　明日香の里を　置きて去《い》なば　君があたりは　見えずかもあらむ

（飛鳥の古京を捨てて行ったら、あなたのあたりは見えなくなりはしないか—あなたのあたりを見ずにいられるだろうか。）

○通説は奈良盆地を南から北へ遷る歌としているが、出発地の藤原京（高殿町）は「明日香」ではなく、平城京に遷っても「明日香」を捨てたことにはならない。歌の場景は奈良盆地では合わないのである。

○この歌は藤原宮（阿波吉野川市鴨島町）から、奈良平城京に遷って行く途次、いよいよ阿波（倭）を離れる直前の長屋《ながや》の原《はら》で船を停泊させ歌ったもので、長屋の原とは、現在の板野郡松茂町（徳島空港を持つ）付近の沿岸流によって出来た洲島と推定される。地名に「長《なか》原《はら》」や長原漁港とあるのは「長屋原」が変化したものとみられる。ここからは鴨島町の藤原宮は見えないが、約百年間にわたって七代の天皇が都とした「古京の飛鳥」（小松島市）が見える。歌の歌詞に「古郷を廻り望みて」とみえるようにまさに、古京の飛鳥の里（小松島市）を置き去りにして行ってしまう、留守居のあなたのあたりを見ずにはいられない、といった感慨を歌ったものである。阿波から奈良へ、これをもって遷都は完了する。

○慶雲元年（七〇四）に築造を開始した藤原宮（奈良県橿原市高殿町中心）からわずか四年後になぜ平城京（奈良市北方）造営に変更したのか。これは膨大な浪費であるが、すべて不比等の思惑による。平城京の中枢施設である平城宮に東接した張り出し部分に、自ら（不比等）の広大な邸宅を設けて東宮（皇太子の宮殿）に隣接させ、そこから東は藤原氏が、後に菩提寺となる興福寺と、さらには氏神を祭る春日大社、及び背後の春日山一帯を占有し、他氏を排斥するという不比等の構想から、完成して間もない藤原宮を棄てたのである。

歴史の歪曲《わいきょく》と古事記・日本書紀の撰修

日本書紀をどう完成させるか。また中断したままの古事記はどうするか。二書の最終形については不比等が構想し、長子武智麻呂の意見を取り入れながら、以下のように進めたものと推定する。

○　不比等の目論み

不比等は、持統天皇の在位中に奈良盆地への遷都を行い、それをもって日本書紀を完成させようとしていた。ところが持統・文武とも遷都に反対したので目論見が狂った。次帝の元明には作戦を立て、強引に平城遷都にこぎ着けたが、不比等はあらためて天皇のやまと（阿波）に対する執着を思い知らされた。

○　すべてが阿波（王都やまと）の歴史となってしまう

記紀の時代の王都は阿波である。したがって事実に基づいて記せば、記紀の物語は、すべて阿波の歴史や物語となってしまう。律令制・中央集権のための遷都であるが、歴史は阿波一国となる。

○　王都（皇都）「やまと」とは

天武は遷都する意思はなく、持統・文武・元明もことごとく反対した。では一体、阿波・やまとは何なのか。なぜ離れようとしないのか。

①天つ神が拓《ひら》き、皇祖神天照大神が治めた尊い国である。

②天神地祇《あまつかみくにつかみ》の祖国であり、八百万《やほよろず》の神々が守護する国である。

③天照大神から授かった豊葦原《とよあしはら》の水穂国《みずほのくに》であり、天孫並びに歴代天皇が祭祀を重ね、農民《おおみたから》を慈《いつく》しみ、国土を清めてきた国である。

④諸氏諸豪族等の祖先が、ともに築き発展させ、守護してきた国である。

⑤王家並びに諸氏諸豪族等の祖先の御霊《みたま》が鎮《しず》まる国であり、奥《おく》つ城《き》に葬られ祭られた国である。

⑥やまとは　国のまほろば　言霊《ことだま》の幸《さき》わう国であり、神々の本《もと》つ国《くに》である。王家並びに諸氏諸豪族等の歴史と御魂《たましい》の故郷である。

というのが離れようとしない理由なのであろう。

人皇時代の王都を奈良に置き替える（改竄1）

記紀が完成した時は、都城は奈良にある。だが新都に遷った我々の歴史と魂の故郷は阿波である。

資料67 日本書紀の巻別撰述時期（推定）と武智麻呂の二書への関与

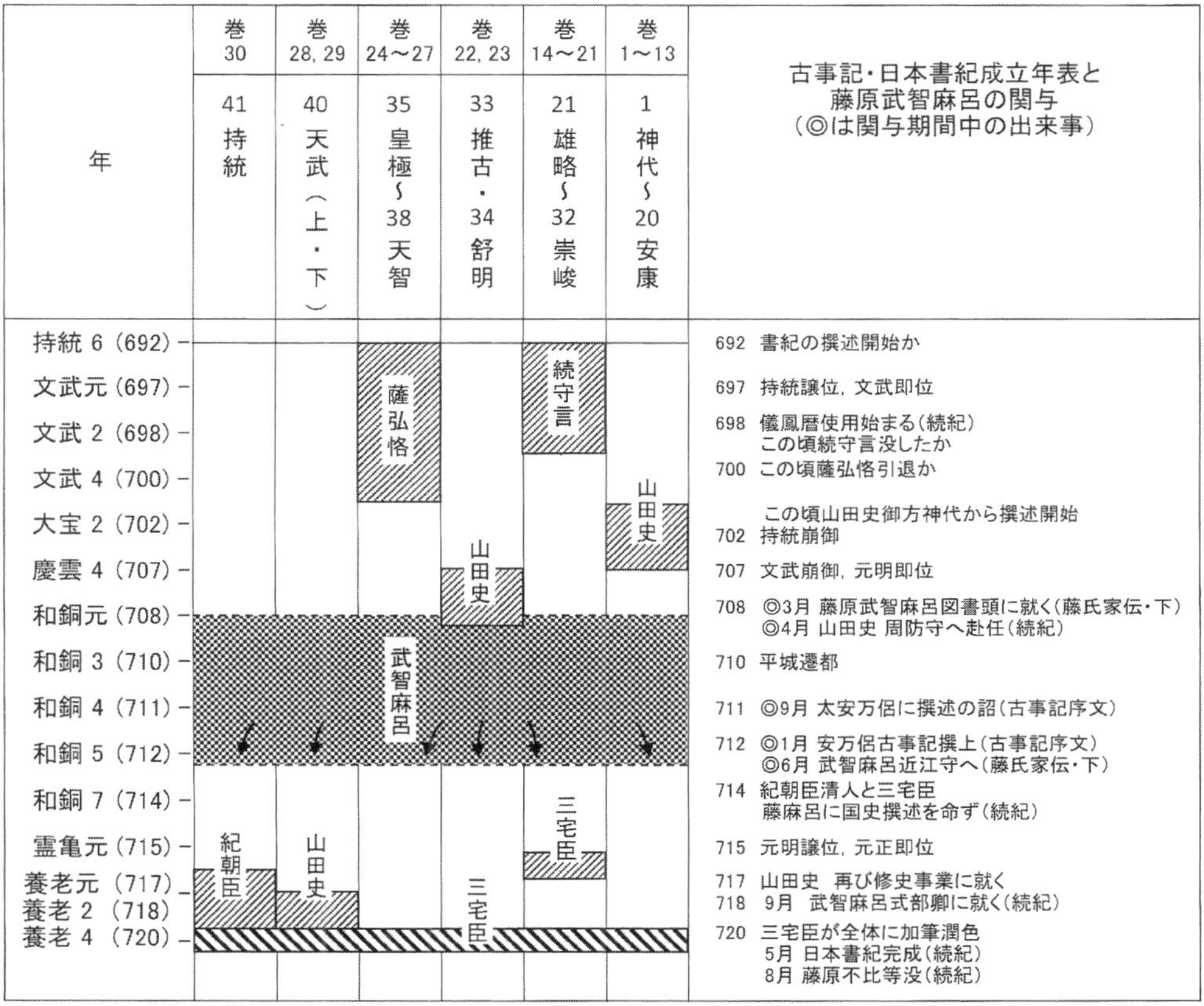

書紀の撰述時期の推定は、森博達『日本書紀成立の真実』を参考に行った。

記紀を読めば益々その心が強くなる。何ゆえ阿波を棄てたのか。奈良への遷都を誰が主導したのか。新都奈良は我々の先祖が進出し開拓した副都であるが、昨日まで化外《けがい》の地ではないか、といった批判が予想される。

　批判は一時のこと、やまと人は大事なことでもすぐに忘れるし、世代が代われば納まる。しかし、やまと（阿波）の威霊はあまりにも強い。そこで、それを弱めるため、人皇時代（初代神武～四十一代持統まで）の王都を移し替え、奈良にあったことにして旧都と新都の均衡を図り、歴史（記紀）を改竄《かいざん》することにしよう。不比等は構想を固め、武智麻呂にそれを諭《さと》し、図書頭《ずしょのかみ》に就けた。武智麻呂は史生らに命じ、四年以上をかけて記紀草案への改竄作業を終えた。

皇祖の地阿波を隠蔽する（改竄2）

しかし、それでも阿波（やまと）の圧力はおさまらない。人皇時代を置き替えても、やはり「皇祖の地阿波」は強烈である。人皇の歴史もすべて皇祖の地に吸い込まれてしまう。仕方なく、皇祖の地阿波を隠蔽しよう。そこで阿波（やまと）とは疎遠な出雲と日向を登場させ、両者を当て馬《ダミー》として神代の物語を分散し、皇祖の地が列島の何処にあるか分からないように文を繕うことにしよう。また、阿波を離れることは、天照大神から授かった豊葦原の水穂の国を棄てることになり、天皇の資格を失うと持統も文武も怖がっていたので、元明の不安を和らげる必要もある。

そこで不比等は、持統・文武時の失敗を繰り返さないため、元明女帝に対し、皇祖の神勅が禍《わざわい》しないことを解いたであろう。また奈良大倭への遷都の時期を、国史上は、神武即位前紀まで遡《さかのぼ》らせて神話伝説（曖昧）の時代のこととし、これを進行中の修史事業に反映させることを奏上。元明帝が国史上、遷都天皇となることを回避することで、精神的負担を和らげ、女帝を納得させたとみられる。翌年（七〇八）正月、元号を和銅と改め、ついに二月十五日、四禽、図に叶う平城に新都造営の詔を発する（続日本紀）。翌三月、不比等は、長子武智麻呂を図書頭《ずしょのかみ》に就け（藤氏『家伝』下）、神代から初期人皇時代を中心に改竄《かいざん》を指示したのである。

その結果、着手からほぼ三十年を経て姿を顕した記紀は、当時の宮廷人が思わず口を閉ざす内容であった。阿波一国の歴史が諸国に拡散され、西日本のほぼ全域が神代から皇家と関係を有したかのごとく綴られている。さらに神武東征の物語が創作され、宮都が初代神武天皇から連綿と奈良大倭で営まれたと記述されているのである。神話が神聖視された時代、批判口外は許されないうえに、神話伝説の曖昧さが不比等に味方した。これこそ他氏が楯突《たてつ》けない、不比等の成し得た平城遷都と国史の撰修であった。

また、不比等は、自氏の出自の隠蔽工作も忘れなかった。藤原氏は旧中臣《なかとみ》氏で、神武天皇に叛逆した登美《とみ》（臣）の長髄彦《ながすねひこ》より出ているとみる。そのため、宮都の地及び長髄彦叛逆の地である倭（阿波）を棄てて奈良大倭に遷り、阿波を国史上の隠国《こもりく》とすることで、他氏の記憶を遠ざけたと思われる。二代～九代天皇の事蹟をことごとく削ったのもそのためとみられ、仮に、それらの事蹟を、神武天皇条程度に載せた場合、倭が海に面した国（阿波）であることが明らかとなったであろう。また、他氏の活躍が躍る一方で中臣氏は全く振るわず、結果として大化以後の成り上がり氏族であることが曝《さら》されることになる。

不比等の父鎌足が、中臣を改め、「藤原」の賜姓を天智《てんじ》天皇に望んだのはそのためであり、神武天皇に叛逆した登美（臣）の長髄彦の子孫という蔭口を背に感じてきた、中臣（鎌足）一族の悲願であったと思われる。

さて不比等は、天照大神の神勅をどのように解き、元明天皇を説得したのか。日本書紀には、神武東征にあたり、天孫が降臨してより、百七十九万二四七四年余になるとの記述が見える。降臨後四代で百七十九万余年とは深刻である。これは、降臨から東征（遷都）までの年月を、天文学的に引き伸ばすことで、天照大神の神勅を時効にしたのであろう。神勅とはそれほど畏《おそ》れ多いものだったのである。

4　記紀の成立と藤原氏の介入

古事記は、天武天皇（在位六七二〜六八六年）の勅命によって撰述が開始されたが、ご存命中には完成せず、続く持統朝で中断・棚上《たなあ》げされ、それに替わる日本書紀の編纂が開始される。これを主導したのは藤原鎌足《かまたり》の次男藤原不比等《ふひと》（七二〇年八月没）で、不比等は持統朝以来、四代（持統《じとう》・文武《もんむ》・元明《げんめい》・元正《げんしょう》）三十四年間にわたって宮廷を支配し、藤原氏絶対権力の礎《いしずえ》を築き術策に長けた政治官僚で、日本書紀は元明朝の養老四年（七二〇）五月に完成した。

一方、棚上げされていた古事記の方は、日本書紀の撰述の目途が立った和銅元年（七〇八）に至って、再開の契機が生まれた。天武天皇の勅命を反故《ほご》にしていた不比等に対し、王族や有力氏族の批判の目は無視できなかったとみえ、不比等は苦肉の策として、和銅元年三月、歴史編纂を司《つかさど》る図書寮の長（図書頭《ずしょのかみ》）に長子武智麻呂《むちまろ》を就け、書紀の仕上げと古事記への対策を講じさせたうえ、三年半後の和銅四年（七一一）九月、太安万侶《おおのやすまろ》に古事記の撰述を命じ、翌五年一月に撰上となった。その撰述期間は、日本書紀（三〇巻）の約三十年に対し、古事記（三巻）はわずか四か月と十日である。

いかに古事記が軽視され藤原氏の思惑によるみせかけの産物であったかをうかがい知ることが出来る。その結果、完成した古事記は、表向きは天武天皇の勅命に従ったものの、その構成や内容については、肝心の歴史記述はほぼすべて削られ、他はそれが史実かどうか覚束《おぼつか》ない神話伝説集として編修されることになった。王家の発祥地が迷彩化され、その所在地が隠蔽《いんぺい》されたのも、王家の権威を失墜させようとする不比等の工作によるものと思われる。

仮に、天武天皇がご存命中に古事記の完成をみていたなら、王家の発祥地を霧に包み、その所在地を曖昧にすることは決して許されなかったであろう。つまるところ記紀は、我が国の建国主としての王家（皇室）を軸とした歴史書でありながら、王家主導でなく、官僚主導（藤原氏）によって撰修されたのである。

今日、欠史八代《けっしはちだい》（第二代～九代天皇は非実在）などの説が生まれることになったのも、不比等の工作にまんまと嵌《はま》ったもので、人皇初期における他氏の功績を削った結果生まれた虚構である。

なお、通説では日本書紀（七二〇年成立）は古事記（七一二年成立）をまったく参考にしていないとされているが、見当違いである。日本書紀がいかに古事記を意識していたかは、神代巻を比較するだけで明らかとなる。古事記神代巻の本文の字数は一万三八八五文字、日本書紀はわずか二二二〇文字である。古事記は王族の太安万侶《おおのやすまろ》（神武天皇の裔孫《えいそん》）が、武智麻呂《むちまろ》の制限が加わるなか、語部《かたりべ》らの伝承を取り入れ、皇家の史的伝承などをバランスよくまとめあげた、当時としては旧辞《くじ》の宝典である。一方日本書紀は、というより藤原氏は、古事記神代巻の、自氏に都合の悪い記事などに焦り、危機感を持ったのであろう。そのため、日本書紀の本文とは別に「一書にいわく」とする別伝・異伝を神代巻だけで五十八伝も加えているのである。その中には、他の伝の断片を抜き取って一書としたり、表記や構文を変えたり、古事記の記事を打ち消す伝を加えるなど、古事記の伝承を、五十八もの異伝の海に引きずり込み、その突出を抑え、中和させ、どの伝が正しいのか判別できないほどの工作を施したうえ、古事記の撰修に関する一切を、一行たりとも正史（『日本書紀』及び『続日本紀《しょくにほんぎ》』）に載せないという排斥を行った。

前段で筆者は、古事記は神話伝説集と言ったが、結果的に古事記の神代巻は、藤原氏が恐れるほどに、史実伝承が内蔵されているとみられ、王家の歴史復元の可能性を秘めていたのである。

以上、概論としたい。

主要参考文献

岩利大閑『道は阿波より始まる』（その一～三・一九八二～一九八九年・阿波国国史研究会）
古代阿波研究会『耶馬壱国は阿波だった』（一九七六・新人物往来社）
堀川豊平『耶馬壱国は阿波だ』（一九八二・教育出版センター）
坂東一男『狐の帰る國』（一九九四・京屋社会福祉事業団）
笹田孝至「阿波に秘められた古代史の謎」（『大嘗祭』所収・一九九五・京屋社会福祉事業団）
笹田孝至「阿波から奈良へ、いつ遷都したのか」（二〇一二・アワード）
笹田孝至「皇祖の地高天原の証明」「宮都倭を明証する阿波国式内社」（二〇二二・阿波国古代研究所）
日本古典文学全集『古事記　上代歌謡』（一九七三・小学館）
日本古典文学大系『日本書紀』（上）・（下）、『風土記』（一九五八～一九六七・岩波書店）
日本古典文学全集『萬葉集』⑴～⑷（一九七一～一九七五・小学館）
桜井満訳注『万葉集』（上）・（中）・（下）（一九七四・一九七五・旺文社）
中西進編『万葉集事典』（一九八五・講談社）
本居宣長『古事記伝』（『本居宣長全集』第九巻～十二巻・一九六八～一九七四・筑摩書房）
坂本太郎『古事記と日本書紀』（『坂本太郎著作集』第二巻　一九八八・吉川弘文館）
田中卓『日本国家成立の研究』（一九七四・皇學館大学出版部）
直木孝次郎『飛鳥奈良時代の研究』（一九七五・塙書房）
梅田義彦『神道の思想』⑴・⑵（一九七四・雄山閣）
森博達『日本書紀の謎を解く』（一九九九・中央公論社）
森博達『日本書紀成立の真実』（二〇一一・中央公論社）
水野祐『日本神話を見直す』（一九九六・学生社）

次田真幸『日本神話の構成と成立』（一九八五・明治書院）
次田真幸『古事記・全訳注』（上）・（中）・（下）（一九七七〜一九八四・講談社）
西郷信綱『古事記注釈』第一巻〜第四巻（二〇〇五・筑摩書房）
大津栄一郎『古事記』上つ巻（二〇〇七・きんのくわがた社）
上田正昭『日本神話』（一九七〇・岩波書店）
大野七三編著『先代旧事本紀訓注』（一九八九・意富之舎）
『式内社調査報告』各巻（一九七九〜一九八七・皇學館大學出版部）
『撰輯式内社のしおり』（二〇〇九・神社新報社）
荻野貞樹『歪められた日本神話』（二〇〇四・ＰＨｐ研究所）
松前健『日本の神々』（一九七四・中央公論社）
『世界の神話がわかる』（一九九七・日本文芸社）
吉田敦彦『日本神話の源流』（一九七六・講談社）
吉田敦彦『日本神話のなりたち』（一九九八・青土社）
大林太良『神話の系譜』（一九九一・講談社）
安本美典『卑弥呼の謎』（一九七二・講談社）
安本美典『高天原の謎』（一九七四・講談社）
安本美典責任編集『季刊邪馬台国』（第十二号・一九八二〜一三七号・二〇一九・梓書院）
安本美典『倭王卑弥呼と天照大御神伝承』（二〇〇三・勉誠出版）
安本美典『古代年代論が解く邪馬台国の謎』二〇一三・勉誠出版）
白石太一郎『古墳とヤマト政権』（一九九九・文藝春秋）
寺沢薫『王権誕生』日本の歴史２（二〇〇〇・講談社）
関川尚功『考古学から見た邪馬台国大和説』（二〇二〇・梓書院）

岩橋小弥太『日本の国号』（一九七〇・吉川弘文館）
平野邦雄「ヤマトの国号」『史論』二五集（一九七二・東京女子大学）
中村明蔵『隼人の古代史』（二〇〇一・平凡社）
『南九州とヤマト王権』（二〇一二・大阪府立近つ飛鳥博物館）
『邪馬台国時代の阿波・讃岐・播磨と大和』（二〇〇六・香芝市二上山博物館）
三宅和朗『古代の神社と祭り』（二〇〇一・吉川弘文館）
沖森卓也『日本語の誕生』（二〇〇三・吉川弘文館）
金田一京助『日本語の変遷』（一九七六・講談社）
木下正史『藤原京』（二〇〇三・中央公論社）
林部均『飛鳥の宮と藤原京』（二〇〇八・吉川弘文館）
市大樹『飛鳥の木簡』（二〇一二・中央公論社）
瀧音能之『古代出雲の世界』（二〇〇一・歴研）
『日本の古代遺跡』4〜7奈良北部・中部・南部・飛鳥（一九八二〜一九九四・保育社）
菅原康夫『日本の古代遺跡』37徳島（一九八八・保育社）
『阿府志』（一七八二）
『阿波志』（一八一五）
『阿波国徴古雑抄』（一九一三）
『続阿波国徴古雑抄』（一九七三）
石毛賢之助『阿波名勝案内』（一九〇八）
岡本監輔『祖志』（一八九〇）
岡本監輔『名神序頌』（一八九五）
『徳島県史』（一九六四）

『改訂　徳島県神社誌』（二〇一九・徳島県神社庁）
松原弘宣『古代の地方豪族』（一九八八・吉川弘文館）
『観音寺遺跡Ⅰ』（二〇〇二・徳島県埋蔵文化財センター）
徳島県内市町郡村史
研究紀要『眞朱』各号（徳島県埋蔵文化財センター）
徳島県埋蔵文化財センター講座・講演資料
徳島市考古資料館発行資料

あとがき

阿波の古代史論が世に知られることになったのは、一九七六年古代阿波研究会が発表した『邪馬壱国は阿波だった』(新人物往来社刊)からであった。多田至氏を会長として岩利大閑氏・坂東一男氏・椎野英二氏等メンバーと同書の執筆者・事務局長の堀川豊平氏を含む七人の侍達であった。当時徳島市の職員であった筆者は、その三年後の一九七九年観光課に配属され、上司から右の書籍を机上にポンと置かれ〝これ観光に利用できんか〟と言われたのが古代史との出会いであった。早々に堀川《ほりかわ》豊平《とよへい》氏を訪ね、教えと指導を受けながら翌年から阿波邪馬壱国観光を数年間推進した。堀川氏は詩人でもあり、鋭い洞察力の持ち主だった。一九八二年には『邪馬壱国は阿波だ』を著された。

翌一九八三年、岩利《いわり》大閑《だいかん》氏が著した『道は阿波より始まる』(その一)に出会った。藤原氏の流れを汲む岩利氏は、祖父の代から父子三代にわたって、古代史の研究を続けてきた生涯研究家で、「王都の地阿波」に確信を持っていた。豪放磊落《ごうほうらいらく》、蝦蟇《がま》のあだ名を持つ豪傑であった。筆者は「倭は阿波、奈良は新都の大倭である」という岩利氏の断定筆法に衝撃を受け、早速事務所を訪ね、弟子入りを乞い師事した。この頃の岩利氏は、阿波に王都が置かれたのは大化の改新(六四五)の頃までとの仮説を立てていたが、一九八五年頃、長年万葉集の研究を続けてきた坂東《ばんどう》一男《かずお》氏から、〝おい蝦蟇ハンよ、飛鳥は向こう(奈良)でない。間違いなく阿波じゃ〟という提起を受け、そこから両者は数年振りに王都の論義を交わすことになった。

坂東氏は徳島市八多町の旧家で、周辺の多家良町や小松島市方面の歴史に詳しく、万葉集の解読によって、飛鳥の諸宮は多家良町から小松島方面にかけて営まれたとし、また、三代安寧《あんねい》天皇の「片塩《かたしお》の浮穴宮《ふなのみや》」の手掛かりとなる「片汐《かたしお》」「船越《ふなこし》」の地名や、四代懿徳《いとく》天皇陵「畝火山の南の真名子谷《まなごだに》の上」に一致する「砂子谷川《まなごだにかわ》」の地名等を調査し、王都阿波の研究を進めていた。

岩利氏は坂東氏との論究を契機に、自らの史観を拡げ、大化の改新後の飛鳥の諸宮や、天武・持統朝の藤原宮まで王都が阿波であったとの研究を、『道は阿波より始まる』（その二・三）で発表。また坂東一男氏も一九九四年、『狐の帰る國』を出版した。坂東氏は実直で、誠実な人柄の紳士であった。

筆者は堀川・岩利・坂東の三氏から様々の教示をいただいたが、何よりも岩利氏が打出した「倭は阿波、奈良は大倭である」の証明に取り組もうと考えた。ただ岩利氏の筆法は、基本となる史料を提示して自らの史観から断定的に結論を導くというもので、詳しい史料の提示やそれらの考証は必要ないという方針を持たれていた。そのため筆者は、岩利説を、「結論が先に示されたバイブルである」と位置づけ、それを立証するための史料収集を行いながら、一から基本文献に目を通し、安本美典氏の責任編集本『季刊邪馬台国』を教科書としながら、通説や著名学者等の論考に学び、その過程で発見した疑問や矛盾点を抽出し、それらに批判を加え、対抗軸としての阿波説を構築するという調査研究を四十年以上にわたって行ってきた。

ただ三氏が提示した仮設のうち、仏教伝来（欽明朝）から仏教受容（聖徳太子・推古朝）までの時代や、坂東氏が前掲書で挙げた百六十四首の万葉歌の解読は、未だ研究が進んでいない現状にある。

さて本書は、「王権の発祥地」と「王都やまとの所在地」の二つを主題としたが、結果的には半ば概論となり、阿波国官社の祭神の考証や考古学的史料の活用、大嘗祭《だいじょうさい》と阿波忌部の麁布《あらたえ》、及び邪馬台国阿波説についての論考を割愛した。

本書の原稿については、根気強くデータ化していただいた吉岡義仁氏に感謝したい。

また昨年の十二月、出版の具体的目標設定が固まらない中、軌道に乗せていただいたのが竹岡誠治氏（T＆Y株式会社代表取締役社長兼一般社団法人サンロータス研究所代表理事）であった。着手後、サンロータス研究所の五味時作氏、吉永聖児氏、川北茂氏、亀田潔氏には、筆者の途中原稿の差替えなどで休日返上の作業などを煩わし、大変な迷惑をかけてしまった。お詫びし、スケジュール通り見事に仕上げてくださったことに謝意を表したい。また、その間における諸課題が解決出来たのは、何より竹岡誠治代表理事の豊雲野《とよくもの》の神の包容力と石析《いわさく》の神の突破力のお陰だと実感している。出会えた幸運に感謝し、和をもって事に臨まれるやまと心に敬意を表したい。

令和六年四月吉日

NPO法人阿波国古代研究所 理事長　笹田孝至

なお巻末に伊邪那美命《いざなみのみこと》（高越神社《こうつ》）・天照大神（天石門別八倉比売神社《あめのいわとわけやくらひめ》）・大国主命《おおくにぬし》の分魂《わけみたま》（倭《やまと》大国魂神社《おおくにたま》）の三神の参拝用の祝詞文《のりと》を掲載しました。これは二〇二二年に阿波国官社のほとんどの祭神の解明が進んだとき、ふとこれは阿波の神様が授けてくださったのだと感じられたため、感謝を込めてお参りしようとして五十五社の各々の神ごとに称《たた》え詞《ことば》を作り、神道家のI氏に助言をいただきながら、自己流の祝詞文としたものです。賛同し、奏上していただければ幸甚です。

阿波国官社《あわこくかんしゃ》（式内社《しきだいしゃ》・国史見在社《こくしけんざいしゃ》）参拝祝詞《さんぱいのりと》

（令和五年五月　ＮＰＯ法人阿波国古代研究所）

伊邪那美神社《いざなみじんじゃ》（吉野川市山川町木綿麻山《やまかわちょうゆうまやま》四、高越山《こおつざん》山頂）現・高越《こおつ》神社、山頂が神陵

祭神・伊邪那美神

（二拝　二拍手）

○祝詞《のりと》

かけまくもかしこき、伊邪那美《いざなみ》の大神様、かくも永きにわたり、国邑《くに》を浄め、国民《たみくさ》をお導きくださって、誠にありがとうございます。

伊邪那美《いざなみ》の大神様は、夫・伊邪那岐《いざなぎ》の大神とともに、初めて地上に天降《あまくだ》りされ、我が国の国土をお生みになり、さらに国の営みの基《もと》となる諸々《おおく》の神を生み出された偉大な創造神であり、「阿波やまと」の国敷《くにし》きの礎《いしずえ》を築かれた女神《めがみ》として、特別に国家の祭祀《さいし》に預《あず》かり選ばれた、尊い神様であられます。

つきましては、阿波の神・伊邪那美《いざなみ》の大神様が、「**我が国の元《もと》つ神《かみ》**」として広く全国に知られ、数多《あまた》の国民《こくみん》が参拝に訪れることによって、国家の大基《おおもと》は常磐《ときわ》となり、国民《おおみたから》は「**やまと心**」に目覚《めざ》

め立ち、再び日本国《ひのもと》やまとが甦《よみがえ》り、かつ発展し、言霊《ことだま》の幸《さきわ》う国《くに》となりますようお導きください。
そのため、阿波の神様に尊崇《そんすう》の誠《まこと》を捧《ささ》げるとともに、阿波の神様の正蹟《しょうせき》を、より多くの人々に知ってもらえるよう、努めてまいります。
どうかよろしくお導《みちび》きください。ありがとうございます。

（一拝）

天石門別八倉《あまのいわとわけやくら》比売《ひめ》神社（徳島市国府町西矢野《こくふちょうにしやの》五三一）

祭神・大日孁命《おおひるめのみこと》（天照大神《あまてらすおおみかみ》）

（二拝　二拍手）

○祝詞《のりと》（社殿用）

この神社《かむやしろ》に坐《いま》す、かけまくもかしこき、八倉比売《やくらひめ》大神様《おおかみさま》（大日孁命様《おおひるめのみこと》・天照大神様《あまてらすおおみかみ》・女王卑弥《ひみ》呼《こ》の命様《みことさま》）、かくも永きにわたり、国邑《くに》を浄め、国民《たみくさ》をお導きくださって、誠にありがとうございます。

大日孁命様《おおひるめのみこと》は、天つ神《あまつかみ》から授かった高天原《たかまのはら》、すなわち「阿波の国やまと」を妙《たえ》に統治《おさ》められ、さらに「阿波の国やまと」を、大八嶋国《おおやしまぐに》の盟主国《めいしゅこく》に発展させられたうえ、皇祖神《こうそしん》として天孫《あめみま》を儲《もう》けられ、皇統《こうとう》を開かれた偉大な女神《めがみ》であり、特別に国家の祭祀《さいし》に預《あず》かり選ばれた、尊い神様であられます。

つきましては、阿波の神・大日孁命様《おおひるめのみこと》が、**「我が国の元《もと》つ神《かみ》」**として広く全国に知られ、数多《あまた》の国民《こくみん》が参拝に訪れることによって、国家の大基《おおもと》は常磐《ときわ》となり、国民《おおみたから》は**「やまと心」**に目覚《めざ》め立ち、再び日本国《ひのもと》やまとが甦《よみがえ》り、かつ発展し、言霊《ことだま》の幸《さきわ》う国《くに》となりますようお導きください。

そのため、阿波の神様に尊崇《そんすう》の誠《まこと》を捧《ささ》げるとともに、阿波の神様の正蹟《しょうせき》を、より多くの人々に知ってもらえるよう、努めてまいります。

どうかよろしくお導《みちび》きください。ありがとうございます。

（一拝）

（二拝　二拍手）

○祝詞《のりと》（奥の院用）

この神陵《おくつみや》に鎮《しず》まり坐《いま》す、かけまくもかしこき、大日孁命《おおひるめのみこと》様（天照大神《あまてらすおおみかみ》様・女王卑弥呼《ひみこ》の命様《みことさま》）、かくも永きにわたり、国邑《くに》を浄め、国民《たみくさ》をお導きくださって、誠にありがとうございます。

大日孁命《おおひるめのみこと》様は、天つ神《あまつかみ》から授かった高天原《たかまのはら》、すなわち「阿波の国やまと」を妙《たえ》に統治《おさ》められ、さらに「阿波の国やまと」を、大八嶋国《おおやしまぐに》の盟主国《めいしゅこく》に発展させられたうえ、皇祖神《こうそしん》として天孫《あめみま》を儲《もう》けられ、その天孫《あめみま》に斎庭《ゆにわ》の稲穂《いなほ》を授《さず》け、豊葦原《とよあしはら》の水穂国《みずほくに》の統治《みのり》を託《たく》し、皇統《こうとう》を開かれた偉大な女神《めがみ》であり、さらに、瑞《みず》の赤珠《あかだま》の印璽《いんじ》を、天《あめ》の赭《あか》をもって印璽の峯《みね》に埋《うず》め、諸ノ邪鬼《もろもろのあしきかみ》、妖怪《もののけ》並びに諸病気《もろもろのやまい》を厭《しず》める在験《しるし》として、蒼生《たみくさ》を慈《いつく》しまれた大神であり、特別に国家の祭祀《さいし》に預《あず》かり選ばれた、尊い神様であられます。

つきましては、阿波の神・大日孁命《おおひるめのみこと》様が、「**我が国の元《もと》つ神《かみ》**」として広く全国に知られ、数多《あまた》の国民《こくみん》が参拝に訪れることによって、国家の大基《おおもと》は常磐《ときわ》となり、国民《おおみたから》は「**やまと心**」に目覚《めざ》め立ち、再び日本国《ひのもと》やまとが甦《よみがえ》り、かつ発展し、言霊《ことだま》の幸《さきわ》う国《くに》となりますようお導きください。

そのため、阿波の神様に尊崇《そんすう》の誠《まこと》を捧《ささ》げるとともに、阿波の神様の正蹟《しょうせき》を、より多くの人々に知ってもらえるよう、努めてまいります。

どうかよろしく、お導《みちび》きください。ありがとうございます。

（一拝）

倭大国魂神社《やまとおおくにたま》（美馬《みま》市美馬《し》町字東宮上三）

祭神・倭大国魂神（大国主命《おおくにぬしのみこと》の分霊《わけみたま》）

（二拝　二拍手）

○祝詞《のりと》

かけまくもかしこき、倭大国魂《やまとおおくにたま》の神、大国主《おおくにぬしの》神様、かくも永きにわたり、国邑《くに》を浄め、国民《たみくさ》をお導きくださって、誠にありがとうございます。

大国主《おおくにぬし》の神様《かみさま》は、須佐之男命《すさのおのみこと》の嫡男《あととり》として、大己貴神《おおなむちのかみ》、八千鉾神《やちほこのかみ》、大物主神《おおものぬしのかみ》など、多くの名をもって称えられ、また数々の試練を乗り越えて豊葦原《とよあしはら》の中《なか》つ国《くに》の大王《おう》となり、「阿波やまと」の国づくりに邁進《まいしん》され、さらに顕し国玉神《うつしくにたまのかみ》・大国御玉神《おおくにみたまのかみ》として、国土を拡げながら、薬《くすし》の神・御酒《みわ》の神として、民《たみ》を慈《いつく》しまれた尊い神であり、特別に国家の祭祀《さいし》に預《あず》かり選ばれた、偉大な神様であられます。

つきましては、阿波の神・大国主の神様が、「**我が国の元《もと》つ神《かみ》**」として広く全国に知られ、数多《あまた》の国民《こくみん》が参拝に訪れることによって、国家の大基《おおもと》は常磐《ときわ》となり、国民《おおみたから》は「**やまと心**」に目覚《めざ》め立ち、再び日本国《ひのもと》やまとが甦《よみがえ》り、かつ発展し、言霊《ことだま》の幸《さきわ》う国《くに》となりますようお導きください。

そのため、阿波の神様に尊崇《そんすう》の誠《まこと》を捧《ささ》げるとともに、阿波の神様の正蹟《しょうせき》を、より多くの人々に知ってもらえるよう、努めてまいります。

どうかよろしくお導《みちび》きください。ありがとうございます。

（一拝）

阿波国官社（延喜式内社・国史見在社）の鎮座地 式内大社は（大）国史見在社は（見）第二章で詳述

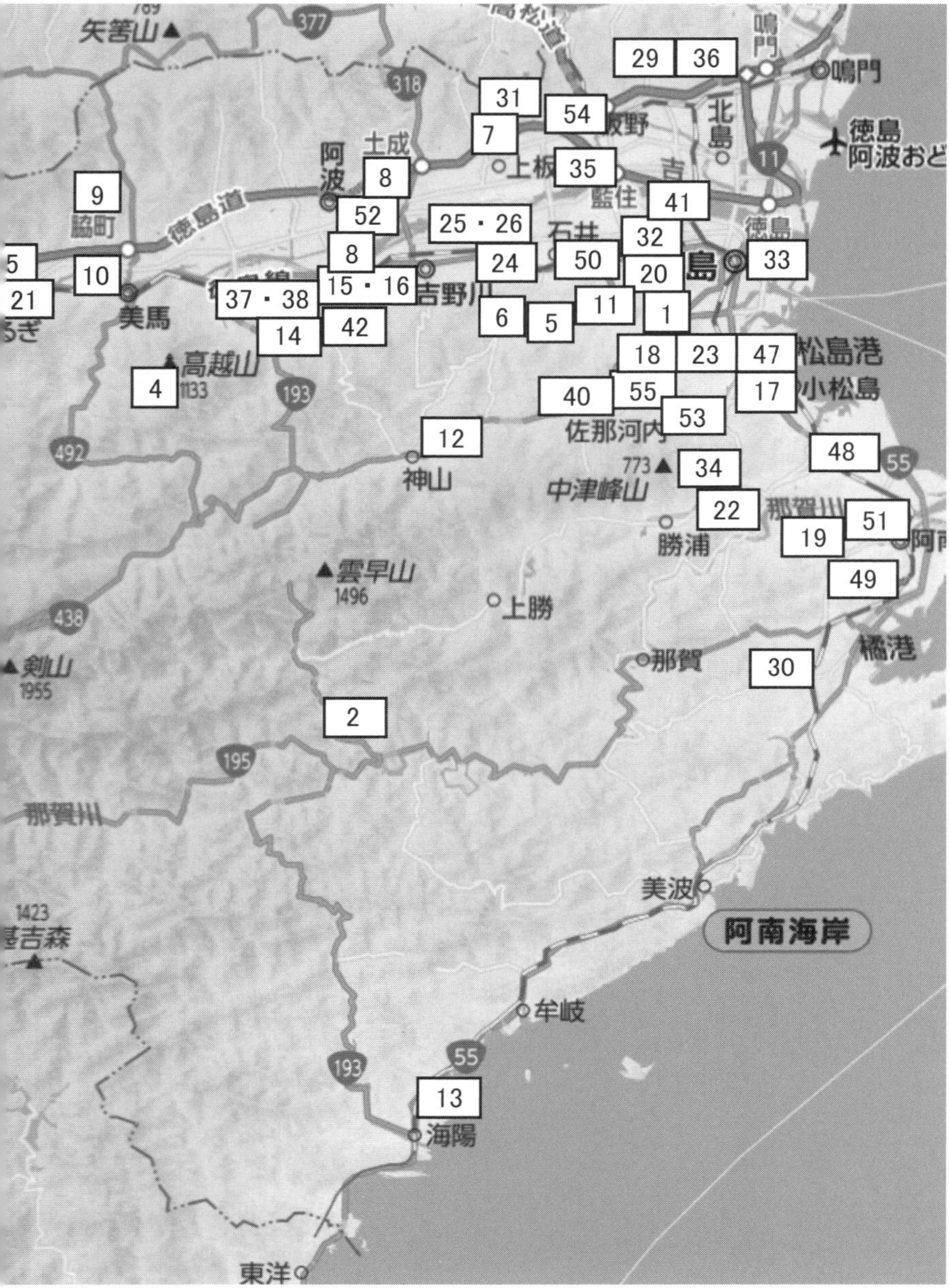

46 建神社

47 建嶋女祖命神社

48 和耶神社

49 賀志波比売神社

50 白鳥神社（見）

51 建比売神社

52 事代主神社

53 宇母理比古神社

54 岡上神社

55 速雨神社

地図 Yahoo! 地図
（作図：山内雄二氏）

1 意富門麻比売神社
2 宇奈爲神社
3 天椅立神社
4 伊邪那美神社
5 麻能等比古神社
6 船尽姫神社（見）
7 鹿江比売神社
8 建布都神社
9 波尔移麻比弥神社
10 弥都波能売神社
11 天石門別八倉比売神社（大）
12 埴生女屋神社（見）
13 和奈佐意富曽神社
14 忌部神社（大）
15・16 秘羽目神足濱目門比売神社 二座
17 御縣神社
18 山方比古神社
19 八桙神社
20 大御和神社
21 八十子神社
22 事代主神社
23 勝占神社
24 多祁御奈刀弥神社
25・26 天水沼間比古神天水塞比売神社 二座
27 鴨神社
28 田寸神社
29 大麻比古神社（大）
30 室比売神社
31 葦稲葉神社（見）
32 和多都美豊玉比売神社
33 天石門別豊玉比売神社
34 阿佐多知比古神社
35 伊比良姫神社（見）
36 宇志比古神社
37・38 天村雲神伊自波夜比売神社 二座
39 横田神社
40 御間都比古神社

41 天佐自能和気神社
42 伊加加志神社
43・44 倭大国魂神大国敷神社 二座
45 天都賀佐比古神社

＜写真提供＞
徳島県埋蔵文化財センター、徳島市（秘書広報課）、
徳島市考古資料館、鳴門市（観光課）、（財）京屋社会福祉事業団、
山内雄二氏、美馬公一氏、内山仁空氏、東豊榮氏

著者略歴

笹田孝至（ささだ たかよし）

1944 年　徳島市生まれ
1979 年　徳島市役所観光課在職中『邪馬壱国は阿波だ』の著者堀川豊平氏から教示をうけ、阿波邪馬壱国観光を推進する。
1983 年　『道は阿波より始まる』の著者岩利大閑氏に師事、古代史に引き込まれる。
2006 ～ 2009 年
阿波古代史講座（全 11 回）を主宰。塾長として 7 度講師をつとめる（徳島歴史研究会主催）
2008 年　古代史のコペルニクス的転回を企図し、ＮＰＯ法人阿波国古代研究所を設立。
調査報告講演会、古代史探訪バスツアー、大嘗祭御膳復活催事ほか活動を継続。
現　在　ＮＰＯ法人阿波国古代研究所理事長。徳島歴史研究会会長。阿波国国史研究会会長。

主な著書　『記紀は阿波一国の物語である』（岩利大閑著『道は阿波より始まる』を要約・注釈した映画シナリオ 1984）、「阿波に秘められた古代史の謎」（『大嘗祭』所収 1995）、『阿波から奈良へ、いつ遷都したのか』（宮都阿波復元古代地図書 2012）、概論『皇祖の地高天原の証明』同『宮都倭を明証する阿波国式内社』（2022）、「阿波で読み解く古事記」（エコジャ連載 18 回）。
阿波国古代研究所主催の講演会等を通じて「皇家の発祥地と記紀神話の舞台」「神武天皇の出生と東征の舞台」「初代神武天皇～第五代孝昭天皇の宮と陵墓を推定する」「倭大国魂神社（阿波）と大和坐大国魂神社（奈良）」「日本武尊はなぜ四国を征伐しなかったのか」「吉野宮探求―奈良宮滝の空疎と阿波―三好野の王地」「藤原宮はなぜ二度も造営されたのか」等の小論を発表。

最終結論
皇都《こうと》ヤマトは阿波《あわ》だった
2024 年 4 月 14 日　第 1 版発行

著　者　笹田孝至《ささだたかよし》
協　賛　一般財団法人阿波ヤマト財団
発行人　竹岡誠治
発　行　一般社団法人 サンロータス研究所
〒 170-0004　東京都豊島区北大塚 3-31-3-305
TEL/FAX 03-5974-2160
印刷・製本　シナノ

ISBN978-4-910874-09-8 C0021